AF826893

Verlag von **Georg Reimer** in Berlin
zu beziehen durch jede Buchhandlung.

Israelitische
und
Jüdische Geschichte

von

J. Wellhausen.

Zweite Ausgabe.

Preis: 9 Mark, geb. 10 Mark 50 Pf.

Prolegomena
zur
Geschichte Israels.

Von

J. Wellhausen.

Vierte Ausgabe.

Preis: 8 Mark.

Die Composition
des
Hexateuchs und der historischen Bücher des Alten Testaments.

Von

J. Wellhausen.

Zweiter Druck. Mit Nachträgen.

Preis: 9 Mark.

Muhammed in Medina.

Das ist

Vakidi's Kitab al Maghazi

in verkürzter deutscher Wiedergabe

herausgegeben

von

J. Wellhausen.

Preis: 10 Mark.

RESTE ARABISCHEN HEIDENTUMS.

RESTE
ARABISCHEN HEIDENTUMS

GESAMMELT UND ERLÄUTERT

VON

J. WELLHAUSEN.

ZWEITE AUSGABE.

BERLIN.
DRUCK UND VERLAG VON GEORG REIMER.
1897.

THEODOR NÖLDEKE

ZUGEEIGNET.

Inhalt.

	Seite
Theophore Namen	1— 10
Das Kitâb alAçnâm von Ibn alKalbi	10— 13
Die Götter der Zeitgenossen Noahs	13— 24
Vadd	14— 18
Suvâʿ	18. 19
Jaghûth	19— 22
Jaʿûq, Nasr, Ammianas	22— 24
Die Töchter Allahs	24— 45
Manât	25— 29
alLât	29— 34
alʿUzza	34— 45
Diverse Götter und Cultusstätten	45— 64
Dhu lChalaça	45— 48
Dhu lSchara	48— 51
alFals	51— 53
alGalsad	53— 56
Manâf	56. 57
alMuharriq	57
Nuhm	57. 58
Ruda	58. 59
Saʿd	59. 60
Schams	60. 61
Suʿair	61
alUqaiçir	62— 64
Spreu von Gottesnamen	64— 68
Mekka, der Hagg und die Messen	68—101
Einleitende Bemerkungen	68— 73
Die Kaʿba, nebst Zubehör	73— 79
Der Hagg	79— 84
Die Bedeutung des Hagg, der Märkte und Mekkas	84— 94
Die ursprüngliche Zeit der Feste und der Kalender	94—101

Seite

Einrichtungen und Bräuche des Cultus . . . . 101—147
Zubehör der Cultusstätte . . . . 101—109
Der Umlauf und was damit zusammenhängt . . . . 109—112
Gaben und Opfer . . . . 112—129
Heilige Personen . . . . 129—140
Vergleichender Rückblick . . . . 141—147
Das niedere Heidentum . . . . 147—207
Geister und Gespenster . . . . 148—159
Zauber und Gegenzauber . . . . 159—167
Die Fitra . . . . 167—177
Leichenfeier . . . . 177—186
Sacrale Rechtsmittel und Rechtsformen . . . . 186—195
Kleider, Haar, Name . . . . 195—200
Teratologie . . . . 200—207
Religionsgeschichtliches . . . . 208—242
Die Natur der Götter . . . . 208—214
Der Polytheismus und seine Auflösung . . . . 214—224
Die Religion und das Leben . . . . 224—230
Juden und Christen in Arabien . . . . 230—234
Der Islam . . . . 234—242
Nachträge . . . . 243—250

Theophore Namen.

Die theophoren Namen von Personen und Geschlechtern sind in den älteren semitischen Sprachen vielfach förmliche Sätze, in denen die Gottheit Subjekt ist: Gott gab, Gott hört, Gott ist Herr. Im Arabischen wäre das einst auch vorgekommen, wenn Namen wie Ελμαλαχος Κοσαδαρος Κοσβανος Κοσβαραχος Κοσγηρος Κοσνατανος Κοστοβαρος Κωσανελος Νεβοβαλος oder wie Αζαρηλος Ναταμελος Ναταρηλος Ραββηλος Φαδαιελος Φασαιελη Φασαβαλος für echt arabisch angesehen werden dürften. Aber in den uns durch einheimische Tradition bekannten Zeiten, vom sechsten Jahrhundert der christlichen Ära an, sind die theophoren Namen der Araber substantivische Composita, in denen die Gottheit im Genitiv steht hinter einem Namen wie Knecht, Gabe, Hilfe. Der gewöhnlichste Vorsatz ist ʿAbd (fem. Amat), wie im Hebräischen, Phönicischen und Aramäischen [1]).

[1]) Levy, über die nabathäischen Inschriften, vornehmlich der Sinaihalbinsel, in der Zeitschr. der D. Morgenl. Gesellschaft (DMZ) 1860 p. 363 ss. Nöldeke, über den Gottesnamen El, Monatsberichte der K. Akademie der Wissenschaften zu Berlin 1880 p. 761 ss. 1882 p. 1175 ss.; Anzeige der ersten Ausgabe dieses Buchs, DMZ 1887 p. 707 ss. Wüstenfeld, genealogische Tabellen, Göttingen 1852 (WT). Register dazu, Göttingen 1853 (WR). Vogüé, Syrie Centrale I, Paris 1868. Le Bas et Waddington, Voyage archéologique, Abteilung Syrie. Miller, Inscription grecque trouvée à Memphis, Rev. Arch. 1870 p. 109 ss. 170 ss. Euting, Nabatäische Inschriften in Arabien, Berlin 1885. G. Hoffmann, Auszüge aus syr. Akten persischer Märtyrer, Leipzig 1880. William Robertson Smith, Lectures on the Religion of the Semites, London 1894.

Die folgende durch Nöldeke (a. O. 1887) verbesserte und vermehrte Liste gibt eine Übersicht über allerhand Namen, die mit ʿAbd anfangen[1]).

عبد الاسد

عبد الاسْود Agh. 11 134, 19. Tab. 1 2031, 13. 2032, 4.

عبد الاشْهل

عبد الاكثر BAthir 1 403, 16.

عبد الله

عبد أَلّة BHabib 34, 15.

عبد اميّة BQutaiba 35, 6. Agh. 10 103, 19.

عبد اهْله BDuraid 303, 21.

عبد باجر Bakri 207, 12. 14.

عبد البيت Jaqut 4 726, 20.

عبد تيم Agh. 18 163, 12.

عبد الثريّا

عبد ثعلبة Agh. 7 162, 22s.

عبد الجَدّ Hamdani 54, 9. 120, 6.

عبد جُشَم Agh. 11 64, 28s.

عبد الجنّ Balâdh. 471, 7. Tab. 1, 761. BDur. 223, 4 vgl. Jaq. 2 626, 4. 4 495, 21. Agh. 14 74, 31 (Tab. 1 761, 10).

عبد الحارث BHischam 468, 9. Buchari 2 51, 20. BQut. 34, 14; vgl. Cod. Theodos. 6 tit. 8 l. 8: Abdharit comes Orientis.

عبد حارثة

عبد الحجر (hagar oder higr) Agh. 14 76, 29. Bal. 260m BDur. 237, 4.

عبد الدار auch in Tamim, Agh. 8 159, 8.

---

[1]) B und b ist Abkürzung für Ibn und ibn. Buchari ist citirt nach der unvokalisirten Ausgabe von Bulak 1289.

عبد دُهمان Agh. 11 100, 13. Tab. 1 1689, 13. 1693, 12.

عبد ذى الشرى

عبد رُضا Agh. 16 47, 12. 102, 26.

عبد سعد Agh. 11 171, 7. 173, 16.

عبد سميع Agh. 18 135, 22, vielleicht verschrieben für عبد شمس, doch vgl. DMZ 1875 p. 594.

عبد الشارق Ham. 218, 5.

عبد شرحبيل BHischam 610, 15s. BDuraid 98, 7.

عبد شمس

عبد عامر BDuraid 231, 12.

عبد العُزّى

عبد عوف BHisch. 306, 15. 836, 5. BAthir 3 147, 19. Agh. 17 52, 7.

عبد غنم

عبد قُصىّ Jaqubi 1 278, 4. BDuraid 97, 7. Tab. 1 1090, 4, 1091, 18. 1098.

عبد قيس und عبد القيس

عبد كُثْرَى BDur. 235, 6.

عبد للكعبة Tab. 1 1073, 10.

عبد كُلال

عبد محرّق DMZ 1887 p. 712.

عبد المدان

عبد مُرارة Ham. 116, 23.

عبد الملك Agh. 18 137, 30.

عبد المطّلب

عبد مناف

عبد المنذر BHischam 298, 9. 306, 4. 317, 6. 544, 2. 546, 11.

عبد مهن Agh. 3 15, 12.

عبد نجم

عبد نُهم

عبد هند Ham. 290, 12.

عبد وُدّ

عبد ياليل

عبد يزيد Agh. 19 77, 10.

عبد يغوث

عبديل BDur. 283, 10. Agh. 4 152, 8. Buch. 3 83, 3.

Merkwürdig ist, dass in manchen Fällen nicht der Name eines Gottes oder eines Heiligtums, sondern wie es scheint ein einfacher Personenname auf Abd folgt. Zur Erklärung verweist man darauf, dass ein Steinmetz des Nabatäerkönigs Haritha sich Abd Haritha genannt habe, und ein hoher Beamter des Königs Amr von Hira Abd Amr. Aber die Annahme, dass der Steinmetz und der Beamte die Namen, die sie führen, erst später von ihren Dienstherren angenommen hätten, lässt sich nicht erweisen. Das häufige Vorkommen gerade dieser beiden Namen spricht dagegen. Wie hätten sich Benennungen, die von einem ganz individuellen Dienstverhältnisse hergeleitet waren, über ganz Arabien ausbreiten können, wie es bei Abd Haritha und namentlich bei Abd Amr der Fall ist? Die Araber hatten doch nicht allgemein eine Vorliebe dafür, sich als Knechte irgend welcher Menschen zu bezeichnen, zumal solcher die sie gar nichts angingen. Die Lösung des Rätsels ist noch nicht gelungen. In einzelnen Fällen ist der Personenname vielleicht Name eines heilig gehaltenen Ahnen[1]), oder auch Geschlechtsname[2]). In anderen Fällen mag er doch ein ursprünglicher Gottesname sein, der uns als solcher nur nicht mehr bekannt ist; die Grenze lässt sich da sehr schwer feststellen, wie wir später sehen werden. Vgl. W. R. Smith a. O. p. 42.

---

[1]) Steph. Byz.: Ὄβοδα χωρίον Ναβαταίων, Οὐράνιος Ἀραβικῶν τετάρτῳ, ὅπου Ὀβόδης ὁ βασιλεὺς ὃν θεοποιοῦσι τέθαπται. Vgl. Mordtmann DMZ 1876 p. 39.

[2]) Darauf führt der Name ʿAbd Ahlihi und vielleicht auch Saʿd al-ʿAschîra, während Saʿd Hudhaim u. a. nicht hergehört. Zu vergleichen ist ירבעם und ירבעל, יקנעם und יקנבעל = Εχνιβαλος bei Josephus c. Ap. 1,157 ed. Niese, Τιμόθεος und Τιμολάος.

Neben ʿAbd gab es einst noch viele ähnliche Vorsätze in theophoren Namen bei den Arabern. Die besonders zahlreichen und bunten, die vor dem früh veralteten Gottesnamen El vorkommen, hat Nöldeke, vorzugsweise aus den griechischen Inschriften von Memphis und der Arabia Provincia zusammengestellt und besprochen.

Αμορκεσος
Αμρειλιος
Αμρισαμσος
Αννηλος
Αραμηλος
Αυδηλος
Αυφηλος
Ζαβδιηλ 1 Macc. 11, 17 vgl. die ituräischen Zabadäer oder Zabdäer 1 Macc. 12, 31 Euseb. praep. ev. 9, 20.
Θαιμηλος
Θεμελλα Strabo 753.
Μυρουλλας Journ. As. 1882 I p. 9.
Ναμηλη
Νασληλος (نسل progenies)
Ουαβηλος
Ουαδδηλος [1])
Ραβιβηλος
Σαχρηλος
Σηαλλας Waddington 2298.
אמרשמשא
גד רצו
גרם אלבעל sinaitisch, vgl. Geremel bei Mommsen, Inscr. Regn. Neap. no. 2475.
והבלת
טועאל
מען אלה in Higr und Edessa („der Maʿnu, welcher Allah genannt wurde" in der Chronik von Edessa).
נצרלת
עיד (عائذ) אלבעל sin.
שלמלת
תימצא
תימרצו

[1]) Ουαδδηλος ist möglicherweise, Ραββηλος sicher ein Satz.

תימשא

احمس الله Wellhausen, Skizzen 4, 184.

امرو مناة Bakri 18, 13. 31, 19.

امرو القيس

انس الله Tab. 1 2219, 2. Skizzen 4, 180.

اوس الله

تيم اللات

خيليل BHabib 15.

زيد اللات

زيد مناة

سعد اللات

سعد مناة

سعد ودّ Agh. 20 128, 7.

سَكَن اللات

سَلْم اللات

شراحيل

شرحيل

شرحبيل

شعش اللات (بن رفيدة بن ثور بن كلب) Tag alArus.

شُكْم اللات

شهميل BDuraid 283, 10.

شيع اللات

عائذ الله (WT 7, 13).

عمرو اللات Azraqi 123, 1.

عوذ مناة

عينيل vgl. עינאל von Byblus und DMZ 1896 p. 317.

قسميل vgl. Κασμιλος von Samothrace.

مطرويل neben مطر Samhudi bei Wüstenfeld p. 26.

وهب اللات

In der literarischen Überlieferung finden sich diese Vorsätze fast nur vor alLât (Allah) und Manât, niemals vor alUzza etc. Ihre Bedeutung ist nicht überall klar. Zum Teil kommen sie nicht bloss an der ersten, sondern auch an der zweiten Stelle der Composition vor, wo der Gottesname seinen Platz hat: Amr alLât und Abd Amr, Auf El und Abd Auf, Gadd alLât und Abd alGadd, Sa'd Manât und Abd Sa'd, Vadd El und Abd Vudd; ausser bei Amr begreift sich indessen die Möglichkeit dieses Wechsels leicht. Höchst einfach ist die Zugehörigkeit zu der Gottheit ausgedrückt durch die Präposition Lamed in לשמש Λισαμσος (= Αισαμσος Waddington 2458); ähnlich phönicisch Λεαστaρτος (Jos. contra Ap. 1,122) und hebräisch למואל; vgl. Nöldeke in der Wiener Ztschr. für die Kunde des Morgenlandes VI p. 313 ss. Auch auf Thontafeln von Tello soll der Name Luschamasch vorkommen.

In der uns erhaltenen arabischen Literatur sind diese Namen meist verkürzt. Gewöhnlich fehlt der Genitiv, welcher den Gottesnamen enthält. Aus, Sa d, Taim, Vahb, Zaid sind viel gebräuchlicher als Aus Allah, Sa'd Manât, Taim alLât; man ist förmlich überrascht, gelegentlich aus einem Verse zu ersehen, dass Zaid alFavâris eigentlich Zaid alLât heisst, Zaid alChail eigentlich Zaid Manât (Ham. 456 v. 1. 461 v. 6. 7)[1]. Bei Naçr, Garm u. a. lernen wir erst durch die Inschriften, dass es Abkürzungen sind für Naçr alLât u. s. w.; bei Vâil (s. v. a. 'Âidh) können wir es nur aus der Bedeutung schliessen. Sehr auffallend ist es, dass sogar 'Amr gelegentlich durch einen Gottesnamen ergänzt wird. Schon auf den Inschriften übrigens ist Σεος Θαιμος Αεδος viel häufiger als Σηαλλας u. s. w. Die appellative Natur dieser Vorsatzworte ist früh erstarrt und damit auch das Bewusstsein verschwunden, dass sie eine Ergänzung nötig haben. Bei Abd trifft dies allerdings nicht zu, und auch Abd steht allein, schon im Chronicon Edessenum und in der Doctrina Addaei (vgl. Judicum 9, 26), ebenso Amat (BHischam 781, 17). Doch ist das hier wenigstens nicht die Regel.

---

[1]) Darnach sollte man annehmen, dass auch Jazid und ähnliche Namen abgekürzt seien aus Jazid-el — da hätte man also Sätze mit dem Gottesnamen als Subject. Aber daneben stehen die Feminina Tazid, Taghlib: sollte da eine weibliche Gottheit Subject sein? Die Araber selber sehen als das Subject, nach dessen Geschlecht sich das Geschlecht der Verbalform richtet, nicht eine Gottheit, sondern den Träger des Namens an; Männer heissen Jazid, Frauen Tazid.

Umgekehrt fehlt manchmal auch der erste Teil der Composition. Dann trägt also eine Person oder ein Geschlecht einfach den Namen einer Gottheit. Beispiele von Gentilnamen (nach Banu): Ghanm, Manâf (von Tamim, vgl. auch Kamil 554, 13), alDâr (von Lachm), Schams (von Garm Agh. 19 107, 14), Hubal mit Isâf und Nâila (von Kinâna b. Kalb), Zuhra von Quraisch. Beispiele von Personennamen: alGadd (BHischam 746, 9. 894, 9), Isâf und Jasâf (BHischam 321, 16. Agh. 20 133, 19), Nahîk b. Isâf (20 117, 1. 8 ss.), Manâf (BAthîr 2 430, 21), Schams (Ham. 41 v. 1), Suvâ' (WR p. 5), sehr häufig vor allem Qais[1]). Auch Namen wie Thuraija, 'Utarid, Badr, Hilâl gehören vielleicht hieher[2]); desgleichen alAsvad b. b. Abd alAsvad (Agh. 11 134, 19), 'Auf b. Abd 'Auf (BHischam 836, 5, vgl. Tab. 2 412, 20 s.). Wir treffen die Sitte schon auf den Inschriften: Ιεγουθος (Memphis), Αζιζος (Arabia Prov.), Χαυχαβος (Waddington 2218). Der Priester des Sonnengottes Αυμος heisst in der Inschrift Wadd. 2392 ebenfalls Αυμος, wie sein Herr[3]).

Im Islam haben sich die Fälle der Herabsetzung eines Gottesnamen zu einem einfachen Personennamen noch gemehrt. 'Iâd b. Abd Ghanm alFihri, der aus der Eroberungsgeschichte Syriens und Mesopotamiens bekannte Heerführer, wollte nach seiner Bekehrung nicht mehr Sohn des Abd Ghanm, sondern nur Sohn des Ghanm genannt sein (Baladh. 146, 18 s.). Andrerseits hat der Islam auch die Sitte begünstigt, den Gottesnamen hinter Abd und dessen Äquivalenten auszulassen; wol erst unter dem Einfluss des Islams ist es so gänzlich verdunkelt worden, dass viele arabische Eigennamen, die einfach zu sein scheinen, in Wahrheit Composita religiöser Natur sind. Der alte Amr b. Abd Vudd, den Ali beim Grabenkriege im Zweikampf erlegte, wird gewöhnlich entweder Amr b. Vudd, oder Amr b. Abd genannt. Es kommt aber auch vor, dass er Amr b. Abd ben Vudd heisst; in diesem Fall ist durch Einschiebung eines ben hinter Abd der Zweck er-

---

[1]) Der Gott Nahik wird erwähnt Azr. 87, 18. Jasâf und Isâf sind Varianten, s. das Scholion zu BHischam 321, 16. Der Dichter Mar'alqais nennt sich selbst alQais (23, 1 Ahlw.).

[2]) Nöldeke, DMZ 1886 p. 166 n.

[3]) Der Gott Aum kommt in dem Namen סעד אום vor bei Mordtmann und Müller, Sab. Denkmäler No. 1.

reicht[1]). Daneben wurden stärkere Mittel angewandt, um die heidnischen Eigennamen zu purificiren. Einen seiner ältesten Anhänger, Abd Amr b. Auf, nannte der Prophet um zu Abd al-Rahman b. Auf, und Abdalrahman hörte seitdem nicht mehr darauf, wenn er Abdamr angerufen wurde (BHischam 448). Den Ausiten Abd alUzza nannte er Abd alRahman Aduv alAuthân (Götzenfeind, Vaq. 86 Baladh. 91 s.). Den Namen des Sulaimiten Ghâvi b. Abd alUzza änderte er in Raschid b. Abd Rabbihi[2]), und so nahm er noch zahlreiche andere Umnennungen vor, die als einförmiges Ergebnis lauter Abdallah, Abdalrahman, Abdrabbih lieferten. Bei Gentilnamen ging das natürlich nicht so leicht, und sie haben auch im Islam vielfach ihre heidnische Art erhalten. Indessen sogar auf diesem Gebiet ist der Fall vorgekommen, dass die Banu Abd alUzza von Ghatafan zu Banu Abdallah gemacht wurden und mit spöttischer Beziehung darauf dann bei ihren Nachbarn die Banu lMuhauvala d. i. Söhne der umgewandelten (Göttin) hiessen (Hamasa 191, 28 ss. Agh. 16 93, 29). Ein andersartiges Beispiel sind die Banu Schaitân von Kinda, womit etwa Abd al-Ginn verglichen werden kann. Übrigens wurden diese Umnennungen nur zum kleinsten Teil von Muhammad selber vorgenommen; die Muslime setzten die von ihm angefangene Arbeit eifrig fort, und sehr viele derartige Purificirungen sind erst den späteren Schreibern zu verdanken, die den Principien des Islams rückwirkende Kraft für das heidnische Altertum verliehen[3]). Am bequemsten war es alLât in alLâh zu verwandeln, und das ist denn auch sehr regelmässig geschehen (Agh. 4 3, 2 ss.). Nur darf man nicht etwa glauben, dass Allah im Heidentum überhaupt nicht in der Composition von Eigennamen verwendet sei. Das ist vielmehr recht häufig gewesen, wie die Inschriften lehren.

So viel über die theophoren Personennamen. Es gibt auch theophore Ortsnamen. Die Gottheit verwächst mit dem Ort ihrer Anbetung, die Semiten insbesondere haben die Neigung, sie mit

---

1) In anderen Fällen ist freilich ein ursprüngliches und richtiges ben hinter Abd von den Schreibern versehentlich ausgelassen. So bei Abd alAzvar Agh. 14 68, 31 vgl. Ham. 371, 27. Tab. 1 1929, 5, Abd Baghîd Agh. 16 90, 30, Abd Razâh Vaq. ed. Kremer 158 vgl. BHischam 492, 17 s., Abd Ka'b Agh. 19 157, 18 vgl. Tab. 1, 1507 m. Vgl. noch Tab. 2 71, 7—9.

2) Skizzen 4, 149 vgl. ib. 184 n. 2.

3) Ähnlich ist es bekanntlich auch im Alten Testamente gegangen.

ihrem „Hause“ in unauflöslicher Verbindung zu denken. Manche Orte sind dadurch so zu sagen zu Gräbern verstorbener Götter geworden; das geographische Lexikon des Jaqut enthält unter seinen Ortsnamen eine grosse Anzahl Artikel über heidnische Gottheiten und wird dadurch zu einer Quelle ersten Rangs für die Kenntnis der altarabischen Religion. Gewöhnlich trägt der Ort geradezu den Namen der Gottheit: ʿAthtar, Ilâha, Naʿmân, Quzah, Rammân, Schams, Vadd; seltener steht der Gottesname im Genitiv nach einem Status constructus: Scharaf alBaʿl, Vahbîn[1]).

Dass auch Tiere und Pflanzen nach Göttern benannt worden sind, ist sehr glaublich; ich kenne jedoch keine unzweideutigen Beispiele. Der Name der Wachtel sumâna kann nicht von dem phönicischen Götterarzt Eschmun abgeleitet werden, und die Behauptung ist grundlos, dass die Schaqâiq alNuʿman, die roten Anemonen, ihren Namen, welcher die Wunden Naʿmâns bedeute, von dem Gotte Naʿmân haben, und dass auch das griechische Wort Anemone davon herkomme[2]).

Das Kitâb alAçnâm von Ibn alKalbi.

Die meisten und reichsten Mitteilungen über arabische Götter und Cultusstätten finden sich in Jaquts geographischem Lexikon. Ihr Wert wird dadurch erhöht, dass sie fast sämtlich zurückgehen auf Ibn alKalbi, den bekannten Historiker und Genealogen im zweiten Jahrhundert der Higra, und zwar grösstenteils auf ein bis jetzt verlorenes Buch dieses Gelehrten, welches den Titel Kitâb alAçnâm, das Buch von den Götzen, führt. Jaqut benutzt dies Werk in einem von alGavaliqi geschriebenen Exemplar, welches durch eine Filiation geaichter Abschriften, deren Urheber der Reihe nach aufgezählt werden, zurückgeführt wird auf das Heft des Abu lHasan Muhammad b. alAbbas Ibn alFurât, eines Zuhörers und Schülers von Ibn alKalbi[3]).

---

[1]) Nach Nöldeke 1880 p. 768 für Vabbîl; abgekürzt alVahb Tab. 2 1212, 7.

[2]) Lagarde, Anmerkungen zur griech. Übers. der Proverbien p. 81, Semitica I (1878) p. 32. Anemone kann nicht aus alNuʿman entstanden sein, wol aber alNuʿman (natürlich nur in dem Blumennamen) aus Anemone.

[3]) Vgl. Jaqut 3, 912. Ibn alFurât heisst einmal Muhammad b. alAbbas,

Ludolf Krehl hat aus dieser wichtigen Quelle geschöpft, sie aber nicht deutlich erkannt[1]). Das Verhältnis, in welchem Jaqut bei seinen Angaben über die Götzen zu Ibn alKalbi steht, ist nemlich nicht immer klar auf den ersten Blick. Etwas Irreführendes, wenigstens für den Uneingeweihten, hat schon die gelehrte Sitte, den Autor, von dem man abschreibt, beständig unter wechselnden Namen anzuführen: Abu lMundhir sagt, Ibn alKalbi sagt, Hischâm sagt, Ibn Muhammad sagt. Dazu werden diese mit qâla fulân (der und der sagt) eingeleiteten Quellenangaben ganz nach Belieben eingestreut, wo es gut dünkt, nicht wo es notwendig ist. Wenn vorher Hischam am Worte gewesen ist und dann neu angehoben wird mit: Abu lMundhir sagt, so sollte man nicht denken, dass einfach im Texte fortgefahren wird (4 652, 14. 16). Es wird nichts getan, die Grenzen der Citate deutlich zu bestimmen, sondern eher etwas daran gesetzt, sie undeutlich zu machen. Hin und wieder fehlt wol auch bei einem Artikel, welcher den anderen in Anlage und Haltung vollkommen gleich sieht, die Quellenangabe gänzlich. Man ist also auf Suchen angewiesen. Durch Untersuchung lässt sich mit grosser Wahrscheinlichkeit feststellen, dass Ibn alKalbi den betreffenden Mitteilungen Jaquts überall zu Grunde liegt, wo nicht eine andere Autorität ausdrücklich genannt wird. Nehmen wir zum Beispiel den längsten und wichtigsten Artikel, den Jaqut gibt, den über die Uzza. Fünf mal wird hier Ibn alKalbi, unter verschiedenen Namen, als Gewährsmann citirt (3 664, 6. 18. 666, 4. 5. 21); zwei dieser Citate (666, 4. 21) beziehen sich rückwärts und beweisen, dass auch der vorhergehende Zusammenhang dem Ibn alKalbi angehört. In der Mitte findet sich ein langer Passus, worin keine Verweisung vorkommt. Aber da wo es heisst, das abgeschlossene Seitental Sukâm sei der Göttin als Temenos geweiht gewesen (665, 2 s.), bemerkt Jaqut, Sukâm sei bereits an der gehörigen Stelle besprochen worden; er hat den Passus aus dem Artikel Uzza herausgehoben und einen eigenen Artikel daraus gemacht: an dieser Stelle nun, unter Sukâm, gibt er ausdrücklich Ibn alKalbi als seine Quelle an. Ganz ähnlich verhält es sich mit dem gleich folgenden Passus über den Ghab-

ein andermal Ali b. alÇabbah; es sind verschiedene Möglichkeiten der Lesung flüchtiger Schrift.

[1]) Über die Religion der vorislamischen Araber. Leipzig 1862.

ghab der Uzza (665, 5 s.). Da ist wieder ein Satz ausgehoben und unter Ghabghab gestellt; da nun dort wieder Ibn alKalbi als Gewährsmann ausdrücklich genannt wird (773, 2 ss.), so erhalten wir abermals auf Umwegen einen Beweis, dass wir uns in dem Artikel Uzza überall im Tenor des Ibn alKalbi befinden. Darauf weisen denn auch innere Merkmale, z. B. der stehende Übergang vom Heidentum zum Islam mit der Formel: „das dauerte nun so lange mit der Anbetung (an der betreffenden Cultusstätte), bis der Islam kam“.

Andere wichtige innere Merkmale der Art sind die Verse, die Verwertung der theophoren Eigennamen[1]), und die stets in dem selben Schema vorgeführten religionsgeschichtlichen Theorien. Auch die Anordnung der Artikel bei Ibn alKalbi lässt sich aus Jaquts Angaben zum Teil herstellen: nach Manât kommt er zu alLât, nach alLât zu alUzza. In Zweifelsfällen kann man sich zu dem Beharrungsvermögen des Ausschreibers versehen, dass er in dem Fahrwasser bleibt, dem er sich einmal anvertraut hat.

Für gewöhnlich meint Jaqut das Kitâb alAçnâm, wenn er Ibn alKalbi citirt. Jedoch hat er auch anderweitige Nachrichten des Ibn alKalbi benützt. Zu Anfang des Artikels Galsad sagt er ausdrücklich, derselbe stamme zwar von Ibn alKalbi, aber nicht aus dessen Götzenbuche. Man könnte versucht sein, gelegentlich vorkommende Verschiedenheiten in den auf Ibn alKalbi zurückgeführten Angaben auf verschiedene Werke dieses Autors zu verteilen. Indessen fallen solche Widersprüche auch innerhalb des selben Buches nicht auf bei einem arabischen Traditionisten, dem das getreuliche relata referre zur grössten Tugend gerechnet werden muss[2]).

---

[1]) Vgl. z. B. Ja'ûq und Nasr; auch al'Uzza (3 664, 7ss.).

[2]) Es soll damit nicht gesagt sein, dass Ibn alKalbi sich durch besondere Zuverlässigkeit auszeichnet, sondern nur, dass Widersprüche ihn eher empfehlen als diskreditiren. Sein Vater gilt als Schwindler (Agh. 9 19, 28. 19 58, 22. 86, 2); indessen sind solche allgemeine Censuren immer durchaus parteiisch, das Schwindeln, namentlich in der Genealogie und bei den Nachrichten über Jaman, lag in der Zeit, und die Vorwürfe im Kitab alAghani beziehen sich zum Teil auf ein dem Kalbiten nur untergeschobenes Buch (9 16, 18ss.). In einem Verse des Chalifen Valid II wird er als grösste genealogische Autorität erwähnt (Agh. 1 116, 18). Der Sohn ist beflissen, sichere Beläge zu geben; er genügt allen Ansprüchen, die man nach der Natur der

Was Jaqut von Ibn alKalbi hat, habe ich im Folgenden wörtlich ausgezogen. Es ist bei weitem die Hauptsache. In zweiter Linie hält er sich an Ibn Habib und an Ibn Duraid. Diese stehen jedoch schon auf den Schultern des Ibn alKalbi, wie sich namentlich aus dem Anfange des Artikels alFuls ergibt. Auch die Lexikographen pflegen ihre Notizen über die Götzen und die darauf bezüglichen Verse dem Ibn alKalbi zu entnehmen. Unabhängig von ihm dagegen, sogar älter und nach ihm die wichtigste Quelle, ist Ibn Ishaq, den wir leider noch immer nur in der verbesserten Ausgabe des Ibn Hischam besitzen [1]). Ich stelle diese anderweitigen Angaben und was sonst noch aufzutreiben und zu bemerken ist hinter die Auszüge aus Ibn alKalbi, aber nicht in extenso, da sich gewöhnlich nichts Neues daraus ergibt.

Die Götter der Zeitgenossen Noahs.

Auf die Aufforderung Noahs, nur Allah zu verehren und keine anderen Götter neben ihm, sagen Sur. 71,22. 23 [2]) seine Zeitgenossen: lasset eure Götter nicht fahren, nicht Vadd und Suvâʿ und nicht Jaghuth und Jaʿuq und Nasr! Das sind die fünf Götter der Leute Noahs in Quran. Obwol mit dem Geschlechte Noahs in der Sündflut untergegangen, wurden sie doch alle fünf bis zum Islam von arabischen Stämmen verehrt — eine unangenehme Schwierigkeit für die alten muslimischen Gelehrten. Freilich müssen sie damals ziemlich unbedeutende und in Mekka nur dem Namen nach bekannte Lokalgötzen gewesen sein, wenn Muhammad sie in die vorsündflutliche Zeit versetzen kann.

Sache und der Zeit zu stellen berechtigt ist, und stimmt überall in seinen religionsgeschichtlichen Angaben mit Ibn Ishaq, dem besten arabischen Historiker. Sein wissenschaftliches Interesse geht weit über den Horizont des Islams hinaus. Sein Freund Vaqidi erzählt, wie er durch seine ausserordentliche Kenntnis der Mathâlib, der anzüglichen Geschichten, welche die arabischen Stämme von einander erzählten, bei dem Chalifen Mahdi zu Ansehen und Vermögen gelangte (Tab. 3, 528).

[1]) Der originale Ibn Ishâq soll sich in Konstantinopel befinden; ich weiss nicht ob bloss die Sira, oder noch mehr.

[2]) Die Verse stehen nicht richtig im Reime.

Vadd.

Als Adam gestorben war, erzählt Ibn alKalbi von seinem Vater, setzten ihn die Banu Scheth bei in einer Höhle des Berges, auf den er (bei der Vertreibung aus dem Paradise) herabgestürzt war, im Lande Hind; der Berg heisst Nod und ist der fruchtbarste Berg in der Welt, man sagt im Sprichwort: futterreicher als Nod und gewundener als Barahut, letzteres ist ein Tal in Hadramaut. Nun besuchten die Banu Scheth den Leichnam Adams in der Höhle und erzeigten ihm Ehre und sagten: Gottes Barmherzigkeit sei über ihm. Da sprach ein Mann von den Banu Qâbil (Kain): o Banu Qabil, die Banu Scheth haben ein Heiligtum, um welches sie Umgänge machen, und das sie verehren; ihr aber habt nichts. So schnitzte er ihnen ein Götzenbild, er war der erste, der eins machte. Vadd und Suvâʿ und Jaghuth und Jaʿuq und Nasr waren rechtschaffene Leute, die in einem Monate starben; darüber waren ihre Anverwandten verzweifelt traurig. Da sprach ein Mann von den Banu Qabil: ihr Leute, soll ich euch fünf Bilder nach ihrer Gestalt machen, nur dass ich allerdings nicht vermag ihnen Leben einzuhauchen? Sie sagten ja, und so schnitzte er ihnen fünf Bilder nach ihrer Gestalt und stellte sie ihnen auf, und nun besuchte ein jeder seinen Bruder oder Vatersbruder oder Vetter und erwies ihm Ehre und lief um ihn herum, bis diese erste Generation ausstarb; es war damals die Zeit Jareds, als die Bilder gemacht wurden. Dann kam ein folgendes Geschlecht, da stieg die Verehrung der fünf Bilder noch höher; dann kam das dritte, da sagte man: unsere Vorfahren haben diese da nur deshalb verehrt, weil sie auf ihre Fürbitte bei Gott hofften — und nun betete man sie an. Die Sache ward ernst und der Abfall der Leute gross, da sandte Gott den Idris d. i. Henoch als Propheten. Der mahnte sie ab von ihrem Dienste und forderte sie auf zum Dienst des einen Gottes, aber sie wollten ihn nicht anerkennen, und Gott entrückte ihn nach einem hohen Orte. So hörte das schlimme Treiben der Leute mit den Bildern nicht auf, bis, wie alKalbi von Abu Çalih von Ibn Abbas berichtet, Noah zu seiner Reife kam und Gott ihn, im Alter von 480 Jahren, als Propheten sandte. Er rief sie 120 Jahre lang während seines Prophetentumes zu Gott, aber sie widerstrebten ihm und erkannten ihn nicht an. Da befahl ihm Gott die Arche zu bauen, und er wurde fertig damit und bestieg sie, als er 600

Jahre alt war, und es ertrank wer ertrank, und er blieb nachher noch 350 Jahre am Leben, und zwischen ihm und Adam sind 1200 Jahre. Die Flut aber stieg und bedeckte die ganze Erde, und ihr Wasser stürzte jene Bilder von dem Berge Nod herunter auf die Erde, und trug sie durch die Gewalt seiner Strömung und seiner Wogen von einem Lande zum anderen, bis es sie endlich in die Gegend von Gudda (dem Hafen von Mekka) warf. Dann floss das Wasser ab, und die Bilder blieben am Strande von Gudda liegen, und der Wind wehte den Sand darüber, so dass sie darunter begraben wurden[1]). Als nun Amr b. Luhai d. i. Rabî'a b. Amr von Azd, der Vater Chuzâ'as[2]) und von Mutters Seite der Enkel des Gurhumiten Harith b. Mudâd, nach der Vertreibung der Gurhum die Herrschaft über Mekka erlangt hatte und dem Priestertume daselbst vorstand, sagte ihm — denn er war ein Wahrsager — sein Dämon Abu Thumâma: mach dich schnell aus Tihâma fort auf den Weg und auf die Reise, mit Glück und Heil! Er antwortete: sag mir an wohin, ich werde nicht weilen! Er sprach: geh nach dem Strande von Gudda, da wirst du Bilder bereitet finden, die hol nach Tihâma, und fürchte dich nicht, und fordere die Araber auf zu ihrem Dienst, sie werden dir willfahren. Da ging er nach der Küste von Gudda und grub sie aus[3]), dann brachte er sie nach Tihâma, und als das Fest eintrat, rief er die Araber allesamt zu ihrem Dienste und gab dem 'Auf b. 'Udhra von Kalb, der seiner Aufforderung Folge leistete, den Vadd."

Dies ist die an den Quran gebundene und mit allerhand anderen, namentlich biblisch-apokryphischen Elementen verbrämte legendarische Theorie des Ibn Abbâs über das Aufkommen des Bilderdienstes überhaupt und insbesondere der Verehrung der fünf noachischen Idole. Der Bilderdienst wird als Gräber- und Ahnendienst gedeutet, der echt arabische Steindienst wird davon unterschieden und nicht auf Import zurückgeführt[4]). Jetzt kommen wir zur Sache.

---

[1]) Hier schaltet Ibn alKalbi die Bemerkung ein, ein Götzenbild in Menschengestalt, aus Holz, Silber oder Gold, heisse çanam; eins aus Stein heisse vathan. Bloss um die açnâm handelt es sich für jetzt.

[2]) Jaqut 4 652, 17. Anders BHischam 51, 3. 4. Buch. 2, 216.

[3]) lies istathâra für istanâra. 914, 17.

[4]) Vgl. die Vita Adae et Evae (ed. W. Meyer, Münch. Akad. 1879), Schatzhöhle (ed. Bezold) p. 31, Buchari 3, 61 s. 173. Die israelitischen Bamoth

„'Auf b. 'Udhra von Kalb bekam also den Vadd, nahm ihn mit nach Vadi 'lQura und stellte ihn dann auf in Dumat alGandal[1]). Er nannte seinen Sohn 'Abd Vadd[2]), er gab zuerst diesen Namen, und die Araber taten es ihm nach. Seinen Sohn 'Amir, welcher 'Amir alAgdâr[3]) genannt wird, machte er zum Priester für Vadd, und dessen Nachkommen haben das Priestertum behalten bis zum Islam. Ibn alKalbi sagt, seinem Vater habe Malik b. Haritha alAgdâri erzählt, er habe Vadd noch gesehen. „Mein Vater, erzählte Malik, schickte mich mit Milch zu Vadd und sagte mir: gib die deinem Gotte zu trinken; er bekam nämlich Milch zu trinken. Ich habe dann auch gesehen, wie Chalid b. alValid ihn in Stücke schlug. Der Bote Gottes hatte Chalid von Tabuk ausgesandt ihn zu zerstören, dem widersetzten sich die Banu Abd Vadd und die Banu Amir alAgdâr, und er kämpfte mit ihnen, bis er sie tötete, und zerstörte ihn (sein Haus) und zertrümmerte ihn (sein Bild). Unter denen, die damals getötet wurden, war ein Mann von den Banu Abd Vadd namens Qatan b. Schuraih. Als dessen Mutter herantrat und ihn tot liegen sah, sprach sie in Versen: ja, die Liebe dauert nicht und die Wonne hält nicht aus gegen die Zeit, und auch ein Gemskitz überdauert das Geschick nicht, dem auf steilem Felsen eine zärtliche Mutter lebt. Dann sagte sie noch: o (Schmerz)[4]), der Eingeweide und Leber zusammenzieht! o wenn doch deine Mutter nie geboren wäre und nie geboren hätte! Darauf warf sie sich über ihn, stiess ein Röcheln aus und starb. Auch Hassan b. Maçâd, ein Vetter alUqaidirs, des Herrn von Duma, wurde getötet; dann zerstörte Chalid ihn (das Haus oder das Bild des Gottes)." Darauf bat alKalbi (der Vater des Ibn alKalbi) den Malik b. Haritha ihm den Vadd so zu beschreiben, dass er ihn vor sich sehe. Er sagte: „er war gebildet wie ein sehr grosser

---

werden von den Muslimen nach Matth. 23, 29 als Prophetengräber gedeutet (Buch. 1, 62).

[1]) BHischam 52, 11. Vgl. Porphyrius de abst. 2, 56.

[2]) Der bekam die Qubba, das Insigne des Fürstentums. Bakri 34.

[3]) BDuraid 317.

[4]) Es kann auch sein, dass sie ihren Sohn anredet, als denjenigen der ihr durch den Schmerz über seinen Tod die Brust zusammenschnürt: o du (Schmerzbereiter), der u. s. w. Dass auch die flüchtigsten wilden Tiere in den unzugänglichsten Bergen dem Jäger, welcher Tod heisst, nicht entgehen, ist ein stehender Trostgrund in den Klageliedern.

Mann, und zwei Gewänder waren auf ihm angebracht (gemeisselt oder gemalt), eins als Unterkleid, eins als Überwurf; er hatte ein Schwert um und einen Bogen auf der Schulter, vor sich einen kurzen Speer mit einer Fahne, und einen Köcher mit Pfeilen."

Als Chalid in Duma eindrang, herrschte dort schon das Christentum; die Verehrung des Vadd kann also wol nur im Winkel fortgedauert haben. Es ist nicht ohne Belang, auf so etwas zu achten.

Abweichend von Ibn alKalbi, dessen positive Nachrichten hier aus erster Quelle stammen, behauptet Ibn Habib bei Jaqut, die Banu lFurâçifa b. alAhvaç haben das Priestertum bei Vadd besessen. Die Behauptung scheint irrig; al Furâçifa b. alAhvaç war Christ und der Vater der bekannten Nâila, der Frau des Chalifen Uthman, die sich für ihren Mann ein paar Finger abhauen liess; er gehörte nicht zu den ʿAmir oder Abd Vadd, nicht einmal zu den ʿAuf b. ʿUdhra. Wertvoll dagegen ist ein von Ibn Habib citirter, leider nicht ganz durchsichtiger und vielleicht islamisch redigirter Vers des Nâbigha (23, 6), worin Vadd erwähnt wird. „Grüsse dich Vadd; denn uns ist das Tändeln mit den Weibern nicht mehr erlaubt, da es mit der Religion Ernst geworden." Ein weiterer Vers, worin Vadd vorkommt, findet sich bei BHischam 751, 5: alLât und alUzza und Vadd werden vergessen, wir ziehen ihnen die Halsketten und Nasenringe ab.

Vadd wurde übrigens nicht bloss bei den Kalbiten verehrt, sondern z. B. auch bei den Sabäern. Neben Vadd findet sich die Aussprache Vudd, davon ist eine Nebenform Udd, und damit hängt vielleicht weiter auch Udad zusammen: Udd und Udad stehen an der Spitze sehr grosser arabischer Stammverbände, (Murr b.) Udd an der Spitze der Tamim und der mit ihnen nahe zusammenhangenden Abdmanât und Dabba, (Murra b.) Udad an der Spitze der Taiji, Aschʿar, Madhig, der Amila, Gudhâm, Lachm und Kinda[1]). Den Namen Abd Vadd bez. Abd Vudd trägt nicht bloss das erwähnte kalbitische Geschlecht (Agh. 16 101, 9. 13), sondern auch ein Geschlecht der Fihr (BHischam 209, 4) und eine Familie der Chazrag (498, 16. 17). Als Personennamen findet sich Abd Vudd bei den Quraisch (BHischam 677, 3 ss.), bei den Hudhail (WR. p. 5), Saʿd Vudd bei den Taghlib (Agh. 20 128, 7). Appellativ bedeutet

[1]) Es findet sich auch Maʿadd b. ʿAdnan b. Udad.

Vadd und Vudd Liebe (aber nicht Eros), Freundschaft: ein sehr sonderbarer Begriff für einen arabischen Gott. Vgl. Nöldeke 1887 p. 708.

Suvâʿ.

„Der erste von denen, die diese Götzen annahmen und ihnen ihre Namen gaben, von den Söhnen Ismaels und anderen Leuten, als sie die Religion Ismaels verliessen, soweit uns Kunde von ihnen erhalten ist, sagt Ibn alKalbi, war Hudhail b. Mudrika. Hudhail nahm sich Suvâʿ, und er war ihnen in Ruhât im Gebiet von Janbuʿ bei Medina, und seine Priester waren von den Banu Lihiân. Ich habe indessen in keinem hudhailitischen Liede eine Erwähnung des Suvâʿ gefunden, sondern nur in dem Liede eines Mannes von Jaman. — Als Amr b. Luhai die Araber zum Dienste der Götzen der Leute Noahs aufforderte, die er aus Gudda geholt hatte, wie wir bei Vadd erwähnt haben, willfahrte ihm Mudar b. Nizâr, und er übergab einem Manne von Hudhail, namens alHarith b. Tamim b. Saʿd, den Suvâʿ, und er war in einer Gegend namens Ruhât, im Tale Nachla, weit von Mudar[1]). Ein Mann von den Arabern sagt in einem Liede: „man sieht sie sich drängen um ihren Fürsten, wie die Hudhail sich drängen bei Suvâʿ, zu dessen Seite Opfer (ʿatâir) von den wertvollsten Tieren jedes Hirten hingestreckt liegen in Ruhât[2]).“

Es sind zwei verschiedene Angaben, die hier mitgeteilt werden. Beide stammen aber von Ibn alKalbi; für die zweite erhellt das aus der Bezugnahme auf den Artikel Vadd, den Jaqut selber noch gar nicht gegeben hat. Wir erfahren daraus, dass Suvâʿ den Hudhail angehörte und in Ruhât verehrt wurde. Dies wird bestätigt durch die am Schluss mitgeteilten Verse; Wüstenfeld citirt auch einen Abd Vudd b. Suvâʿ von Hudhail (Register p. 5), während sich in den Hudhailitenliedern nach Ibn alKalbi keine Spur von Suvâʿ findet. Als Priester des Gottes werden genannt einmal die Lihian, das andere mal die Lubna, beide von Hudhail. Und Ruhât wird das eine mal in die Nähe von Janbuʿ, dem Hafen von Me-

---

[1]) ein unverständlicher Zusatz.

[2]) جنابه und لديه drängen sich. Besser تظل جنابه برهاط صرغى nach dem Tag alArus. Dies ist vermutlich das vorher erwähnte Lied eines Jamaniten.

dina, verlegt, das andere mal in das Tal Nachla bei Mekka, wo die Hudhail wohnten. Bakri stellt p. 9 Badr, alSuqja, Ruhât und Ukâtz in eine Reihe; p. 425 s. sagt er, Ruhat liegen drei (?) Meilen von Mekka, und citirt Verse der Hudhailiten Abu Dhuaib und Abu Çachr (265, 1), worin es neben anderen hudhailitischen Ortslagen erwähnt wird. Bei Ibn Sa'd (Skizzen 4 p. 149 § 94) erscheint ein Ruhât als Heiligtum der Sulaim mit einer Quelle, welche jetzt die Quelle des Boten Gottes heisse; der Name des Götzen wird nicht genannt, wol aber der seines Priesters, der ihn zertrümmerte, nachdem er sich zum Islam bekehrt hatte.

Vaqidi erzählt (p. 350), Suvâ' sei nach der Eroberung von Mekka durch Amr b. alAç zerstört; der Priester habe sich bekehrt, nachdem er sich in der Erwartung, der Götze werde sich wehren, getäuscht gefunden. Ibn Ishâq sagt nichts davon: diese Geschichten von der Zerstörung der Götzen im Auftrage Muhammads werden immer vollständiger, je weiter die Überlieferung sich von ihrem Ursprunge entfernt, und die Relationen widersprechen sich dabei. Die Angabe, dass Suvâ' von den Hamdân angebetet sei und zwar in Gestalt eines Weibes, kommt, so viel ich sehe, erst sehr spät vor und verdient darum keine Berücksichtigung. Ebenso wenig Wert scheint mir die Wissenschaft zu haben, welche einige Gelehrte für die Natur des Suvâ' aus der Etymologie seines Namens zu gewinnen suchen.

Jaghuth.

Bei Jaghuth gibt Jaqut nicht an, woher er seinen Stoff hat; es erhellt jedoch durch die Bezugnahme auf den Artikel Vadd und durch die völlige Übereinstimmung der Eingänge beider Artikel, dass das Götzenbuch des Ibn alKalbi auch hier die Quelle gewesen ist.

„Amr b. Luhai hatte Jaghuth dem An'um b. 'Amr von Murâd übergeben. Er (Jaghuth) befand sich auf einem Hügel im Jaman, namens Madhig; es dienten ihm die Madhig und die Nachbarstämme. Er blieb im Besitz der Geschlechter An'um und A'là von Murâd, bis dass die Edlen von Murad zusammentraten und sagten: was soll es, dass unser Gott nicht bei den Mächtigsten und Edelsten und Zahlreichsten von uns ist? Sie wollten ihn den A'là und An'um entreissen und ihm seinen Sitz unter ihren Edelsten geben. Als aber die A'là und An'um das erfuhren, flohen sie mit ihm und setzten ihn unter den BanulHarith b. Ka'b nieder, in einer Zeit, wo gerade die Murad mit den alHarith verfeindet waren. Die Murad, die zu den kriegerischsten Arabern gehörten, schickten nun ein Heer zu den Harith, um die Herausgabe des Jaghuth zu verlangen und um Blutforderungen, welche sie an die Harith hatten, geltend zu machen. Die Harith aber sammelten ein Heer und baten die Qabilen von Hamdan um Hilfe, und es kam zwischen ihnen zu der Schlacht von alRazm, an dem selben Tage, wo der Prophet die Quraisch zu Badr besiegte. Die BanulHarith schlugen die Murad schimpflich in die Flucht und Jaghuth blieb bei ihnen."

Jaqut fügt dem noch Folgendes hinzu. Man sagt, Jaghuth sei auf dem Hügel Madhig aufgestellt gewesen und darnach seien die Stämme Murad und Taiji und BalHarith b. Ka'b und Sa'd al-'Aschîra und Madhig allesamt Madhig genannt, als hätten sie sich bei demselben (bei dem heiligen Hügel) verbündet. Aber das ist eine sonderbare Rede; das Bekannte ist, dass sie (die Ahnen dieser Stämme) bei dem Hügel Madhig geboren und deshalb darnach benannt sind. Die Banu An'um wurden wegen des Jaghuth (den sie besassen) von den Banu Ghutaif bekämpft, da flohen sie mit ihm nach Nagrân und stellen ihn auf bei den BanulNâr von alDibâb von den BanulHârith, und diese sammelten sich zu seinem Schutz: so sagt Ibn Habîb. Ibn alKalbi sagt: die Madhig und die Bewohner von Gurasch nahmen sich Jaghuth (zum Gott); in einem Verse heisst es: Jaghuth zog mit uns gegen die Murâd, und wir schritten zum Angriff, ehe sie einen Überfall machten.

Ibn Ishaq sagt: die An'um, von Taiji, und die Bewohner von Gurasch, von Madhig, dienten dem Jaghuth in Gurasch. Nach Agh. 14, 26. Tab. 1, 1734ss. 1994. Bakri 406 kämpften bei alRazm nicht die BalHarith, sondern die Hamdan mit den Murad; der Götze Jaghuth gehörte beiden gemeinschaftlich und hatte seinen Standort abwechselnd in diesem und jenem Stamme, aber die Murad wollten ihn allein haben und ihn nicht herausgeben, als die Reihe umging — da wurden sie von den Hamdan, unter Führung von alAgda', bekriegt und gedemütigt[1]). Nach Ibn alKalbi haben

[1]) Die Schlacht war für arabische Verhältnisse bedeutend und hatte zur Folge, dass die geschlagenen Murad zuerst bei den Banu Valî'a, den s. g. Königen von Kinda, eine Stütze suchten, dann bei Muhammad, der infolge

die Hamdan nur als Verbündete der BalHarith an der Schlacht teilgenommen, und der eigentliche Streit, um das Gottesbild, entbrannte innerhalb von Murad selber: das ist das Richtige, denn dass die Hamdan und Murad, grosse selbständige und nicht mit einander verwandte Stämme, in alternirendem Besitze eines und des selben Götzen gewesen sein sollen, ist sehr wenig glaublich und verträgt sich auch nicht mit der Aussage des Ibn Ishaq.

Es ergibt sich also, dass Jaghuth seinen Sitz ursprünglich in Gurasch[1]) hatte, oder vielleicht in der Nähe dieser Stadt auf einem Hügel, der angeblich Madhig hiess. Von Gurasch aber wurde er etwa A. D. 623 ausgeführt, und zwar von den Besitzern selber, die sich in ihrem Recht gefährdet fühlten. Die Besitzer waren die Banu Anʿum (b. Aʿla?) von Taiji, welche als Hüter und Priester des Heiligtums in Gurasch geblieben waren, als ihr Volk seine Wohnsitze weit nach Norden verlegt hatte[2]). Die Murad wurden eben durch den Umstand, dass die Priester und Besitzer ihres Götzen nicht zu ihnen selber, sondern zu einem längst aus jener Gegend ausgewanderten Stamme gehörten, zu dem Attentat veranlasst, welches die Flucht der Anʿum zu den BalHarith und die weiteren schweren Folgen nach sich zog. Bemerkenswert ist noch, dass Jaghuth, wie aus dem citirten Verse erhellt, mit in den Kampf gegen die Murâd genommen wurde, ohne Zweifel bei alRazm. Aber nur durch ausserordentliche Ursachen war er aus seinem festen Sitz in Gurasch in Bewegung gesetzt worden[3]). Abd Jaghuth begegnet bei den Madhig (WT 7, 19. 8, 21), bei den Quraisch (WT S. 20) und bei den Havâzin, jedoch nie an früher Stelle in der Genealogie. Bekannt sind Abd Jaghuth, der unglückliche Anführer der Harith b. Kaʿb gegen die Tamim in der Schlacht von Kulâb (Agh. 15 73 ss.), und Abd Jaghuth, der Bruder des Duraid b. alÇimma (Agh. 9 8, 22 ss. Ham. 380 v. 7). Ιεγουθος findet sich als Personenname schon auf der Inschrift von

---

dessen erklärte, die Niederlage sei für sie schliesslich ein grosser Segen geworden.

[1]) Gurasch war die wichtigste Stadt im nördlichen Jaman, im Lande der Madhig und Azd, bedeutend durch Handel und auch durch Industrie (BHischam 869, 18). In der Nähe war der Markt von Habâscha.

[2]) Dies ist ein merkwürdiger Beweis für die Wanderung der Taiji und für ihren alten Zusammenhang mit den Madhig.

[3]) W. R. Smith a. O. p. 37 n. 5. Tab. 1 1395, 3.

Memphis. W. R. Smith (a. O. p. 43) hat den edomitischen יעוש verglichen; es lässt sich nichts dagegen einwenden. Die Bedeutung des Namens, Helfer, liegt auf der Hand; sie ist auch deutlich empfunden, wie ein bei Jaqut citirter Vers beweist: „wann wird deine Hilfe (ghijath) kommen vom Helfer (Jaghûth)!“ Der Name passt aber für jeden Gott und lässt keine Schlüsse zu auf die besondere Natur dieses Gottes.

Ja'ûq, Nasr, Ammianas.

„Ja'uq ist der Name eines Götzen der Hamdan und Chaulân in Arhab, eines der fünf Götzen der Leute Noahs, die, wie wir bei Vadd gesagt haben, 'Amr b. Luhai von Gudda holte und sie denen gab, die seiner Aufforderung zu ihrem Dienste willfahrten. Die Hamdan willfahrten ihm und er übergab dem Malik b. Marthad b. Guscham b. Hâschid b. Guscham b. Chaivân b. Nauf b. Hamdan den Ja'uq, und er befand sich in einem Dorfe namens Chaivân, wo ihn die Hamdan und die benachbarten Jamanier verehrten. An einem anderen Orte sagt Ibn alKalbi: die Chaivân nahmen sich den Ja'uq, und er befand sich in einem ihrer Dörfer namens Chaivân, zwei Tagereisen von Çan'â entfernt nach Mekka zu; so viel ich weiss kommt aber Ja'uq in keinem Namen weder bei den Hamdan noch sonst vor, und es gibt auch keine Verse, worin er erwähnt wird; die Ursache davon ist meines Erachtens, dass die Hamdân nahe bei Çan'â wohnten und sich mit den Himiariten mischten und mit ihnen das Judentum annahmen, in der Zeit als Dhu Nuvâs zu dieser Religion übertrat.“

Vgl. BHischam 52. La colline en face de la ville de Ghayman est appelée Djebel Yaouq, sagt Halévy, voyage au Nedjrân p. 31. Der Name Ja'uq wird bei Jaqut 4 1022, 17 ss. als Correlat zu Jaghuth aufgefasst: er hilft und er hindert. Solche konträren Namen finden sich allerdings bei Zwillingen und Zwillingsgeschlechtern, wie Tugîb und Turâghim b. Muâvia b. alSakun (Bakri 37, 8), aber nicht bei Göttern. Jaghuth und Ja'uq waren keine Hälften, die erst zusammen ein Ganzes bildeten; der eine half nicht bloss immer und der andere hinderte nicht bloss immer. Osiander hat dies eingesehen und darum Ja'uq anders zu deuten gesucht, nämlich als averruncus. Aber عاق heist nicht abwenden, sondern nur hindern. Da wir es mit einem südarabischen

Namen zu tun haben, so wird man nach dem Abessinischen erklären dürfen: er gibt Acht, bewacht, bewahrt.

„Nasr, auch einer der fünf Götzen der Leute Noahs, die Amr b. Luhai einführte, wurde von ihm den Himiar zugeteilt, die seiner Aufforderung zum Dienst der Götzen entsprachen. Er übergab ihn einem Mann von Dhu Ru'ain namens Madîkarib; er befand sich an einem Orte des Landes Saba, welcher Balcha' heisst, und die Himiar nebst ihren Nachbarn dienten ihm, und das dauerte so lange, bis Dhu Nuvâs sie zu Juden machte [1]). Ich kenne aber keinen mit Nasr zusammengesetzten Namen bei den Himiar, sagt Ibn al-Kalbi, und auch keinen Vers, worin er erwähnt wird, vermutlich, weil die Himiar in der Zeit des Dhu Nuvâs zum Judentum übertraten."

Es gibt freilich doch einen Vers, worin Nasr vorkommt, von dem mythischen Abdalginn (Tab. 1 761, 17) oder dem christlichen Omaijidendichter alAchtal (Jaq. 4 781. 4), aber derselbe ist ein archaisirendes Machwerk ohne geschichtlichen Wert. Dagegen findet sich „der östliche und der westliche" Nasr auf sabäischen Inschriften. Das sind wol „die beiden Adler", Gestirne, die neben der Milchstrasse und Sonne und Mond in Versen aus der Zeit Muavias erwähnt werden (BAthir 3 345, 2). Nasr heisst Adler, oder richtiger Geier. Er muss auch im Norden verehrt worden sein, denn er ist bei Juden und Syrern als arabischer Gott bekannt. W. R. Smith (Kinship p. 209) und Nöldeke (DMZ 1886 p. 186) citiren die Doctrina Addaei ed. Phillips p. 24, den Talmud Aboda zara 11b, und den Eigennamen נשריהב in Wrights Catal. 768b, 19. Jakob von Serug nennt einen angeblich persischen Gott נשרא (DMZ. 1875 p. 111).

Amm-anas, besser Ammi-anas [2]), kommt noch zu diesen quranischen Götzen hinzu. Er ist in Sur. 6, 137 zwar nicht genannt, wol aber gemeint nach der Ansicht der muslimischen Gelehrten. „Die Chaulan hatten einen Götzen Ammianas im Lande Chaulân, der sich mit Allah in die dargebrachten Tiere und Früchte teilen musste. Kam nun etwas von dem Anteil Allahs, den sie ihm bestimmt hatten, in den Anteil des 'Ammianas hinein, so

---

[1]) Hier folgt eine Unterbrechung, nach welcher Jaqut (4 780, 23) einiges von Ibn alKalbi schon Gesagtes wiederholt, um Anschluss zu gewinnen.

[2]) Mordtmann DMZ 1877 p. 87. Vgl. Skizzen 4, 165.

liessen sie es ihm; was aber in den Anteil Allahs hineinkam von dem Anteil des ʿAmmianas, das gaben sie diesem zurück.“ So lautet der Bericht des Ibn Ishaq (BHischam 13), eine einfache Umschreibung der Aussage des Qurans. Sehr aufgeputzt ist die Relation bei Sprenger, Moh. 3 457, deren Quelle ich leider nicht habe auffinden können. Der Vorsatz עמי weist eigentlich nicht auf einen Gottesnamen, sondern auf einen Personennamen, als solcher findet sich עמאנס auf sabäischen Inschriften. In Anas-Allah (WT. 7, 13) kommt das zweite Glied der Composition als erstes vor. Vielleicht darf man Anas mit Anîs (alter Freund) vergleichen; so heissen nach Doughty (Register unter Wennys) noch gegenwärtig in Arabien die unsichtbaren Mächte.

Jaʿuq, Nasr, Ammianas gehören nur hierher, weil im Quran auf sie Bezug genommen wird; es sind wahrscheinlich alle drei südarabische Götter. Freilich hat in dieser Hinsicht zwischen Nord- und Südarabern durchaus keine strenge Scheidung stattgefunden; wir finden Aum und Nasr und Vadd gleicherweise im tiefen Süden wie im hohen Norden. Durch die Religionsgeschichte wird die Überlieferung von der Wanderung der Jamanier ebenso bestätigt wie durch die Genealogie.

Die Töchter Allahs.

Darunter werden nach Sur. 53, 21. 37, 149 die drei weiblichen Gottheiten, alLât, Manât, und alʿUzza verstanden. Der Ausdruck erinnert an die hebräischen Bne El oder Bne Elohim, er bedeutet kaum etwas anderes als göttliche Wesen weiblicher Natur; Ilâhat (= dea) wurde nicht im Plural gebraucht und war auch im Singular schon zum Eigennamen erstarrt. Schwerlich dachten die Mekkaner an die Consequenzen, die Muhammad aus dieser Benennung zieht. Überall in Arabien wurden diese weiblichen Gottheiten, namentlich alUzza und alLat, eifrig verehrt; sie waren weit lebendiger und wichtiger als alle männlichen Götter, Allah allein ausgenommen[1]).

---

[1]) Buch. 2, 181: „Die heidnischen Quraisch statuirten einen Familienzusammenhang zwischen Allah und den Ginn, sie behaupteten, die Engel seien

Manât.

„Manât, sagt Ibn alKalbi, war ein grosser Stein der Hudhail in Qudaid; das Feminium erklärt sich lediglich daraus, dass das Wort für Stein (çachra) feminisch ist[1]). Es ist der Genitiv in den Namen Zaid Manât und Abd Manât. Als Amr b. Luhai[2]) einmal von einer schweren Krankheit befallen wurde, sagte man ihm: in der Balqâ (Peraea) in alSchâm ist ein heisser Quell, wenn du den besuchst, wirst du gesund. Er tat es, badete dort, und genas. Da er nun dort die Leute den Idolen dienen fand, fragte er nach der Bewandtnis davon. Sie sagten: wir erbitten mittels ihrer Regen, und Sieg gegen den Feind. Da bat er sie, ihm welche abzugeben, sie taten das, und er kam damit nach Mekka und stellte sie um die Ka'ba auf. Nach seinem Vorgange ergaben sich nun auch die Araber dem Cultus der Idole, dienten ihnen und nahmen sie sich zu Göttern. Das älteste von allen war Manât, wonach die Araber sich ehemals Abd Manât zu nennen pflegten. Es war aufgestellt in der Küstengegend unweit von alMuschallal in Qudaid zwischen Medina und Mekka. Die Leute in der Nähe dieser Orte[3]) ehrten es hoch und opferten ihm und brachten ihm Gaben. Die Ma'add, Mudar und Rabî'a, hatten noch einen Rest der Religion Ismaels; am meisten taten sich die (nicht zu Ma'add gerechneten) Aus und Chazrag in der Verehrung dieses Idols hervor. Ein Mann von Quraisch erzählte von Abu Ubaida Abdallah b. Abi Ubaida b. Ammâr b. Jâsir, der am besten mit den Aus und Chazrag Bescheid wusste: die Aus und Chazrag und andere Araber, die den selben Brauch hatten wie sie, in Medina und sonst, machten zwar den Hagg und hielten die Stationen mit den übrigen Leuten, aber sie schuren sich nicht mit ihnen das Haupt, sondern wenn sie den heiligen Lauf vollbracht hatten, kamen sie zu Manât und schuren da ihr Haupt und machten dort Halt, indem sie ihren Hagg nicht

---

die Töchter Allahs, die er mit den vornehmsten Ginnfrauen gezeugt habe." So dachten sich die muslimischen Theologen in den Geist der alten Araber hinein. In BHischam 145, 8 ist von den beiden Töchtern der Uzza die Rede; damit scheinen alLât und Manât gemeint zu sein.

[1]) Die Muslime gebrauchten „Götze" als Masculinum, behandelten darum jede Gottheit a priori als männlich, und wunderten sich, wenn sie nun doch weiblich war.

[2]) Hier folgt das Nationale dieses Erzheiden, wie wir es schon kennen.

[3]) Der Text ist hier (4 653, 2) nicht in Ordnung.

für vollständig hielten ausser durch diese Schlussfeier; und weil die Aus und Chazrag sie besonders verehrten[1]), sagt Abdaluzza b. Vadi'a von Muzaina oder ein anderer: ich schwöre ehrlich einen richtigen Eid bei Manât, wo der Opferplatz (mahall) der Chazrag ist — bei den alten Arabern war nämlich Chazrag der Name für Aus und Chazrag zusammen. Diese Manât ist es, welche im Quran erwähnt wird. Sie gehörte den Hudhail und den Chuzâ'a, und auch die Quraisch und alle Araber ehrten sie hoch. Das dauerte bis zum Jahre 8 der Higra, wo Muhammad auf seinem Zuge gegen Mekka, als er vier oder fünf Tage von Medina fort war, den Ali gegen sie aussandte. Der zerstörte sie und nahm ihr ab was sie hatte, darunter die beiden Schwerter, Michdham und Rasub, welche ihr der Ghassanide alHarith b. Schamir gewidmet hatte. Diese Schwerter schenkte ihm der Prophet, das eine heisst Dhulfiqâr, das Schwert des Imâm Ali. Nach einer anderen Angabe jedoch hat Ali sie dem tâitischen Götzen alFuls abgenommen, wie bereits berichtet ist."

Ibn Habib bei Jaqut sagt: die Ançâr und Azd Schanûa und andere Azditen dienten dem Götzen Manât, er war in der Küstengegend, seine Priester waren die Ghitrîf von Azd. AlHizâmi, ebenfalls von Jaqut citirt, sagt, Manât sei auch ein Ort im Higâz gewesen nahe bei Vaddân. Ibn Ishaq bei Ibn Hischam (p. 55) sagt: Manât, eine Gottheit der Aus und Chazrag und anderer Bewohner von Jathrib, die gleiche Religion hatten, war an der Küste, in Qudaid bei alMuschallal. Ibn Hischam bringt dazu einen Vers alKumaits bei: und einige Stämme hatten geschworen, sie wollten den Manât nicht den Rücken wenden und sich abkehren. Er fügt ferner hinzu, Manât sei auf Befehl des Propheten von Abu Sufiân b. Harb zerstört, nach einer anderen Angabe von Ali. Nach Vâqidi (p. 350. Tab. 1, 1649) wurde Sa'îd b. Zaid alAschhali mit der Zerstörung beauftragt. Etwas anders und weit ausführlicher lauten die Angaben des Ibn Ishaq bei alAzraqi (p. 76): Amr b. Luhai stellte Manat auf an der Küste bei Qudaid; ihr feierten die Azd und Ghassân den Hagg und ehrten sie hoch, und wenn sie den Umlauf um die Ka'ba und den Lauf von 'Arafa vollbracht hatten und mit Minà fertig waren, so schuren sie erst bei Manât ihr Haar,

---

[1]) إيّاها wird ausgefallen sein; vgl. 3 666, 6.

denn sie traten für sie in den Wallfahrtsstand ein, und wer das tat, der machte nicht den Lauf zwischen alÇafa und alMarva; und auch die Ançâr traten mit Absicht auf Manât in den Wallfahrtsstand ein.[1]) u. s. w. Bei Buchari 3, 161 zu Sur. 53, 20 findet sich eine Tradition von Sufiân von alZuhri von ʿUrva von ʿÂischa: diejenigen, welche mit Absicht auf Manât, dem Götzen von alMuschallal (das zu Qudaid gehört), in den Wallfahrtsstand traten, machten den Lauf zwischen alÇafa und alMarva nicht mit; da wurde Sur. 2, 153 offenbart, in Folge dessen machten der Prophet und die Muslime den Lauf zwischen alÇafa und alMarva. Ebendaselbst von Abdalrahman b. Chalid von alZuhri von ʿUrva von Âischa: Sur. 2, 153 wurde offenbart wegen der Ançâr, sie und die Ghassân traten vor dem Islam in den Wallfahrtsstand für Manât u. s. w. Desgleichen von Maʿmar von alZuhri von ʿUrva von Âischa: einige von den Ançâr, die für Manât, einen Götzen zwischen Mekka und Medina, in den Wallfahrtsstand zu treten pflegten, sagten: o Prophet Gottes, wir haben bisher den Lauf zwischen alÇafâ und alMarva nicht mitgemacht, aus Rücksicht gegen Manât u. s. w. Ganz anders dagegen Buch. 3, 85 von Sufian von ʿÂçim b. Sulaiman von Anas b. Malik: wir waren der Meinung, der Lauf zwischen alÇafa und alMarva sei eine heidnische Einrichtung, und enthielten uns derselben, seit der Islam aufkam, bis Gott durch Sur. 2, 153 offenbarte, dass dieser Lauf erlaubt und keine Verschuldigung sei. Ebenso 1, 215. 233.

Die Ortsangaben für Manât sind nur scheinbar verschieden. Es ist überall der selbe Ort, mag er an die Küste oder in das Higâz verlegt werden, nämlich das Wasser Qudaid in der Nähe des Berges alMuschallal[2]), nicht weit von dem Dorfe Vaddân, eine im Hadith sehr oft genannte Station der Pilgerstrasse zwischen Medina und Mekka (Vaq. 425. Bakri 679), näher an Mekka gelegen. Der Ort lag zwar wol im Gebiete der Hudhail oder der

[1]) und konnten denselben also erst bei Manât beendigen, mit der Haarschur, dem Zeichen der Erfüllung des Gelübdes. Aus 79, 5 erhellt, dass اهلال hier im Sinne von احرام steht; eigentlich heisst es: Labbaika rufen. Man sagt اهلّ بمناة und اهلّ لمناة Buch. 3, 161.

[2]) Nach Anderen war alMuschallal die eigentliche Stelle des Heiligtums, Azr. 82, 154. Vaq. 350. Buch. 3, 161.

Chuzâ'a, aber die Folge trifft nicht zu, dass sie den Cultus daselbst vorzugsweise pflegten; die Cultusstätten der arabischen Stämme lagen durchaus nicht immer in ihrem dermaligen Gebiete. Auch die Quraisch scheinen bei der Manât nur hospitirt zu haben; die Hauptverehrer der Göttin waren vielmehr die Aus und die Chazrag und einige der ihnen verwandten und mit ihnen ausgewanderten Azditen (Ghassân); die Priester gehörten dem azditischen Fürstengeschlecht der Ghitrîf (Agh. 12, 50. 55 s.) an. Wir hören, dass die Aus und die Chazrag nicht in Mekka, sondern in Qudaid bei der Manât den Hagg beendeten, dass sie die Schlussfeier statt in Mina, oder bei alÇafa und alMarva, erst in Qudaid begingen. Diese Angabe ist aber unglaubwürdig. Die späteren Muslime konnten sich nicht denken, dass die heidnischen Mediner neben der Wallfahrt nach Mekka und ganz unabhängig davon auch die Wallfahrt nach Qudaid zur Manât machten; sie hatten die Neigung, immer alles mit dem Hagg von Mekka, als sei er der einzige gewesen, in Verbindung zu bringen[1]). Vollends töricht ist die historische Erklärung von Sur. 2, 153, als sei der Anlass zu dieser Offenbarung gewesen, dass die Ançar im Heidentum, aus Rücksicht auf Manât, den Lauf zwischen alÇafâ und alMarva nicht mitmachten. Wenn dieser Lauf dort für erlaubt und für unverfänglich erklärt wird, so kann der Anlass dazu nur darin gelegen haben, dass er den Muslimen bisher für heidnisch und für verboten gegolten hatte; darin hat Anas b. Malik vollkommen Recht. Zu bemerken ist noch, dass Bilder der Manât sich auch im Privatbesitz der Edlen von Medina befanden (BHischam 303, 11).

Manât kommt schon auf den nabatäischen Inschriften von Higr vor und zwar im Plural, מנותו manavâtun[2]). Dadurch wird die Aussprache Manâat in einem Verse bei Gauhari als willkürlich abgewiesen und die Bedeutung Schicksal (eigentlich Anteil wie im Aramäischen) festgestellt, welche appellativisch nur noch für manîja (Pl. manâja, manâ) im Gebrauch ist. Ähnliche abstracte Gottesnamen sind Sa'd, Gad (Τύχη), 'Audh.

---

[1]) Schliesslich wird Manât mitsamt Qudaid und alMuschallal sogar in die Nähe von alÇafa und alMarva verlegt (Bakri 519), damit nämlich die Aus und Chazrag an der selben Stelle das Fest beschliessen wie die übrigen Wallfahrer. Umgekehrt werden dann auch Isâf und Nâila an die Stelle der Manât versetzt (Jaqût 1 236, 10).

[2]) DMZ 1887 p. 709.

Mit Manât zusammengesetzte Eigennamen sind sehr verbreitet. Nach Ibn alKalbi (bei Jaqut 3 664, 7 ss.) kommen sie in der Genealogie an früheren Stellen vor als die mit alLât und alUzza zusammengesetzten; das ist der Grund, warum er Manât für die älteste Gottheit hält. Wenn jedoch solche Namen für Personen seltener zu sein scheinen als für Geschlechter, so erklärt sich das aus der Sitte, Aus, Zaid etc. zu sagen statt Aus alLât, Zaid Manât etc.[1]). Ich finde den Tamimiten Abd Manât b. Zurâra und den Tâiten Zaid Manât (Ham. 461 v. 7). Die Stamm- und Geschlechtsnamen überwiegen: Abd Manât bei den Ribâb, den Kinâna b. Chuzaima (WT. N. 8), den Kinâna b. Kalb (2, 27) und den Hanîfa (B 17); ʿAudh Manât bei den Iâdh (A 8) und den Balî (1, 22, Variante ʿAuf Manât); Aus Manât bei den Namir (Tab. 1 2070, 13) und den Chathʿam (WT. 9, 17); Saʿd Manât bei den Azd (10, 15), den Bâhila (D 10) und vielleicht den Tamim[2]); Zaid Manât bei den Tamim, den Dhuhl (C 19), den Kinâna b. Kalb (2, 27), und den Azd (11, 20). In Medina gibt es Zaid Manât bei den Naggâr und den Abd Haritha (20, 27. 23, 26). Aber auch die Aus, welche sonst Aus Allah heissen, werden an einer Stelle des Kitâb alAghani (15 163, 20 vgl. lin. 7) Aus Manât genannt. Das ist ohne Zweifel der eigentliche Name, und dadurch empfängt die Angabe von dem Manâtcultus der Mediner eine Bestätigung, deren sie freilich kaum bedarf.

AlLât.

„Dann nahmen sie, fährt Ibn alKalbi fort, alLât zur Gottheit, sie war in Tâif und ist jünger als Manât. Sie war ein viereckiger Felsblock, bei dem einst ein Jude Grütze zu schroten pflegte[3]); ihre Priester waren die Banu Attâb b. Mâlik von Thaqîf; es war

---

[1]) Es ist bereits bemerkt, dass diese Vorsätze nur vor Manât und alLât vorkommen.

[2]) Sa'd Manât Agh. 18 133, 22 ist Saʿd b. Zaid Manât.

[3]) abgeleitet aus der Etymologie von alLâtt = der Grützmacher. Ibn alKalbi deutet hier die von Ibn Abbas erfundene Geschichte nur kurz an; vollständiger lautet sie bei alAzraqi (p. 79) und bei Jaqut: als der Jude gestorben war und keine Grütze mehr an die Pilger austeilte, behauptete Amr b. Luhai, er sei nicht tot, sondern in den Felsblock eingegangen, und veranlasste die Pilger, den Felsblock als den Grützmacher anzubeten.

ein Gebäude über ihr aufgeführt. Die Quraisch und alle Araber ehrten sie hoch, und nach ihr bildete man die Namen Zaid alLât und Taim alLât. Sie stand an der Stelle, wo jetzt die Manâra linker Hand der Moschee von Tâif steht. Sie ist die, die im Quran erwähnt wird (Sur. 53, 19). Auf sie bezieht sich Amr b. alGu'aid in dem Verse: „wenn ich die Verbindung mit (meiner geliebten) Kâs aufgebe, komme ich mir gerade so vor wie einer, der sich von alLât lossagt, nachdem er ihr gedient hat“; desgleichen alMutalammis in seinem Spottgedicht auf den König Amr b. alMundhir: „hast du mich weggejagt aus Furcht vor dem Spott? aber nein, bei alLât und den heiligen Steinen, du wirst nicht entrinnen“. So blieb der Cultus von alLât, bis die Thaqif den Islam annahmen. Da sandte der Bote Gottes alMughîra, und der zerstörte sie und verbrannte sie mit Feuer. Darauf beziehen sich Verse des Schaddâd b. 'Arid von Guscham, worin er die Thaqif abmahnt zu alLât zurückzukehren und für sie sich zu ereifern: „tretet nicht ein für alLât, denn Allâh vernichtet sie, was soll euer Eintreten für eine verlorene Sache! Denn die, welche verbrannt und in Feuer aufgegangen ist, ohne dass bei ihren Steinen für sie gekämpft ist, (ist nichtig). Wenn der Bote Gottes sich lagert auf eurer Flur, so zieht er ab, ohne dass einer von ihren Leuten ihr beisteht.“ Und Aus b. Hagar schwört bei alLât in dem Verse: „bei alLât und al'Uzza und wer ihres Dienstes pflegt, und bei Allah, der noch grösser ist als sie“. Ebenso erwähnt sie Zaid b. Amr zusammen mit alUzza in den Versen, worin er sich für den einen Herrn und gegen die Vielherrschaft der Götter erklärt.“

Durch andere Nachrichten, die namentlich im Hadith, im Kapitel über den Übertritt der Thaqif von Tâif zum Islam, reichlich fliessen, wird hier der Bericht des Ibn alKalbi mehr wie sonst bestätigt und ergänzt. Das fruchtbare reich bewachsene Tal Vagg, in dem auch die Stadt Tâif lag, war das Himà der Göttin; noch im Islam durften hier, zufolge einer von Muhammad ausgestellten Urkunde, keine Idâhbäume umgehauen und kein Wild gejagt werden (BHischam 909 s. vgl. Agh. 4 75, 18 s. 19 80, 13). Die Moschee von Tâif liegt dicht bei der Stadt; da lag also das Haus der Lât, welches nach Ibn Habib ebenso wie die mekkanische Ka'ba mit einer Decke bekleidet war. Der viereckige Stein, in dem die Göttin steckte, war nach einer Angabe bei Jaqut weiss; er scheint nach BHischam 871, 6 (vgl. 918,5) mit allerhand Schmuck behangen gewesen zu sein. Vaqidi redet von einem Kopfe des Götzen (p. 384); ist das richtig, so darf man daraus doch nicht auf menschliche Figur schliessen, denn das würde allen übrigen Nachrichten widersprechen. Unter dem Stein, etwa ein halbes Klafter tief, war eine Höhle, Ghabghab genannt; darin befand sich der Schatz der Göttin, Kleider, Juwelen, Weihrauch, Silber und Gold. Das Nest wurde, bei der Zerstörung des Heiligtums durch alMughira, ausgenommen und der Inhalt nützlich verwendet.

Die Priester waren nach Ibn alKalbi die ʿAttâb b. Malik, nach Vaqidi p. 385 die ʿAglân b. ʿAttâb b. Malik b. Kaʿb; dagegen nach Ibn Ishaq (p. 32. 55) und nach Vaqidi p. 384 die Muʿattib. Aber Muʿattib ist Muʿattib b. Malik b. Kaʿb und also wol gleichbedeutend mit ʿAttâb. Die Priester gehörten dann zu dem Geschlecht des Urva b. Masʿûd und des Mughîra[1]), d. h. zu den Ahlâf und nicht zum Adel von Tâif. Die Thaqif nannten die Lât „die Herrin“ und pflegten eifrig ihren Dienst; wenn einer eine Reise glücklich vollbracht hatte, machte er, ehe er in sein Haus ging, zuvor der Herrin seinen Besuch und schur bei ihr sein Har. Aber obwol sie den Urva b. Masʿûd wegen seines Abfalls von der Herrin zum Märtyrer gemacht hatten, fanden sie sich doch bald nachher mit vielem Anstand in die Zerstörung des Heiligtums derselben; sie waren nur besorgt wegen des Fanatismus ihrer Toren, der Weiber, Kinder und Sklaven; dieser Fanatismus erwies sich jedoch auch nicht gefährlich. Vgl. noch BHischam 744, 8. Buch. 2, 99.

Von Späteren werden alLât und alʿUzza öfters confundirt, und gegenwärtig zeigt man in Tâif die Steine der Lât, der ʿUzza und des Hubal alle drei mit einander (Doughty 2, 515 s.). Die alten Quellen kennen nur alLât in Tâif und alʿUzza in Nachla und sagen, dies seien die im Quran gemeinten. Natürlich verehrten nicht bloss die Bewohner der Stadt die Göttin von Tâif, sondern die Araber weit und breit. Darum darf man aber doch nicht mit den islamischen Gelehrten überall, wo alLât erwähnt wird, immer nur an die Lât von Tâif denken; es scheint z. B. gar nicht, dass in den von Ibn alKalbi angeführten Versen des Mutalammis oder des Aus b. Hagar diese Lat gemeint ist.

---

[1]) Dass alMughîra, der Zerstörer der Lât, zu der Familie ihrer Priester gehörte, steht ausdrücklich in dem Artikel des Kitab alAghani über ihn, vgl. DMZ 1896 p. 148 ss. Die Banu Muʿattib schirmten ihn bewaffnet bei der Zerstörung des Heiligtums.

AlLât heisst „die Mutter der Götter“ (Vogüé, Nab. 8), sie ist die Αλιλατ Herodots, die alte arabische Hauptgöttin. Sie findet sich auf Inschriften in Higr (Euting 3), in Çalchad (Vogüé 6: אלת אלהתהם), und in Palmyra (Vogüé 8)[1]). Mit ihr zusammengesetzte Personennamen sind sehr häufig auf den palmyrenischen Inschriften: והבלת אמתלת (Vogüé Nab. 2 noch והבאלת), נצרלת, עבדלת, שלמלת. Unter anderen heisst der Sohn des Odaenathus und der Zenobia Vahballât; es ist bemerkenswert, dass er auf griechisch ʼΑθηνόδωρος genannt wird. Darnach zu schliessen ist die bei Waddington nicht selten (z. B. 2203. 2308) erwähnte Athene die Göttin alLât.

Auch später noch sind die Namen mit alLât sehr häufig, und es haben sich vor dieser Gottheit, abgesehen von El, die meisten seltenen Vorsätze erhalten. Es heissen besonders viele Völker und Geschlechter nach alLât, namentlich wenn man die hier sehr häufige, weil besonders leichte, Correctur in Allah beseitigt[2]). In Medina stehen neben den Aus Manât und den Zaid Manât die Taim alLât (alNaggâr Agh. 4, 3) und die Zaid alLât[3]). Die Lahâzim von Bakr nennen sich Taim alLât. Zu den Namir b. Qâsit gehören die ʻÂidh alLât, Aus alLât und Taim alLât (WT. A 12); zu den Asad b. Vabara die Schaiʻ alLât und Taim alLât (Tanuch, 2, 18); zu den Rufaida b. Thaur b. Kalb die Schukm alLât, Vahb alLât, Zaid alLât und vielleicht die Schaʻsch alLât (2, 20); zu den Saʻd al-ʻAschîra die ʻÂidh alLât, Anas alLât, Saʻd alLât und Zaid alLât (7, 13). Es fällt auf, dass mehrere eng zusammenhangende Geschlechter sich alle nach der selben Gottheit nennen; vielleicht wird die Gruppe durch gemeinsamen Cultus geheiligt; mehrfach finden sich neben den theophoren Namen noch profane, die sich damit decken.

---

[1]) Vielleicht auch גדילת (Palmyr. 111) = גדלת bei Isaac Ant. 1, 214 Jacob. Serug. bei Assemani B. O. 1, 327. Vgl. Nöldeke 1882 p. 1189 s. und Dillmann in den Berl. Sitzungsberichten 1881 p. 429 (Lât auf der phönic. Inschrift von Sulci?).

[2]) Dazu berechtigen teils ausdrückliche Angaben und Varianten (BDuraid 315. Agh. 4, 3. Jaq. 3 364, 9 s.), teils Vergleichungen. Wenn der eine Bruder Schaiʻ alLât heisst, so heisst auch der andere ʻÂidh alLat, Taim alLat und nicht A. Allah, T. Allah. Auch Ahmas Allah ist Correctur, aber ob für A. alLat, steht dahin (Skizzen 4, 184). Beachtenswert ist, dass Abd alLât gar nicht mehr vorkommt, sondern in Abd Allah aufgegangen ist.

[3]) angeblich jüdische Familie (Wüstenfeld, Medina p. 30).

Herodots Alilat lässt die Etymologie (die Göttin) noch deutlich erkennen. Aber dieselbe hat sich früh verdunkelt. Zwar würden die Zeitgenossen des Ibn ʿAbbâs ohne ihn wol nicht darauf gekommen sein, dass alLât der Grützmacher bedeute: eine gewisse Empfindung der Correlation von alLât und Allâh bricht noch durch in dem Ausrufe bei BHischam 849, 13. 15: „die Reiter Allahs haben alLâts Reiter besiegt“ und in dem Verse BH. 871, 17: „tretet nicht ein für alLât, denn Allah vernichtet sie“. Jedoch wenn die Nabatäer von Çalchad אלת אלהתהם neben einander setzten, so hatten schon sie kein Bewusstsein mehr davon, dass beides gleichbedeutend ist. Ebenso zeigt der in Tâif gebräuchliche Beiname „die Herrin“, dass der appellative Sinn von alLât nicht mehr empfunden wurde. AlLât ist also, in der Zeit, über die wir urteilen können, nicht der Titel verschiedener Göttinnen, die jede an ihrem Orte „die Göttin“ war, sondern es ist überall eine und die selbe bestimmte göttliche Individualität. Aber was für eine? Vielleicht wird die Antwort darauf gegeben durch einen von Gauhari citirten Vers eines Tamimiten: „wir brachen von alLaʿbâ auf, als es Abend werden wollte, und wir trieben alIlâhat zur Eile, damit sie unterginge“. Hier ist alIlâhat[1]) die Sonne; die vor ihren Feinden flüchtigen Tamimiten wünschen von der Nacht bedeckt zu zu werden (Vaq. p. 64 Anm. 3) — umgekehrt wie die Verfolger gelegentlich wünschen, die Sonne möge am Himmel stehen bleiben (Ios. 10, 12. Agh. 9 6, 27). Auch die Ilâhat von Hamdan, auf sabäischen Inschriften, ist die Sonne. In Palmyra wird allerdings alLât mit Schams coordinirt (Vogué Palm. 8), aber das ist kein Einwand dagegen, dass ursprünglich beide identisch waren. Die Naturbestimmtheit der Götter verliert sich leicht, und man hält sich dann lediglich an den Unterschied der Namen. So ist es denn auch gekommen, dass die Araber sogar alLât und Ilâhat unterschieden, weil sie die Namen nicht mehr identificirten.

Daraus, dass die Alilat bei Herodot neben einem männlichen Gotte steht und Urania genannt wird und dass sie auf der Inschrift von Çalchad 8 die Mutter der Götter heisst, folgert W. R. Smith (1894 p. 56 s.), sie sei identisch mit der Tanit-Artemis, der karthagischen Coelestis, mit der jungfräulichen Mutter von Petra,

[1]) Auch als Ortsname kommt الالاهة vor, neben الالالة Jaq. 1, 347.

und mit der Venus von Elusa. Ich kann mich dem nicht anschliessen, werde aber hier nicht darauf eingehn, sondern später bei al'Uzza und DhulSchara darauf zurückkommen.

Al'Uzzà.

Nach Manât und alLât kommt Ibn alKalbi zu al'Uzzà. „Dann nahmen sie, sagt er, alUzza zur Gottheit; sie ist jünger als Manât und alLât, der Name kommt in der Genealogie zuerst vor bei Abd alUzza b. Ka'b b. Sa'd b. Zaidmanât b. Tamîm. Derjenige, der die Uzza (von Amr b. Luhai) zur Gottheit annahm, war Tzâlim b. As'ad. Sie stand in einem Tale des nördlichen Nachla, welches Hurâd heisst, gegenüber von alGhumair, rechts von dem Aufstiege der Strasse von Mekka nach dem Irâq, neun Milien oberhalb von Dhât Irq nach alBustân zu. Tzâlim baute über ihr ein Buss, d. i. ein Haus, und man hörte darin eine Stimme. Und die Araber und die Quraisch nannten sich nach ihr Abd alUzza, und sie war der höchstgeehrte Götze bei den Quraisch, sie besuchten sie und brachten ihr Gaben und suchten sich bei ihr durch Opfer zu insinuiren. Der Prophet, sagt I. K., soll erzählt haben, er habe der Uzza ein weisses Schaf als Festopfer gebracht, als er noch des Glaubens seines Volkes war. Die Quraisch pflegten die Ka'ba zu umkreisen und zu sagen: bei alLât und alUzza und bei Manât, der dritten dazu, denn sie sind die allerhöchsten Schwäne[1]) und auf ihre Vermittlung darf man hoffen. Sie sagten, sie wären die Töchter Allahs und die Mittler bei ihm. Als er jedoch seinen Boten sandte, offenbarte er ihm: „denkt ihr in Bezug auf alLât und alUzza und Manât, die dritte dazu, für euch wären die Söhne und für ihn die Töchter? das wäre eine unbillige Verteilung! es sind nur Namen, die ihr und eure Väter geschaffen habt, ohne dass Allah dazu Vollmacht (durch Offenbarung) gegeben hat". Die Quraisch hatten der Uzza ein Seitental von Hurâd als Temenos (Himà) abgegrenzt, namens Suqâm, indem sie damit dem Haram

---

[1]) Man gebraucht das Wort gharânîq, welches in eigentlicher Bedeutung Hudh. 157, 2 sich findet, für feine vornehme Leute Agh. 8 83, 28. 10 98, 6. 8. 17 25, 27. Ham. 607 v. 2. 608 v. 5. Mas. 1, 212. 6, 170. Ebenso auch çuqûr, in etwas anderem Sinne. Das angeführte Dictum ist bekanntlich vom Satan dem Propheten eingegeben.

der Ka'ba eine Nachahmung zur Seite setzten. Der heilige Hain von Suqâm wird erwähnt von dem Hudhailiten Abu Gundab in Versen auf ein von ihm geliebtes Weib, die ihm bei der Uzza geschworen hatte. „Sie hat feierlich einen schweren Eid geschworen beim Wipfel derjenigen, welche die Wipfel von Suqâm geheiligt hat: wenn du meine Kleider nicht los lässt, so geh, ich werde dich bis zu unserem Lebensende nie wieder mit einem Worte anrufen! Ihm aber (dem Liebhaber) ist der Bruch des Verhältnisses mit der Umm Huvairith schwer und er versuchte der Sache (d. i. der Herstellung des Verhältnisses) auf alle Weise beizukommen." Dirham b. Zaid alAusi schwört in einem Verse „bei dem Herrn der seligen Uzza und bei dem Gott, vor dessen Haus Sarif liegt"[1]). Der Schlachtplatz, auf dem man die Opfer der Uzza schlachtete, hiess alGhabghab; eine Beziehung darauf kommt vor in einem Spottgedicht des Hudhailiten auf einen Mann, der ein schönes Weib geheiratet hatte. „Asmâ hat den Kinnbacken einer kleinen Kuh geheiratet, von den rötlichen, die ein Mann von den Banu Ghanm zum Opfer brachte: er sah ein Spier in ihrem Auge, als er sie zum Ghabghab der Uzza führte, und verteilte (das Opferfleisch) nach allen Seiten[2])."

„Zusammen mit alLat wird alUzza aufgeführt in den Versen, worin Zaid b. Amr sich von den Götzen lossagt. Die Priester der Uzza waren die Banu Schaibân b. Gâbir von Sulaim, sie waren Eidgenossen der alHarith b. Abdalmuttalib b. Hâschim. Der letzte Priester hiess Dubaija b. Harma; von dem bekam Abu Chirâsch als er zu ihm kam ein Paar schöne Schuhe und dankte ihm dafür in folgenden Versen. „Nachdem meine Schuhe zerrissen waren, hat mich Dubaija — er ist ein trefflicher Freund — beschenkt mit zwei zu einander passenden (Schuhen) von dem Hinterviertel eines jungen Stieres, die gut zusammengefügt sind. Und (Dubaija ist) ein treffliches Nachtquartier für Gäste, deren Gepäck (Lagerstelle)

---

[1]) Agh. 2 168, 4 lautet der Anfang des Verses: 'inni la'amru. Aber auch Duraid b. alÇimma schwört bei dem Herrn der Kamele, die nach Hurâd d. h. zur Uzza traben (Bakri 277). Vgl. den Schwur „bei dem, dem die Menschen um Uqaiçir herum Gesang, Preis und Jubel bringen", Jaq. 1 340, 13.

[2]) Wahrscheinlich eine alte bekannte Geschichte, die wir aber sonst nicht kennen (BHischam 55, 6. 7). Der Opferer „fand ein Haar" in der Kuh, darum war er so freigebig damit. Die ganze Kuh war also nichts wert, geschweige denn der Kinnbacken.

einem feuchten Nordwind ausgesetzt ist; er bekämpft ihren Hunger mit Schüsseln von feinem Gebäck, die von zerlassenem Fett schwimmen[1])." Das dauerte so mit alUzza, bis Gott seinen Propheten sendete. Der schalt auf sie und auf andere Götzen und mahnte ab von ihrem Dienste, und es erschien die Offenbarung über sie (Sur. 53). Die Quraisch aber wurden dadurch sehr gereizt. Als Abu Uhaiha Sa'îd b. alÂç b. Umaija auf den Tod lag, fand ihn Abu Lahab, der ihn besuchte, in Tränen; auf seine Frage, warum er weine, antwortete er: nicht weil ich sterben muss, sondern weil ich fürchte, dass ihr nach meinem Tode die Uzza nicht mehr verehrt. Abu Lahab[2]) sprach zu ihm: sie ist bei deinen Lebzeiten nicht deinetwegen verehrt, und ihr Dienst wird nach deinem Tode darum nicht aufhören, weil du nicht mehr bist. Da sagte Abu Uhaiha: jetzt weiss ich, dass ich einen Stellvertreter habe; und es freute ihn sehr, dass er so eifrig war in ihrem Dienste. Abu Uhaiha, sagt I. K., trug einen Kopfbund in Mekka; und wenn er den aufsetzte, so setzte niemand einen Kopfbund gleicher Farbe auf. Mein Vater, sagt I. K., erzählte von Abu Çâlih von Ibn Abbas also. Die Uzza war eine Teufelin, von der drei Samurabäume im Tal Nachla besessen waren. Als der Prophet Mekka eroberte, sandte er Chalid b. alValîd und sagte zu ihm: geh nach dem Tale Nachla, da findest du drei Samurabäume, hau den ersten um! Er tat das; als er zurückkam, fragte der Prophet ihn: hast du was gesehen? Da er verneinte, sagte er: so hau den zweiten um! Er tat das; und der Prophet fragte abermals, ob er was gesehen habe. Da er wieder nichts gesehen hatte, erhielt er Befehl den dritten Baum umzuhauen. Als er hinkam, fand er eine Hexe[3]) mit aufgelöstem Haare, die Hände auf den Nacken gelegt, mit den Zähnen knirschend. Hinter ihr stand ihr Priester Dubaija b. Harma; der sagte, als er Chalids ansichtig wurde: halt dich tapfer gegen Chalid, Uzza, sei nicht feige, wirf den Schleier ab und schürze dich; denn wenn du jetzt Chalid

---

[1]) Der Wortlaut der Verse ist in Wüstenfelds Ausgabe verderbt, ich habe ihn hergestellt nach Agh. 21, 57 s. (ed. Brünnow). Mukallalât habe ich als gehäufte Schüsseln verstanden, nach Tab. 1 1090, 9.

[2]) Abu Lahab hiess in Wahrheit Abd alUzza.

[3]) Die Lesart schwankt; der Tag alArus, der ein Citat des Sukkari (in den Scholien zu Abu Chirâsch alHudhali) aus Ibn alKalbi abschreibt, liest zangija.

nicht tötest, so verfällst du schleunig der Schande, also wehr dich! Chalid aber sprach: Verleugnung dir, nicht Ehre dir — ich denke, dass Allah dich der Schande geweiht hat. Darauf führte er einen Hieb auf sie und spaltete ihr das Haupt: da war sie eine tote Kohle. Darauf hieb er den Baum um und tötete den Priester Dubaija. Abu Chirâsch verfasste ein Trauerlied auf ihn. „Was ist dem Dubaija, dass ich ihn heute nicht mehr sehe unter den Zechern, und dass er nicht herankommt und nicht (als Wirt) hin und her läuft? wäre er am Leben, so würde er früh zu ihnen gekommen sein mit einem vollen Kruge, darin hölzerne Becher, geschnitzt von den BanulHatif! er hatte einen hohen Aschenhaufen und einen grossen Kessel, seine Schüssel glich zur Winterszeit einer durchlässigen Tränke. Das Tal Suqâm ist öde geworden, kein Bekannter mehr darin, nur wildes Getier und der Wind, der durch die Gharafstauden streicht." Als Chalid zurückkam und Bericht erstattete, sagte der Prophet: das ist alUzza, und nach ihrer Vernichtung haben die Araber keine Uzza mehr, sie wird hinfort nie wieder verehrt werden. Die Quraisch aber und die Araber in Mekka (d. i. Kinâna und Chuzâ'a), sagt I. K., ehrten keinen Götzen so hoch wie alUzza, dann alLât, dann Manât. Die Quraisch zeichneten alUzza vor den anderen aus durch Opfer und Wallfahrt, weil sie, wie ich glaube, ihnen so nahe war. In der selben Weise zeichneten die Thaqîf alLât aus und die Aus und Chazrag Manât, aber alle dienten auch der Uzza[1]). Die fünf Götzen der Leute Noahs dagegen (Sur. 71, 22) stellten sie mit den drei Göttinnen nicht entfernt auf gleiche Stufe, wol deshalb, weil sie ihnen so fern lagen. Wie die Quraisch, so verehrten auch die Ghanî und die Bâhila die Uzza. Chalid b. alValîd hieb den Baum um, zerstörte das Haus, und zertrümmerte den Götzenstein."

So weit Ibn alKalbi. Zwei seiner Angaben, am Anfang des Artikels, beziehen sich nicht auf die Uzza von Nachla, sondern auf eine andere. Buss war nicht das Heiligtum von Nachla, sondern die ebenfalls der Uzza geweihte sogenannte Ka'ba der Ghatafân, welche Zuhair b. Ganâb alKalbi zerstörte[2]). Der Name Buss ist

---

[1]) Man erwartet: alle dienten auch den beiden anderen von den drei Töchtern Allahs, die sie nicht speziell verehrten.

[2]) Agh. 21, 94 s. In Agh. 12 126, 16 s. lies بسّ für لبس.

kein Appellativum für das heilige Haus, sondern der Eigenname des Ortes, wo es sich befand. Tzâlim b. As'ad[1]) ferner, welcher dasselbe baute, gehörte eben deswegen nicht zu den sulaimitischen Priestern von Nachla. Er war vielmehr der Ahn der ghatafanischen Priesterfamilie, die zu den Banu Çirma von den Murra b. Auf (Jaq. 3 664, 5. Agh. 21, 94) gehörte[2]). Die muslimischen Gelehrten haben die Uzza von Buss regelmässig und absichtlich mit der von Nachla zusammengeworfen, vielleicht weil sie annahmen, Amr b. Luhai habe bei seiner Götzenverteilung nicht mehrere Exemplare von der selben Sorte zur Verfügung gehabt, sondern immer nur eins[3]). Sie sind dabei von dem Umstande begünstigt, dass der Name Buss auch für eine Gegend in der Nähe von Nachla vorkommt, nicht weit vom Schlachtfeld von Hunain; hingegen kommen sie dadurch in Not, dass nun die selbe Uzza zwei mal zerstört wird, durch Zuhair b. Ganâb und durch Chalid b. alValid.

Über die eigentliche Uzza, ich meine die im Quran genannte von Nachla, sind die Angaben Ibn alKalbi's so erschöpfend, dass sich wenig aus anderen Quellen nachlesen lässt. Der letzte Priester war nach Vaqidi (p. 351) Aflah b. Nadr. Indessen lassen die Verse des Abu Chirâsch keinen Zweifel übrig, dass es Dubaija b. Harma war; und aus Vaqidi's Berichte selber geht hervor, dass Aflah nicht der letzte Priester gewesen sein kann, denn er soll noch vor Abu Lahab gestorben sein und dieser starb vor der Eroberung Mekka's (BHischam 461). Das Haus, welches der Uzza von Nachla zugeschrieben wird, kommt ihr nur zu, sofern sie mit der von Buss verselbigt wird. Das Heiligtum von Nachla bestand vielmehr nach Ibn Abbâs, der es wissen konnte und hier keinen Grund zu lügen hatte, aus einer Gruppe von Samurabäumen, von denen einer als der eigentliche Sitz der Göttin angesehen wurde[4]). Es fehlte aber

1) Agh. 21, 94 heisst er Riâh b. Tzâlim.

2) Der Name Tzâlim kommt grade bei den Murra öfters vor. Zu den Çirma gehörte Artât b. Suhaija (Agh. 11 142, 17).

3) Ham 190, 15 findet sich ein Schwur „bei den beiden Uzza". Nöldeke denkt an den Morgen- und Abendstern, W. R. Smith an alLât und al-Uzza. „Die beiden Töchter der Uzza" erwähnt Zaid b. Amr bei BHischam 145, 8.

4) Es werden auch Palmen genannt (Scholion zu BHischam 145), aber diese haben den Verdacht gegen sich, durch das Tal Nachla an die Hand gegeben zu sein. Übrigens sind die Samurabäume nicht an sich heiliger als

auch nicht der heilige Stein, wie sich von selbst versteht und durch Ibn Habib (Jaqut 3 664, 5) und Vaqidi (p. 351) bezeugt wird. Bei demselben befand sich auch hier eine Höhle, Ghabghab, die das Opferblut aufnahm, jedoch nicht als Schatzkammer diente: sonst würde wol erzählt sein, dass Chalid sie ausgenommen habe. Das Hima, ein abgeschlossenes Seitental namens Suqâm, war mit Bäumen bestanden; so scheint es wenigstens nach dem Verse: beim Wipfel derjenigen, welche die Wipfel von Suqâm geheiligt hat.

Die Quraisch feierten der Uzza jährlich ein Fest[1]). Sie waren die Hauptverehrer dieser Göttin, jedoch stammte die Priesterfamilie aus Sulaim und stand nur in der Klientel der Quraisch. In zweiter Linie werden als am Uzzadienst beteiligt aufgeführt die Kinâna und Chuzâ'a, die Thaqif und „der hintere Teil“ der Havâzin[2]), endlich die Ghanm, die Ghanî und die Balî: ob aber diese drei letzteren Stämme gerade die Uzza von Nachla verehrten, ist wol recht zweifelhaft.

In Eigennamen erscheint alUzza häufiger als irgend eine andere heidnische Gottheit, aber immer nur nach Abd, nie nach Zaid, Taim, Aus, Schukm, Schai', d. h. nie nach veralteten Worten. Daraus geht in der Tat hervor, dass alUzza jünger ist als Manât und namentlich alLât. Zu dem gleichen Ergebnis gelangt man auch, wenn man das freilich weit unsicherere Altersmass des Ibn alKalbi anlegt und zusieht, wie hoch sie in der Genealogie hinaufreicht. Am höchsten bei den Abd alUzza b. Ka'b b. Sa'd b. Zaidmanât b. Tamim und bei den Abd alUzza b. Ghatafan: die letzteren hiessen später scherzweise Abd alMuhauvala, Diener der Umgewandelten, weil nämlich Muhammad ihren alten Namen Abd alUzza in Abdallah umgewandelt hatte. Sonst findet sich Abd alUzza als Geschlechts- und Familienname bei den Fihr-Quraisch und bei den Thaqîf, dagegen als Personenname überall.

---

andere Bäume; und Rasmussen Add. p. 71 darf nicht zur Erklärung ihrer Heiligkeit herangezogen werden.

[1]) Nach Ibn Ishaq bei Azraqi p. 80 war dies die quraischitische Schlussfeier des grossen Festes, analog der Schlussfeier der Mediner bei Manât: es muss eben alles an Mekka angeschlossen werden. Die Angaben des I. I. bei Azraqi, die sich in BHischâm nicht finden, kommen mir verdächtig vor.

[2]) Azr. 80, Bakri 277, Vaquidi 297 Anm. 1.

Ausserhalb der arabischen Literatur wird Manât um die Zeit Christi, alLât schon im fünften Jahrhundert vor Christo erwähnt, dagegen alUzza erst viel später. Dann aber stellt sie die beiden älteren Göttinnen völlig in den Schatten. Mit Namen wird sie allerdings sehr selten genannt; in vorislamischer Zeit, so viel ich weiss, sogar nur zweimal. Einmal bei dem syrischen Historiker Land Anecd. 3, 247, der die von Prokop (Pers. 2, 28) als Aphrodite bezeichnete arabische Göttin Uzza (עזוי) nennt. Sodann bei Isaak von Antiochia (5. Jahrh.) 1, 210. Isaak redet von einer zweimaligen Verwüstung der mesopotamischen Stadt Beth-hur, zuerst durch die Perser und dann durch die Araber. „Es ging ihr wie es einst der Stadt Jerusalem erging, die von denen zerstört wurde, welche sie liebte, von den Chaldäern. Denn wie die Perser sie der Bevölkerung beraubt haben, welche ebenso wie sie die Sonne anbeten, so auch die Araber, welche ebenso wie sie die Beltis[1]) anbeten: die Perser haben sie deshalb, weil auch sie die Sonne anbetete, nicht entrinnen lassen, noch haben die Araber sie verschont, weil auch sie der Uzza (עזוי v. 101) opferte."

Gewöhnlich gebraucht Isaak für die arabische Göttin, die er hier Uzza nennt und der Beltis gleich setzt, den Namen Kaukabta[2]), der bei Syrern und Juden für den Planeten Venus üblich war. So p. 220: „Knaben und Mädchen wurden von den wilden Arabern der Kaukabta geopfert" — die Stelle ist wichtig, weil sie in Verbindung mit der vorher citirten die Identität der Uzza und der Kaukabta besonders klar hervortreten lässt. Weiter p. 244. „Die Weiber wenden heidnische Künste an, um ihre Männer zu fesseln. Denn mit Opfern und Spenden rufen sie täglich die Kaukabta an, damit die Schönheit ihres Gesichtes glänze. Sie steigen auf das Dach und mit dem selben Munde, womit sie aus dem Kelche unseres Heilandes trinken, rufen sie die Kaukabta an, damit sie ihnen die Schönheit mehre. Dieser Kaukabta haben sonst die Stämme der Araber Opfer gebracht, jedoch ihre Weiber sind wie alle Weiber, teils hübsch teils hässlich. Seitdem aber die Weiber der Araber die Sonne der Gerechtigkeit erkannt haben,

---

[1]) Beltis ist nach Bar Ali 2480 die Venus.

[2]) Nach Hoffmann a. O. n. 1011. 1154. 1381 soll Kaukabta nicht die Sternin, sondern das Sternchen bedeuten. Das Deminutiv befremdet jedoch bei dem hellen und grossen Planeten.

haben sie der Kaukabta entsagt, die Christinnen dagegen haben Christus gegen die Kaukabta vertauscht."

Die Kaukabta, der Venusstern, heisst bei den Syrern auch die Königin des Himmels (Lagarde, Ges. Abh. p. 14 ss., Payne Smith, Thes. col. 326. 542). Darum wird der arabische Uzzadienst von Isaak (1, 244) mit dem Cultus gleichgesetzt, wegen dessen der Prophet Jeremias (7, 18. 44, 17 ss.) die jüdischen Weiber schilt. „Frage Jeremias und lerne von ihm, dass die Weiber Sion zerstört haben, dadurch dass sie der Kaukabta opferten. Von jeher trieben die Hebräer Götzendienst, sie wurden darob wol gescholten, aber nicht in Gefangenschaft geführt. Sowie sie jedoch die Kaukabta anbeteten, machte Gott die Verheissung an die Patriarchen ungiltig und führte das Volk nach Babel." Auch im Targum Jonathans wird die מלכת השמים durch כוכבתא wiedergegeben. Der Vergleichungspunkt ist für Isaak das Opfern der Weiber auf dem Dache. Aber auch das Kuchenbacken, welches Jeremias erwähnt, lässt sich im Dienst der arabischen Sterngöttin nachweisen. Denn es unterliegt kaum einem Zweifel, dass die Collyridianerinnen die Göttin Uzza, die sie als heidnische Araberinnen verehrt hatten, zur Göttin Maria machten nach ihrer Bekehrung zum Christentum, und einen Brauch des Uzzadienstes auf den Mariendienst übertrugen, wenn sie der Maria die κολλυρίδες opferten [1]). Man kann bei der in der Tat auffallenden Ähnlichkeit der Culte fragen, ob nicht wirklich auch die alten Hebräerinnen in der Königin des Himmels den Venusstern verehrten [2]).

Aus den Zeugnissen des syrischen Historikers und des Isaak von Antiochia erhellt also, dass die Uzza gemeint ist, wenn es heisst, die Araber verehren die Venus oder den Morgenstern. Und

---

1) Epiph. haer. 79. Hottinger, Hist. Or. p. 225 ss. Die Altäre auf dem Hause, auf denen Trank- und Räucheropfer dargebracht werden, kommen auch im Dienst der Sonne bei den Nabatäern vor (Strabo 764).

2) Das Qeri sucht מלכת in מלאכת zu corrigiren, um die Königin des Himmels zu beseitigen. Man könnte gegen die Identificirung der Königin des Himmels (Atarsamain) mit dem Morgenstern bei den Hebräern einwenden, dass dieser ihnen als männlich gilt. Indessen fällt dieser Einwand weg bei der sehr wahrscheinlichen Annahme, dass sie den Dienst der Himmelskönigin mit dem Dienst des übrigen Himmelsheers von den Assyrern und Babyloniern übernommen haben, bei denen der Morgenstern weiblich und der Istar geheiligt ist.

davon ist nicht selten die Rede. So schon bei Ephraem 2, 532. Theodoret berichtet im Leben des Simeon Stylites über Orgien der Venus, denen die Ismaeliten nach ihrer Bekehrung zum Christentum entsagt hätten; Evagrius (Hist. Eccl. 6, 22) über ein goldenes Bild der Venus, das der Phylarch Naamanes bei seiner Taufe geschmolzen und an die Armen verteilt hätte. Bekannt ist Hieronymus' Erzählung von Hilarion (Vita § 16). Er geriet mit einem grossen Geleit von Mönchen nach Elusa, als die Leute dort eben das Jahresfest im Tempel der Venus feierten. „Colunt autem illam ob Luciferum cuius cultui Saracenorum natio dedita est.“ Die Saracenen kamen haufenweise auf den Heiligen zu, um ihre Kranken von ihm heilen und sich von ihm segnen zu lassen. Er ermahnte sie doch lieber Gott als die Steine zu verehren und versprach ihnen, oft wiederzukommen, wenn sie sich bekehrten. Sie liessen ihn nicht eher ziehen, als bis er eine Kirche abgesteckt und den Priester, bekränzt wie er war, mit dem Zeichen Christi gezeichnet hatte. Auch Epiphanius erwähnt das Fest zu Elusa und gibt an, es falle auf die Zeit der christlichen Epiphanie.

In dem interessanten Berichte über Theodulus, den Sohn des Nilus, wird Folgendes mitgeteilt[1]). Der junge Theodulus war von den Saracenen bei einem Überfall des Sinaiklosters geraubt und zum Opfer des Morgensternes bestimmt. „Denn sie kennen keinen Gott, weder einen geistigen noch einen mit Händen gemachten, sondern sie beten den Morgenstern an (ἀστρῷ δὲ τῷ πρωινῷ προςκυνοῦντες) und schlachten ihm, wenn er aufgeht, das Beste der Beute, wenn ihnen auf einem Raubzuge etwas zur Schlachtung geeignetes zugefallen ist; am liebsten blühende Knaben, die sie auf zusammengeschichteten Steinen um die Morgendämmerung opfern.“ Abends vorher waren alle Vorbereitungen für das Opfer getroffen, Altar, Schale, Weihrauch standen bereit, Theodulus verbrachte eine angstvolle Nacht unter Wachen und Beten. Er flehte, Gott möge nicht sein Blut den Dämonen zur Spende gewähren, noch sie sich laben lassen an dem Dufte seines Fleisches, er möge nicht seinen reinen Leib einem Sterne als Opfer gönnen, der mit der Göttin der unreinen Lust gleichen Namen habe. Indem guckte der Morgenstern (ἑωςφόρος) hervor, die Saracenen schliefen noch und

---

[1]) Nili opera, bei Migne, Patrologia Graeca 79 p. 611 ss.

verschliefen die Zeit, bis die Sonne aufging und es zum Opfer zu spät war[1]).

Von Menschenopfern für die arabische Venus reden auch Prokop und der syrische Historiker bei Land an den angeführten Stellen. Sie erzählen, dass alMundhir b. Mâ alSamâ von Hira (505—554) einen kriegsgefangenen Königssohn und weiter vierhundert gefangene Nonnen für die Uzza geschlachtet habe. Eine Erinnerung an solche von den Königen zu Hira begangenen Greuel mag sich bei den Arabern erhalten haben in der Sage von den Gharîjân, zwei Steinpfeilern in der Nähe von Hira[2]). Der König alMundhir hatte zwei Asaditen zu Zechgenossen. Sie ärgerten ihn in der Trunkenheit, und er liess sie im Zorn lebendig begraben. Am anderen Morgen aber war er sehr traurig, liess die beiden Pfeiler auf den Gräbern errichten und setzte zwei Tage im Jahre fest, die er dort zubrachte, den angenehmen und den schlimmen Tag. An dem angenehmen Tage gab er jedem, der ihm vorkam, hundert schwarze Kamele, an dem schlimmen Tage schlachtete er jeden, der des Weges ging, und bestrich (غرى) mit seinem Blut die beiden Pfeiler (غرّى). Es ist klar, dass die Gharîjan keine Grabsteine, sondern Heiligtümer waren und ihren Namen (die Bestrichenen) von der Sitte hatten, das Opferblut daran zu streichen[3]).

---

[1]) Bei einem Tieropfer musste sogar das Fleisch vor Sonnenaufgang sämtlich verzehrt sein. Theodulus wurde dann nach Sûkâ (der Markt) gebracht und sollte verkauft werden. Da aber niemand genug bot, legten die Saracenen ihm das blosse Schwert an den Hals und drohten ihn zu töten, wenn der geforderte Preis nicht gezahlt würde. Die Käufer blieben trotz allem Bitten des unglücklichen Knaben lange gleichgiltig, bis endlich einer sich erweichen liess. Er kam dann weiter nach Elusa, wo sein Vater ihn wiederfand. Dort trat er in den Kirchendienst, er ist vielleicht der Theodulus oder Ampelâs (Abdallah), Bischof von Elusa, der die Akten der Concilien von Ephesus und Chalcedon unterzeichnet hat.

[2]) Jaqut 3, 790 ss. Agh. 19, 86 ss. Ham. 700. Ar. Prov. 1, 361. Vgl. الضيزنان Tab. 1, 752, zwei Bilder, die dem Gadhîma gestohlen und dann wieder herausgegeben wurden.

[3]) Der Vers Nab. 5, 37 wird nach dem Lisân und dem Tag alArus unter ضمد von Ibn alA'rabi so überliefert: فلا لعمر الذى قد زرته حجاجا وما هريق على غريّك الضمد. Die beiden letzten Worte bedeuten: auf deinem blutgestreiften Altarstein.

Die Annahme liegt nahe, dass sie der von den Arabern zu Hira vorzugsweise verehrten Uzza geweiht waren, von der wir wissen, dass ihr die Könige Menschenopfer darbrachten. Dass sie das bei einem jährlichen Fest taten, bei dem im Übrigen die Fröhlichkeit nicht ausgeschlossen war, hat nichts Auffallendes.

Es ist aus alle dem klar, dass trotz der Orgien, die nach Theodoret ihr zu Ehren gefeiert sein sollen [1]), die Uzza mit der Venus nicht darum gleichgesetzt wird, weil sie die Göttin der Liebe war, sondern darum, weil der Venusstern ihr heilig war: colunt illam ob Luciferum. Für ganz Arabien lässt sich allerdings diese Beziehung nicht nachweisen, sondern nur für die palästinisch-syrische Grenzgegend. Im Higâz und im Nagd merkt man nichts davon; in der alten Poesie wird der Morgenstern gelegentlich als Masculinum behandelt wie bei den Hebräern [2]). Es ist also denkbar, dass die Araber die Combination ihrer Göttin mit dem Planeten erst in dem Grenzlande unter fremdem Einflusse vollzogen haben. Sicher ist, dass sie diejenigen Riten von aussen entlehnt haben, die so auffallend an den von Jeremias beschriebenen jüdischen Cultus der Himmelskönigin erinnern: die Opfer auf dem Dach, das Kuchenbacken, die ausschliessliche Beteiligung der Weiber (Dan. 11, 37). Aber diese Riten, die freilich Isaak und Epiphanius als spezifisch arabisch ansehen, werden von Nilus und Hieronymus gar nicht erwähnt und gehören nicht notwendig zu der Verehrung der Uzza als des Morgensterns.

In der Gegend des alten nabatäischen Reiches können wir verfolgen, dass alUzza die Nachfolgerin von alLât geworden ist; in älterer Zeit erscheint diese, in jüngerer jene dort als die oberste Göttin. Es scheint, dass diese zwei Göttinnen aus einer gemeinsamen Wurzel entsprossen sind. Sie werden im Eide immer zu-

---

[1]) Historia Relig. ed. Sirmond 3, 883. Solche Orgien bringt jedes Fest mit sich; bei allen spielen die Weiber eine grosse Rolle, nachdem man sich ihrer bis zur Haarschur enthalten hat. Die Stelle aus Ephraem Syrus (2, 457), die nach W. R. Smith (Kinship p. 295) die Uzza as forming polyandrous relations darstellen soll, redet nicht von den Arabern, sondern von den Chaldäern, und nicht von der Kaukabta, sondern von dem Kaukab, dessen angeblich zwingender Einfluss auf die Handlungen der Menschen bekämpft wird.

[2]) Alqama 9, 7. Sur. 24, 35; vgl. Ham. 788 v. 3. 794 v. 3. 795 v. 5—7. Daneben erscheint allerdings der weibliche Name Zuhara (in nn. pp. Zuhra), aber auch dieser nicht in Verbindung mit alUzza.

sammengestellt, Manât nie mit dabei. Die eine heisst die Grossmächtige, die andere die Göttin. Wie alLât das Femininum zu Allah ist, so alUzza zu alA'azz, einem Beinamen Allahs. „Der Herr wohnt im Sommer bei alLât (in Tâif) und im Winter bei alUzza (in Nachla)“, heisst es bei Azraqi p. 79 und im Scholion zu BHischam p. 145. Es steht allerdings der Combination entgegen, dass jene, wie es scheint, mit der Sonne, diese mit dem Morgenstern zusammenhängt. Wer diese Schwierigkeit aber nicht für unüberwindlich hält, der mag alLât und alUzza in eins fassen und sie der gemeinsemitischen grossen Göttin gleichsetzen.

Andere Götter und Cultusstätten.

Dhu lChalaça.

Über Dhu lChalaça berichtet Ibn alKalbi wie folgt[1]). „Es war ein weisser Stein (marva), worauf eine Art Krone gearbeitet war; er stand in Tabâla, sieben Tagereisen südlich von Mekka. Die Priester waren die Banu Umâma von Bâhila; es verehrten ihn und brachten ihm Gaben dar die Chath'am und Bagîla und die Azd Sarât und die Nachbarstämme und die benachbarten Havâzin. Eine Beziehung auf den weissen Stein findet sich in den Versen des Chidâsch b. Zuhair alÂmiri an 'Ath'ath b. Vahschî alChath'ami: „ich erinnerte ihn an Gott zwischen mir und ihm und an den zwischen uns bestehenden Pakt — hätte er sich nur erinnern lassen! — und an den weissen Stein, dann an Tabâla[2]), und an die Gesellschaft bei alNu'mân, als er Christ gaworden war“. Als der Bote Gottes Mekka erobert hatte, kam Garir b. Abdallah zu ihm um sich als Muslim zu bekennen. Er sprach zu ihm: o Garir,

---

[1]) Vgl. Buch. 3, 62 s. Tab. 1, 1988.

[2]) Wenn die Lesart richtig ist, so ist der weisse Stein hier also nicht der von Tabâla. Es gab auch sonst heilige weisse Steine, z. B. einen bei 'Ukâtz, der ebenso wie der zu Tabâla 'Ablâ hiess. Chidâsch, bekannt durch seine Beziehung zu Qais b. Chatîm und durch seine Teilnahme am Fagârkriege, stand als Havâzinit in naher Beziehung zu 'Ukâtz. 'Ath'ath war damals wol das Haupt der Chath'am, aus dem chath'amitischen Fürstengeschlecht der Banu Qubâfa, welche im Folgenden erwähnt werden.

kannst du mir nicht von Dhu lChalaça helfen? O ja, sagte er. Da sandte er ihn aus zu ihm, er nahm die Banu Ahmas von Bagîla (sein Geschlecht) und zog mit ihnen gegen den Götzen. Die Chath'am bekämpften ihn, er tötete zweihundert von den Banu Quhâfa b. 'Amir b. Chath'am und überwältigte sie und schlug sie in die Flucht und zerstörte das Gebäude des Dhu lChalaça und legte Feuer an ihn, so dass er verbrannte. Da sagte eine Frau von Chath'am: „die Banu Umâma liegen tot in alValîja allesamt, jeder von ihnen befasst sich mit einem Stück Rohr[1]); sie kamen wegen ihres Kleinodes, aber sie trafen davor einen Löwen, welcher knirscht beim Schwertkampfe; die Krieger von Ahmas haben Schande ausgeteilt unter den Weibern von Chath'am mit weit verzweigter Austeilung". Heutzutage ist Dhu lChalaça die (steinerne) Türschwelle der Moschee von Tabâla. Der Bote Gottes soll gesagt haben: die Welt wird nicht vergehen, bis die Hinterbacken der Weiber von Daus an einander stossen bei Dhu lChalaça, indem man ihm dann wieder dienen wird, wie man ihm früher gedient hat[2]). Es gibt auch ein Dorf alChalaç bei Mekka im Vadi Marr alTzahrân."

Ibn Habib bei Jaqut sagt, Dhu lChalaça sei verehrt von den Bagîla und Chath'am und alHarith b. Ka'b und Garm und Zubaid und alGhauth (Taiji), seine Cultusstätte sei in al'Ablâ gewesen, jetzt solle dort das Haus eines Gerbers stehen. AlMubarrad sagt, die Moschee von al'Abalât stehe jetzt an der Stelle des alten Heiligtums. Der Ort al'Ablâ oder al'Abalât war ganz nahe bei Tabâla, und als Rest der alten Festfeier daselbst war noch später ein Markt dort (Agh. 15 153, 24). Es erhellt auch aus den von Ibn alKalbi mitgeteilten Versen, dass das Heiligtum frei lag, denn sonst hätte Garir es nicht wol besetzen können, ehe die Priester und die Banu Quhâfa dazu kamen.

Das Orakel von Tabâla ist durch Mar'alqais berühmt geworden. Als sein Vater erschlagen war, befragte er dort die heiligen Lose wegen der Rache. Als nun dreimal der verbietende Lospfeil her-

---

[1]) Unbûb sind die in einander geschachtelten Absätze, aus denen ein Rohr besteht. Was hier die toten Krieger damit machen, ist schwer zu sagen. Ob sie nach Pfeilen oder Lanzensplittern in den Wunden greifen? Vgl. Mufadd. 6, 4.

[2]) Buch. 4 188, 21. Vgl. Lane, manners and custom (1836) 2, 169 s.

auskam, schlug er die Pfeile dem Götzen um den Kopf und sagte: „wärest du, o Dhu lChalaç, der Beleidigte und wäre dein Alter der Begrabene, so würdest du nicht trügerischer weise verbieten, die Feinde zu töten". Ibn Ishaq führt jedoch die Verse als Verse eines unbekannten Dichters an und sagt, sie seien dem Mar'alqais fälschlich beigelegt (BHischam 56). Ein Schwur eines Havâziniten bei Dhu lChalaça findet sich Agh. 9 8, 9 s. Das Heiligtum von Tabâla muss sehr bedeutend und das Fest daselbst sehr besucht gewesen sein; das Gedränge der Weiber wird in der angeblichen Äusserung des Propheten drastisch beschrieben. Es ist darum begreiflich, dass einige das Heiligtum für die jamanische Ka'ba ansehen, welche der Abessynier Abraha baute — in Wahrheit freilich war das eine Kirche zu Çan'â[1]).

Dhu lChalaça ist nicht der eigentliche Name des Gottes, sondern ein Beiname, und als solcher notwendigerweise appellativisch, mit erkennbarer Bedeutung. Chalaç, chalaça, ist eine Art wolriechenden Schlinggewächses. Man wird sich also unter Dhu lChalaça oder Dhu lChalaç (in dem Ragaz des Mar'alqais) vielleicht einen mit diesem Gewächs umrankten Stein vorzustellen haben. Ähnliche Spitznamen für Götzen, von sehr geringfügigen Äusserlichkeiten hergenommen, sind Dhu lRigl, Dhu lKaffain, Dhât Anvât. Am meisten entspricht Dhu 'Anama (DMZ. 1875 p. 611).

Chalaça an sich kann wol Eigenname sein, so gut wie andere Pflanzennamen z. B. auch 'Anama; und es findet sich in der Tat so bei Euting Nabat. Inschr. No. 70, Levy DMZ. 1860 p. 403. 407, Waddington 2042. 2047 (Αλασαθος); überall als n. p. viri. Aber als Bestandteil von Dhu lChalaça kann alChalaça nicht Eigenname sein; nach Dhu oder Dhât steht kein Eigenname, und wenn Dhu lChalaç mit Dhu lChalaça wechseln kann, so ist die appellative Bedeutung noch voll empfunden. Eine wirkliche Gleichung Dhu lChalaça = alChalaça ist darum nicht möglich. Damit ist indessen nicht ausgeschlossen, dass man alChalaça z. B. als Ortsname (im Vadi Marr) sagen kann für Dhu lChalaça: das ist dann eine Art Verkürzung, nach der sich die Etymologie nicht richten darf. Diese Verkürzung scheint auch vorzuliegen bei dem Namen einer mekkanischen Gottheit, welche Jaqut Dhu lChalaça, Azraqi aber einfach

---

1) Jaq. 2 461, 21, dagegen BHischam 29 s. Auch die christliche Kirche zu Nagrân wird von alA'schà die Ka'ba von Nagrân genannt.

alChalaça nennt. „Amr b. Luhai stellte die Chalaça auf im unteren Teil von Mekka, man schmückte sie mit Halsketten, brachte ihr Gerste und Weizen dar, goss Milch über sie aus, schlachtete ihr, und hängte Strausseneier an ihr auf (78, 16).“ Azraqi stützt seine Angabe auf Ibn Ishaq; indessen redet dieser in der Sira nicht davon an einer Stelle, wo er Anlass gehabt hätte. Man hat öfters Anlass, dem Ibn Ishaq bei Azraqi zu mistrauen.

Die problematische Göttin Chalaça — der nicht problematische Gott Dhu lChalaça war nicht zu gebrauchen — ist bekanntlich von Tuch (DMZ. 1849 p. 194ss.) mit Elusa zusammengebracht. Elusa ist nun zunächst nicht der Name einer Gottheit, sondern eines Ortes an der äussersten Südgrenze von Palästina[1]). Es war dort das Heiligtum einer arabischen Göttin, der alle Jahr um die Wintersonnenwende ein grosses Fest gefeiert wurde. Diese Göttin war die arabische Venus (Morgenstern = alUzza), wie Hieronymus ausdrücklich sagt; nach Nilus scheint damals in jener Gegend überhaupt keine andere Göttin verehrt zu sein. Abgesehen aber davon lässt sich auch sprachlich Elusa nicht mit Chalaça zusammenbringen. Elusa heisst nämlich bei den Arabern keineswegs خلصة, sondern خلوص (arab. Übersetzung Gen. 20, 1. 26, 1 für Gerâr), wie bei den Juden חלוצה (Targ. Hieros. Gen. 16, 7. 14. Exod. 15, 22). Dass jetzt der Name in Chalaça abgewandelt ist, kommt nicht in Betracht; übrigens ist die Identität des alten Elusa mit dem gegenwärtigen Chalaça nicht zweifellos[2]).

Dhu lScharà.

Wie Dhu lChalaça, so kommt auch Dhu lScharà im Hadith vor. Der Dausit alTufail b. Amr b. Humăma hatte Muhammad in Mekka gehört und war von ihm überzeugt worden. Die Erzählung darüber, was geschah, wie er als Muslim von Mekka nach Hause kam, wird ihm selber, wie üblich, in den Mund gelegt (BHischam 2. 53). „Darauf kam meine Ehegenossin zu mir, ich aber sagte zu ihr: weg von mir, ich gehöre nicht zu dir und du

---

[1]) Alûsa bei Josephus Ant. 14, 1. 8, Allûs bei Eusebius und Hieronymus (regio Idumaeorum quae nunc Gebalene dicitur vicina Petrae civitati, zu unterscheiden von Alûs bei Nikopolis), Chellûs Judith 1, 9.

[2]) Palmer, Desert of the Exodus p. 423. 550 ss. Vgl. die Nachträge.

gehörst nicht zu mir. Sie sagte: wie so denn, Liebster? Ich sagte: der Islam scheidet uns beide, ich bin ein Anhänger der Religion Muhammads geworden. Sie sagte: so ist meine Religion deine Religion. Ich sagte: dann geh zu dem Hina des Dhu lSchara und reinige dich[1]) von ihm. Dhu lSchara war nämlich ein Götze der Daus, und alHina war ein Hima (Temenos), welches ihm geweiht war, und darin war ein Born von Wasser, das von einem Berge herabstürzend sich dort sammelte. Sie sprach: fürchtest du nichts für die Kinder von Dhu lScharà, Liebster? Ich sprach: nein, ich stehe dir dafür. Da ging sie hin und wusch sich, dann kam sie zurück und ich trug ihr den Islam vor und sie bekehrte sich.“ Zu dieser Geschichte hat Ibn alKalbi, wie es nach Jaqut scheint, nur hinzuzufügen: die Banu lHarith b. Jaschkur b. Mubasschir von alAzd besassen einen Götzen Dhu lScharà, ein Mann von Ghitrîf (von den Azd) erwähnt ihn in einem Verse: dann lagern wir uns vor Dhu lSchara und ein gewaltiges Heer zerschlägt den Feinden die Köpfe. Es ist nicht nötig, diesen Dhu lSchara von dem im Hadith genannten[2]) zu unterscheiden. Der Name Abd Dhi lSchara findet sich in Daus (WT. 10, 30).

Bekannt ist der Dusares von Petra und Bostra, דו שרא auf nabatäischen Inschriften bei Euting No. 2. 3. 4. 9. 11. 12. 20. 27. 38, Vogüé No. 7ª und 9 und Levy DMZ. 1860 p. 464, Δουσαρης bei Waddington 2023. 2312[3]). Sein Idol in Petra, in einem kostbaren Tempel, war ein schwarzer viereckiger unbehauener Stein, vier Fuss hoch und zwei breit, darauf schüttete man das Blut der Opfertiere[4]). Epiphanius gesellt ihm eine jungfräuliche Mutter bei. Um die selbe Zeit, sagt er, wo die Christen die Geburt des Heilandes von der Jungfrau feiern, am 25. December, feiern die Heiden ein ähnliches Fest in Alexandria: τοῦτο δὲ καὶ ἐν Πέτρᾳ ἐν τῷ ἐκεῖσε εἰδωλίῳ οὕτως γίνεται, καὶ ἀραβικῇ διαλέκτῳ ἐξυμνοῦσι τὴν παρθένον, καλοῦντες αὐτὴν ἀραβιστὶ Χααβου, τουτέστι κόρην, εἶτ' οὖν παρ-

[1]) d. h. wasch dich selbst und deine Kleider (253, 13). „Von ihm“ ist zweideutig; es kann bedeuten „von dem Götzen“ oder „aus dem Borne dort“. Vgl. Skizzen 4 p. 178 n. 4.

[2]) Dagegen hat Dhu lKaffain (BH. 254) nichts mit Dhu lSchara zu schaffen; es war der Hausgötze des Amr b. Humama, des Vaters von alTufail: alTufail zerstörte ihn nach der Eroberung von Mekka.

[3]) Vgl. Mordtmann DMZ 1875 p. 99 ss.

[4]) Maximus Tyr. c. 38, Suidas unter Θευσαρης. Vgl. die Nachträge.

θένον, καὶ τὸν ἐξ αὐτῆς γεγεννημένον Δουσάρην, τουτέστιν μονογενῆ τοῦ δεσπότου — τοῦτο δὲ καὶ ἐν Ἐλούσῃ γίνεται τῇ πόλει κατ' ἐκείνην τὴν νύκτα, ὡς ἐκεῖ ἐν τῇ Πέτρᾳ καὶ ἐν Ἀλεξανδρείᾳ (Haer. 51; Philologus 1860 p. 355). Ist die überlieferte Lesart Χααβου richtig, so ist die von G. Rösch zuerst gewagte und von W. R. Smith (Kinship 292) gebilligte Vermutung kaum abzuweisen, dass dies כעבו sei, der Würfel d. i. der heilige Stein. Die Angabe, es bedeute Mädchen, ist kein Einwand dagegen; sie ist nicht mehr wert wie die, dass Dusares den Eingeborenen des Herrn bedeute. Die Parthenogenesis aus der Χααβου müsste dann darauf zurückgeführt werden, dass die Peträer, unter dem Einfluss des Mithrasmythus, den Dusares im Verhältnis zu seinem Baetylion als einen aus dem Stein geborenen Gott gedacht hätten[1]): zweifellos hat Epiphanius bei dem Ausdrucke, den er der Sache gibt, sich von dem Streben leiten lassen, Anschluss zu gewinnen an Maria und Jesus. Die Einmischung fremden Einflusses auf das Fest von Petra macht sich auch in dem Datum, dem 25. December, bemerklich.

Auch ausserhalb von Petra ist Dusares auf ursprünglich nicht arabischem Boden entartet. Er ist auf griechisch Dionysus. Δουσάρην τὸν Διόνυσον Ναβαταῖοι ὥς φησιν Ἰσίδωρος (Characenus), sagt Hesychius. Die Stadt Dionysias (Soada) ist nicht nach einem Menschen Dionysius, sondern nach dem Gotte Dionysus, als ihrem Gründer, benannt (Waddington 2309); dieser Dionysus aber ist Dusares; denn der Priester zu Dionysias nennt sich den Priester des Dusares (W. 2312). Die Soadener feierten „dem Gotte" das Fest am 30. Loos (W. 2370), d. i. ungefähr um die Zeit der Weinernte[2]). Die Münzen von Bostra geben dem Dusares das dionysische Insigne, die Weinkelter. Ohne Zweifel aber hat der arabische Gott den dionysischen Charakter nicht von Haus aus besessen, sondern ihn erst durch den Einfluss der kanaanitisch-aramäischen Cultur ange-

[1]) Unmöglich wäre es freilich nicht, dass כעבו nicht den Stein des Dusares selber, sondern den seiner Syzygos, etwa der Lât, bezeichnen sollte. Aber aus dieser Möglichkeit darf man doch nicht solche Schlüsse ziehen, wie W. R. Smith (p. 296) es tut, und vor allen Dingen nicht glauben, dass man damit ein echt arabisches Cultuswesen beschreibe. Von einem divine child Dusares redet übrigens Epiphanius überhaupt nicht. Kein Semit hat sich je seinen Gott als ein Kind vorgestellt; grade mit Bezug auf den puer Apollo sagt das der Verfasser der Dea Syria § 35.

[2]) DMZ 1887 p. 711.

nommen. Dionysus ist Baal, der Himmelsgott, der die Erde fruchtbar macht und zu dessen Ehre man die Erntefeste, die Dionysiaka, feiert. Die Religion verändert sich mit der Cultur. So wie die Hebräer seit ihrer Ansiedlung den Cultus des kanaanitischen Landesgottes auf Jahve übertrugen, so machten es die Araber unter ähnlichen Umständen auch. Weder Urotal noch Dusares waren in der Wüste Dionysus, sie wurden es erst durch die Cultur.

Die Etymologie pflegt über das Wesen des Benannten keinen Aufschluss zu geben. Indessen wird hier die Deutung herausgefordert durch die Form des mit Dhu zusammengesetzten Namens, ebenso wie bei Dhu lChalaça. Es sind uns drei Orte bekannt, welche Scharà heissen, nämlich 1) ein sumpfiges Dickicht am Eufrat (Ham. 823 unten) 2) das durch seine Löwen berühmte Tal im Gebiete des Stammes Taiji 3) ein Berg in der Nähe von Arafa. Berg gehört nicht zum Begriff, wol aber Wasser und Bäume und Wildnis, wie bei 1) ausdrücklich gesagt wird, bei 2) aus den Löwen erhellt, bei 3) aus Hudh. 272, 19. 276, 3, wo reiches Wasser und Gazellen erwähnt werden[1]. Solche fruchtbare Wildnisse benutzten die Araber zur Anlage eines Himà, eines heiligen Bannes, worin die Bäume nicht gefällt und das Wild nicht gejagt werden durfte. Scharà ist somit eine für ein Himà geeignete Gegend, wie das Scholion zu Hudh. 272, 19 sagt: الشرى ما كان حول الحرم وهو اشراء الحرم. Dhu lScharà lässt sich also vergleichen mit der sabäischen Dhât Himà (DMZ 1877 p. 84). Wie der eigentliche Name des Gottes lautete, dessen Beiname Dhu lSchara ist, können wir nicht wissen.

AlFals.

Die Nachrichten des Ibn alKalbi über alFals stammen von dem Tâiten Abu Bâsil, und dieser hatte sie von seinem Oheim Antara b. alAchras. Darnach „war alFals ein roter Vorsprung in der Mitte

[1]) Vgl. Bakri 508 s. Dazu kommt noch alScharât, das Gebirge von Edom. M. A. Levy scheint alScharât mit alSarât (dem Rücken zwischen Tâif und Çan'â) zu confundiren, wenn er nach Pocockes Vorgang meint, Dhu lSchara habe seinen Namen von der grossen Gebirgskette, welche sich von Jaman bis nach Syrien aufwärts ziehe (DMZ 1860 p. 465).

des (sonst schwarzen 911, 23) Berges Aga, von menschenähnlichem Aussehen. Die Taiji dienten ihm, brachten ihm Gaben und opferten bei ihm ihre Opfer. Wenn ein Gefährdeter dorthin kam, war er sicher; und wenn einer geraubte Kamele forttrieb und mit ihnen dorthin flüchtete, so wurden sie gelassen und das Asyl des Gottes wurde nicht verletzt. Seine Priester waren die Banu Baulan, deren Ahn, Baulan, seinen Dienst gestiftet hatte; der letzte Priester von ihnen hiess Saifi. Dieser Saifi raubte einer kalbitischen Frau, von den Banu ʿUlaim, die im Schutz des vornehmen Tâiten Malik b. Kulthum wohnte, eine milchende Kamelin und stellte sie in den Hof des Fals. Auf die Klage der beraubten Frau stieg Malik zu Pferd und nahm seine Lanze und verfolgte die Spur der Kamelin, bis er sie bei alFals fand. Da sagte er: lass die Kamelin meiner Schutzverwandten los! Der Priester sprach: sie gehört deinem Herrn. Er wiederholte: lass sie los! Der Priester sprach: willst du den Schutz deines Gottes verletzen? Da reichte ihm Malik die Lanze (zu halten?) und lösste die Fessel der Kamelin und zog mit ihr ab. Der Priester aber trat vor alFals, blickte nach Malik, hob seine Hand empor, auf Malik weisend, und sagte, um den Gott gegen ihn zu reizen: o Herr, siehe Malik b. Kulthum hat heute dein Schutzrecht verletzt durch eine derbe Kamelin (indem er sie fortgetrieben hat): sonst liessest du dir doch keine Vergewaltigung gefallen! ʿAdi b. Hâtim, der eben geopfert hatte, war mit anderen bei der Scene zugegen; sie waren gespannt, was dem Malik begegnen würde. Da aber die Tage vergingen, ohne dass ihn ein Unfall traf, so gab Adi den Dienst des Fals und der Götzen überhaupt auf, wurde Christ und blieb es, bis der Islam kam, da nahm er den Islam an. Malik aber war der erste, der den Schutz des Götzen misachtete, und wenn späterhin der Priester ein Kamel raubte, so wurde es ihm wieder abgenommen. Doch hörte der Dienst des Fals nicht auf, bis Muhammad den Ali sandte ihn zu zerstören. Ali nahm die beiden Schwerter Michdham und Rasûb, die alHarith b. Abi Schammir, der König von Ghassân, dem Götzen umgehängt hatte; sie werden erwähnt in einem Verse ʿAlqama's (2,27). Er brachte sie dem Propheten, der hängte sich das eine um und übergab es dann dem Ali; es wurde das Schwert Ali's, welches er trug."

Das ist der Artikel über alFals aus dem Götzenbuch des Ibn alKalbi. Er enthält — abgesehen von der dem Hadith entnommenen Mitteilung über die Zerstörung des Heiligtums durch Ali — weiter nichts als die Erzählung von Saifi und Malik. Denn die vorangeschickte Bemerkung, wenn jemand geraubte Kamele in das Asyl geflüchtet habe, so seien sie dort nicht weiter verfolgt, ist lediglich aus dieser Erzählung abstrahirt und dadurch ein vielleicht einmal vorgekommener Abusus zum Usus erhoben. Wie der betreffende Usus in Wirklichkeit gewesen sein mag, ersieht man aus der Angabe über das Himà des Galsad, dass das Vieh, welches sich dorthin verlief, dem Gotte verfiel.

Die Angaben, die Jaqut sonst noch hinzufügt, von Ibn Habîb und Ibn Duraid, bringen nichts Neues und gehen ebenfalls auf Ibn alKalbi zurück. Während jedoch in dem sehr gut beglaubigten Exemplar des Götzenbuches, welches Jaqut benutzte, die Aussprache alFals vorgeschrieben war, überliefert Ibn Duraid (von alSukkari von Ibn Habib von Ibn alKalbi) die Aussprache alFulus. Bei BHischam 56, 7 lesen wir Fils ohne Artikel, vielleicht richtiger. Vaqidi p. 389 s. redet von einem Hause des Gottes, worin sich drei Schwerter und drei Panzer befanden, und von Kleidern, die man ihm anzulegen pflegte. Ob aus der letzteren Angabe hervorgeht, dass Vaqidi sich keinen natürlichen Fels, sondern ein Bild in Menschengestalt vorstellt, ist zweifelhaft. Die Etymologie von פלם ist dunkel; nach dem von Krehl citirten Verse Hudh. 154, 4 könnte in der Wurzel die Bedeutung des Unzugänglichen und Unnahbaren liegen, von wo aus leicht auf den Begriff des Heiligen zu gelangen wäre: dann wäre es aber schwerlich der eigentliche Name des Gottes [1]). Über die Frage, welchem Heiligtum der Ghassanide seine Schwerter gewidmet habe, differiren die Angaben.

AlGalsad.

„In Hadramaut — erzählt Ibn alKalbi nach Abu Miskin, jedoch nicht in seinem Buche über die Götzen — war ein Götze namens alGalsad, dem die Kinda und die Hadramaut dienten. Seine Priester waren die Banu Schukâma von Sakûn und zwar genauer die zu diesem Geschlecht gehörige Familie der Banu ʿAllâq;

[1]) Bei Tabari 1 1809 findet sich Vaghu lFals als Beiname eines Abdalrahman, der sich an der Ermordung Valids II mit beteiligt hatte, das heisst aber ohne Zweifel Pfennigsgesicht.

der Priester, der zur Zeit Muhammads im Amte war, hiess alAchzar b. Thâbit. AlGalsad hatte ein geweihtes Gehege (himà), worauf sein Vieh weidete; wenn anderes Vieh sich dorthin verlief, so wurde es heilig und seinen Besitzern entzogen. Man sprach aus ihm heraus (Orakel); er sah aus wie ein sehr grosser Mannesrumpf, von weissem Stein, mit einer Art Kopf, der schwarz war; wenn man denselben aufmerksam betrachtete, sah man daran etwas wie ein Menschengesicht. Folgendermaassen erzählt der letzte Priester, alAchzar, wie er dazu gekommen sei, den Islam anzunehmen und den Götzen aufzugeben. Als einmal ein Mann von den Amirî b. Mahra dem Galsad geopfert hatte, hörten wir in ihm ein donnerähnliches Gedröhn, und als wir aufhorchten, sprach eine Stimme: Losung der Leute von ʿAdam: es ist unabänderliches Verhängnis! wenn ein Pfeil heftige Gewalt entwickelt, so hat derselbe gewonnen[1]). Wir sagten: Herr, deutlich, deutlich! Da sprach er abermals: das Gestirn von Irâq erhebt sich[2]), o Achzar b. ʿAllâq, hast du wol verspürt eine dichte Menge und einen vollen Haufen, der zusammenstürzt von Nord und Süd nach dem Sumpflande? Licht hat sich verdunkelt und Finsternis ist eingetreten[3]) und Herrschaft übertragen von einem Orte zum anderen. Im nächsten Jahr brachten wir ein Opfer und vollzogen das Schmieren mit dem Blut, wie wir zu tun pflegten; da wiederholte sich die Stimme. Wir erschraken[4]) und sagten: guten Morgen, Herr, kein Ablenken von dir und kein Abweichen! wir sind in Verwirrung und voll schlimmer Ahnung, gewähr uns Zuflucht vor deinem Zorn und Rückkehr zu deiner Gnade. Darauf sprach die Stimme aus dem Götzen: gestürzt sind die Töchter, alʿUzza unter ihnen und Manât, alʿUlia und alLat; verwahrt ist der Himmel, man kann nicht mehr hinauf, und bewacht, man kann nicht mehr dort sitzen, und verschlossen, man kann sich nicht eindrängen[5]); denn ein Aufgehender ist aufge-

[1]) Der Stil ist der des Sagʿ, des Götzenorakels. Das Feldgeschrei (schiʿâr) der Bewohner des Tales ʿAdam ist eine Aufforderung, mutig dem Tode entgegen zu gehen, ihm sei durch Feigheit nicht zu entrinnen. Der Lospfeil gewinnt, wenn er herausspringt; dies Herausspringen wird als Folge seiner eigenen inneren Bewegung aufgefasst.

[2]) d. i. ein Wetter geht drohend auf über Irâq. Die Gestirne sind die Wettermacher.

[3]) afala = ist finster geworden (Nöldeke).

[4]) tabâscharnâ?

[5]) lâ mutaladdad? Tab. 1 2557, 14.

gangen und ein Überraschender hat überrascht und ein Schweigender geredet . . . .[1]) und ein Rufender gesprochen, und Wahrheit hat triumphirt und Lüge ausgehaucht. Während das nun das allgemeine Gerede in den Gauen von Jaman war, da kam, in dieser Zeit, ein Mann von Kinda, dem Kamele verlaufen waren, zu alGalsad, schlachtete ein Kamel, lieh sich einen Anzug von den Anzügen der Priester, um sich wie es Sitte war darin zu kleiden, und sprach dann: ich beschwöre dich, o Herr, mir den Ort so und so beschaffener Kamele zu zeigen, die mir da und da verloren gegangen sind; weise mich Herr, und gib mir die Richtung. Er erhielt aber keine Antwort, und wir — sagt alAchzar — waren darob bestürzt, denn sonst hatte er uns gar wundersame Dinge kund getan. Als ich nun nachts wie gewöhnlich bei ihm schlief, rief eine Stimme: weint nicht um alGalsad und trauert nicht über Hadad[2]) — was krumm war, ist gerade geworden, und die Verehrung des Einigen, Ewigen, ist aufgekommen und der glatte Stein mit dem schwarzen Kopfe überflüssig gemacht. Ich stand erschreckt auf und fand alGalsad umgestürzt auf seinem Kopfe liegen: Heere von Menschen vereint hätten ihn nicht vom Flecke rühren können[3]). Dann ging ich nach Çan'â, hörte dort von einem vorgeblichen Propheten in Mekka, welcher auffordere, den Götzendienst zu verlassen, und trieb mich so lange in den Gauen von Jaman herum, bis der Islam hoch kam; da ging ich zum Propheten und bekehrte mich. — Ein Halbvers[4]), worin der Name dieses Gottes vorkommt, lautet: sowie wer zu alGalsad geht, sich langsam mit gesenktem Kopfe nähert (baiqara)".

Die Determination von alGalsad durch den Artikel weist darauf hin, dass eine appellative Bedeutung des Wortes noch verhältnismässig spät empfunden wurde; trotzdem ist die Etymologie unklar. Beachtenswert ist das Temenos, worauf fremdes Vieh verfällt und nur des Gottes Vieh weiden darf; ferner das Schlafen des Priesters im Heiligtum; die Sitte, die Kleider zum Zweck

---

[1]) Die Worte vaqâbilun ragam verstehe ich nicht; aus dem Zusammenhange ist zu schliessen, dass qâilun gelesen werden und ragam eine Art Sprechen sein muss.

[2]) Doch nicht gar der alte Hadad? Als Personenname findet sich חדד auf sabäischen Inschriften (Halévy 27), Hadâd ('Αδωδος) bei BDuraid 184.

[3]) 1. Sam. 5, 3. 4.

[4]) vollständig bei Gauhari unter بقر.

der Heiligung statt sie zu waschen zu wechseln und sich die Wechselkleider von dem Priester zu leihen (Gen. 35, 2. 2. Reg. 10, 22); das Befragen des Orakels z. B. über den Verbleib verlaufener Kamele und die Form der Antwort durch eine Stimme aus dem Stein; das Senken des Hauptes beim Nahen zur Gottheit (Dozy, mém. posthume 29, 10). Der Inhalt der Orakel ist natürlich wertlos[1]. Der Gott verkündet darin den Sturz des Heidentums und rät dem Priester zum Islam überzutreten. In dem ersten Orakel wird der Sturz der persischen und die Aufrichtung der arabischen Herrschaft in dem „Sumpflande“ Irâq geweissagt; es wird darin also nicht die religiöse, sondern die politische Wirkung des Islam in das Auge gefasst. Im zweiten Orakel kündet alGalsad an, dass er sich zum letzten male hören lasse, denn es sei den heidnischen Weissagungen jetzt die Quelle verstopft, dadurch dass es für die Ginn nicht mehr möglich sei, sich in den Himmel einzuschleichen und dort die göttlichen Ratschlüsse zu erhorchen. Eine Variation von Sur. 67, 5. Auch die Töchter stammen aus dem Quran; es sind die drei Töchter Allahs der Quraisch, eine vierte, al'Ulià, ist nach dem Muster von al'Uzzà des Klingklangs wegen hinzugedichtet.

Manâf.

„Manâf, sagt Ibn alKalbi, war ein Götze von den Götzen der Araber, von dem die Quraisch den Namen Abd Manâf hernahmen; ich weiss aber nicht, wo er gewesen ist und wer ihn aufgerichtet hat. Die Frauen, die ihre Reinigung hatten, durften sich den Götzen der Araber nicht nahen und sie nicht streicheln, sondern mussten von ferne stehen. Eine Beziehung darauf kommt vor in Versen des Bal'â b. Qais b. Abdallah b. Ja'mur d. i. alSchaddâch alLaithi. „Ich habe den Ibn alHuraith und seine Gesellen liegen lassen auf Damâm, indem die gierigen Vögel ihn umdrängten; und dem Vordringen der Rosse stellten sich nur schreiende Weiber entgegen, ihrer Männer beraubte, schwache. Und manchen Gegner habe ich liegen lassen, indem die Vögel in einiger Entfernung von ihm sich drängten, wie die Frauen, die ihre Reinigung haben, in einiger Entfernung von Manâf.“

[1] Ähnlich Buch. 2, 262. Sprenger 3, 234. Agh. 13, 65. Tab. 1, 1145. BHisch. 134, 7.

Die Aasgeier sind sehr vorsichtig, sie streben gierig zu der Leiche, wagen sich aber doch nicht nahe heran, weil sie fürchten, es könnte noch Leben darin sein. Ein ganz ähnlicher Vers kommt vor Jaq. 1 236, 8, aber mit Isâf statt Manâf. Abd Manâf findet sich ziemlich oft bei den Hudhail, dann als Name eines grossen Geschlechts bei den Quraisch. Nach Ibn alKalbi bei Tabari 1, 1091 s. hiess Abdmanâf von Mekka eigentlich alMughira; den Namen Abdmanâf bekam er daher, dass seine Mutter Hubba ihn dem Manâf weihte, dem vornehmsten Götzen in Mekka. Neben dem religiösen Namen steht öfters noch ein profaner, nicht bloss bei den Mandäern und den Juden, sondern auch bei den alten Arabern.

AlMuharriq

„war ein Götze der Bakr b. Vâil und der übrigen Rabî'a in Salmân[1]). In jedem Lager von Rabî'a waren ihm Söhne beigelegt[2]). Die Priester waren die Aulâd alAsvad von 'Igl. Unter den 'Anaza kommt der Name Balch b. alMuharriq vor, unter den Amr Ghufaila der Name Amr b. alMuharriq."

Von Nöldeke ist der Personenname Abd Muharriq im Divan Garirs nachgewiesen. Amr b. Hind von Hira hiess Muharriq, die ghassanische Königsfamilie Âl Muharriq; wahrscheinlich nach dem Gotte[3]). Dessen eigentlicher Name ist unbekannt; die Vermutung liegt nahe, dass er der Verbrenner genannt wurde, weil ihm Menschenopfer verbrannt wurden. Vgl. W. R. Smith a. O. p. 364 n. 1.

Nuhm.

„Nuhm, sagt Ibn alKalbi, war ein Götze der Muzaina; daher der Name Abd Nuhm. Sein Priester hiess Chuzâ'i b. Abd Nuhm,

---

[1]) südlich von Kufa.

[2]) die nach ihm benannt waren, wie Balch b. alMuharriq etc. So versteht Nöldeke DMZ 1887 p. 712, allerdings etwas gezwungen. Ich hatte verstanden: man hatte in jedem L. v. R. einen Knaben für ihn bestimmt. Aber ولد bedeutet im arabischen Sohn; nicht Knabe, wie im Hebräischen.

[3]) Muharriq kann in diesen Fällen kein blosser Beiname sein, da der Artikel fehlt; s. Nöldeke Ghassan. Fürsten 1887 p. 7.

von Muzaina und zwar von den Banu ʻAdâ[1]). Als der von dem Propheten gehört hatte, stürzte er auf den Götzen und zertrümmerte ihn und sprach die Verse: „ich ging zu Nuhm, um bei ihm ein frommes Opfer zu bringen, wie ich pflegte; da sagte ich zu meiner Seele, als ich ihr wieder zu ihren Sinnen verhalf: ist das ein Gott, weh euch, der keinen Verstand hat! ich sage mich los, und meine Religion ist jetzt die Religion Muhammads, der Gott des Himmels, der herrliche und gütige". Dann kam er zum Propheten und verbürgte sich für die Bekehrung seines Volkes Muzaina. Nuhm kommt auch vor in folgenden Versen des Umaija b. alAschkar: „wenn du zwei Hirten mit Schafen begegnest, zwei schwärzlichen, welche schwören bei Nuhm[2]), zwischen ihnen Stücke zu verteilenden Fleisches, so geh weiter und lass dich nicht von der Gier nach Fleisch erfassen".

Abd Nuhm findet sich verhältnismässig häufig, unter den Havâzin (WT. F 16), den Bagila (9, 21), und den Chuzâʻa (Amr b. Abd Nuhm bei Vaqidi p. 245 und Abd Nuhm b. Hulail bei Balâdh. 55,4). Merkwürdig, dass auch der letzte Priester Chuzâʻi hiess. Vgl. Nuham (WT. D 18) und Nihm (9, 21. Bakri 277, 9).

Rudâ.

„Rudâ war ein Götze und ein Haus der Banu Rabîʻa b. Kaʻb b. Saʻd b. Zaidmanât b. Tamim. Gegen ihn war alMustauʻir b. Rabîʻa b. Kaʻb, der ein sehr hohes Alter erreichte, ausgesandt als der Islam kam, hatte ihn zerstört und dazu die Verse gemacht: ich habe einen Angriff auf die Rudâ gemacht und sie (d. i. ihr Haus) wüste liegen lassen auf brauner Heide, und Abdallah half mir ihr zu schaden und mit solchen Leuten wie Abdallah . . ."[3]).

Ähnlich Ibn Ishaq bei BHischam p. 56. Rudâ wurde auch bei den Taiji verehrt; der Ahn des berühmten Zaid alChail hiess Abd Rudâ (Agh. 7 147, 9. 16 47, 12, vgl. die Rudâvîjun Hamd.

[1]) So nach Ibn Saʻd (Skizzen 4) § 76. Agh. 2 191, 16.

[2]) Vgl. die Emendation Fleischers und de Goejes zu Jaq. 4 852, 3 in Band 5. Die Vorübergehenden bekommen Stücke vom Opferfleische ab, wenn sie darum bitten.

[3]) Vgl. DMZ 1887 p. 721. Es wird اغشى mit punktirtem Ain zu lesen sein. Rudâ ist in diesen Versen Femininum.

98, 14). Ebenso ein Lachmit (16 102, 26); der Cultus dieser Gottheit war also in Nordarabien ziemlich verbreitet. In Palmyra findet sich גד רצו und חים רצו (Vogüé 6. 84) und einfach ארצו (= רצו DMZ 1881 p. 745); griechisch [Θαιμαρ]σα [1]). Hoffmann fügt חומרצא hinzu, den Namen eines Bischofs von Ktesiphon aus der zweiten Hälfte des 4. Jahrhunderts (a. O. p. 21 n. 159). Auch den damascenischen Königsnamen רצון darf man vielleicht herbeiziehen; dann wäre der Gott schon bei den alten Aramäern zu Hause gewesen. Der Name bedeutet „Gnade, Wolgefallen“, lässt sich also mit Vadd vergleichen.

Sa'd.

Links steht, was Ibn alKalbi, rechts, was Ibn Ishaq sagt.

„Die Malik und die Milkân von Kinâna hatten einen Götzen in der Gegend von Gudda, der hiess Sa'd, und war ein hoher Steinblock. Ein Mann von ihnen kam einmal mit ihm gehörigen Kamelen, damit er sie vor ihm hinstelle, um dadurch mit ihnen Segen zu gewinnen. Als er sie ihm aber nahe brachte, da flohen sie vor ihm nach allen Seiten, und zerstreuten sich von ihm. Da wurde er böse, nahm einen Stein und warf ihn damit und sagte: möge Allah einen Gott wie du bist nicht segnen! du hast mir meine Kamele flüchtig gemacht. Dann wandte er sich

„Die Banu Milkân b. Kinâna b. Chuzaima b. Mudrika hatten einen Götzen namens Sa'd, einen hohen Steinblock in einer wüsten Gegend ihres Landes. Ein Mann von ihnen kam mit ihm gehörigen gekauften Kamelen, damit er sie vor ihm hinstelle, um dadurch wie er meinte seinen Segen zu erwerben; es waren aber Weidekamele, keine Reitkamele. Als sie nun den Götzen sahen, wie er mit Blut übergossen war, da wurden sie flüchtig vor ihm, fort nach allen Seiten. Da wurde der Besitzer zornig und nahm einen Stein und warf ihn damit und sagte:

von ihm, indem er sagte: Wir sind zu Sa'd gekommen, damit er uns beisammen halte, aber Sa'd hat uns zerstreut, darum wollen

[1]) Den nabatäischen רצוא (Euting 11) will Nöldeke hiervon trennen, aus orthographischen Gründen, die mir nicht ganz ausreichend scheinen. Der Auslaut schwankt zwischen ו und א; gesprochen wird auch nach der griechischen Umschrift â.

wir nichts mit Sa'd zu tun haben. Sa'd ist nichts weiter als ein Felsblock in ödem Lande, der weder zum Irren noch zum Rechtgehen auffordert."

Man sieht, dass die Verse den Ausgangspunkt der Tradition bilden und dass diese aus ihnen geflossen ist. Abd Sa'd findet sich als Gentilname bei den Jaschkur von Bakr Agh. 11 171, 7. 173, 16; abgekürzt zu Abd bei Wüstenfeld Tabellen C 19. Gewöhnlich ist Sa'd in den Compositen nicht Gottesname, nicht das zweite, sondern das erste Glied. Als Sternname kommt es oft vor, namentlich für Jupiter und Venus, aber schwerlich in alter Zeit.

Schams.

„Schams[1]) war ein Götze der Banu Tamîm. Er hatte ein Haus, und alle Banu Udd dienten ihm, Dabba und Taim und 'Adî und Thaur und 'Ukl, und seine Priester waren unter den Banu Aus b. Muchâschin b. Mu'avia b. Schuraif b. Gurva b. Usaijid b. Amr b. Tamim. Es zertrümmerten ihn Hind b. Abi Hâla und Sufiân b. Usaijid b. Hulâhil b. Aus b. Muchâschin."

Schams wird hier masculinisch construirt, aber nur weil das Wort für Götze Masculinum ist. Es ist in Wahrheit eine weibliche Gottheit, die sogar schlechthin „die Göttin" genannt wurde, wie wir p. 33 gesehen haben. Dass Schams in Palmyra männlich ist (Vogüé 123[a]. 135), beruht wol auf fremdem Einflusse. Abd Schams findet sich bei den 'Anaza und Bakr (WT. A 16. C 20), bei den Quraisch (O 19. U 19 BAthir 2 280, 17), und bei den Asch'ar. Schams allein kommt vor als Name eines Geschlechtes von Azd (10, 23. Agh. 19 107, 14), und mehrfach als Name von Orten. Ein Schwur bei Schams findet sich Hudh. 189, 3. Nach Sur. 27, 24 war die Sonne die Hauptgottheit der alten Sabäer.

Verhältnismässig häufig sind die Composita mit Schams bei den alten Arabern[2]) im Hauran: Αβδασαμσος (Waddington 2569), אמרשמשא Αμρισαμσος (Vogüé Palm. 2, Waddington 2587), לשמש Λισαμσος (Vogüé 8. 19. 75. 116. 123[a]. Waddington 2458). Nach

[1]) Vokalisirt ist Schums, wol aus dem selben Grunde, wegen dessen Ulâba statt Ilâba ausgesprochen werden soll.

[2]) שמשגרם Σαμψιγεραμος ist wol nicht arabisch; auch Σαμσαῖος nicht.

Strabo (p. 784) war Helios der Hauptgott der alten Nabatäer. Aber auf ihren Inschriften finden sich bis jetzt keine Spuren von Helios. Ihre Hauptgottheit war vielmehr alLât. Ich weiss nicht, ob die Annahme zu gewagt ist, dass Strabo diese meint; dafür spricht, dass die Opfer auf dem Dach, die er erwähnt, sonst einem weiblichen Numen dargebracht zu werden pflegen. Bei Waddington 2392. 2393 wird Aumos Helios genannt.

Su'air, alSa'îr.

„Su'air, sagt Ibn alKalbi, war ein Götze der 'Anaza. Der Kalbit Ga'far b. Challâs kam an ihm vorbeigeritten, als gerade ein Opfer bei ihm geschlachtet war ('utirat 'atîratun), da scheute sein Kamel vor ihm (vor dem blutigen Götzen) und ging durch. Er aber dichtete: „mein Kamel ward flüchtig vor Opfern ('atâira), die hingestreckt lagen um alSu'air herum, den die beiden Söhne Jaqdums besuchen und die Scharen von Jadhkur, indem sie gespannt und andächtig[1]) von ferne stehen; er gibt ihnen keine Antwort mit Reden". Jaqdum und Jadhkur sind die beiden Söhne 'Anaza's, der Dichter sah die Angehörigen dieser Stämme um alSu'air kreisen."

Er sah sie vielmehr nicht kreisen, sondern stumm und gespannt in einiger Entfernung stehen. Nach der Lesart bei Jaqut jugîzu hatte ich früher angenommen, dass sie auf die Igâza, das Zeichen zum Beginne des heiligen Laufes nach dem Stillstehen, warteten. Aber die in der Chizâna 3, 310 gebotene Lesart juhîru wird vorzuziehen sein, wie Nöldeke mich belehrt hat.

Su'air ist richtiger Sa'îr zu sprechen, wie aus den von Bakri p. 55 citirten Versen erhellt, die im Lisan 6, 31 dem Ruschaid b. Rumaid von Anaza zugeschrieben werden. Sowol in diesen Versen als in den bei Jaqut citirten hat Sa'îr den Artikel; es heisst der Brand, in welcher Bedeutung es im Quran oft vorkommt. Als Personenname findet sich Su'air z. B. Ibn Sa'd (Skizzen 4) § 55.

---

1) Sur. 14, 44. 54, 8. 70, 36.

AlUqaiçir.

„AlUqaiçir, sagt Ibn alKalbi, war ein Götze der Qudâ'a, Lachm, Gudhâm, 'Âmila und Ghatafân, in den Maschârif. Er wird erwähnt in einem Verse Zuhairs (14, 6): „ich schwöre feierlich bei den heiligen Steinen alUqaiçirs und bei der Stelle, wo die Vorderhäupter und die Läuse abgeschabt werden". Desgleichen in einem Verse des Ibn Dubai' von Fazâra, wo er schwört „bei dem, dem die Menschen um Uqaiçir herum Gesang darbringen, Preis und Jubel". Auch alSchanfara schwört „bei den Kleidern alUqaiçirs: ein Mann, der sich unter den Schutz 'Amrs und seiner Sippe begeben hat, handelt beleidigend gegen mich". Der Garmit Abu Bischr Amir b. Schibl erzählte mir, sagt Ibn alKalbi, dass die Qudâ'a, Lachm, Gudhâm und die übrigen Araber von alSchâm einen Götzen hatten namens alUqaiçir. Sie wallten zu seinem Feste und schuren bei ihm ihr Haupt, und so oft sich einer das Haupt schur, warf er mit jedem Haarbüschel ein Handvoll (qurra) Mehl. In dieser bestimmten Zeit nun bekamen sie Besuch von den Havâzin, und wenn ein Havazinit einen (Opfernden) zu fassen kriegte, ehe er das Mehl zu dem Haar geworfen hatte, so sagte er: gib mir es — nämlich das Mehl — ich bin ein dürftiger Mann von Havâzin! Wenn er aber zu spät kam (d. h. nachdem Mehl und Haar schon gemischt und geworfen war), so nahm er das Haar samt den Läusen und das Mehl und buk es und ass es. Die Garm und die Banu Ga'da stritten einmal vor dem Propheten um den Besitz eines Wassers namens al'Aqîq und der Prophet sprach es den Garm zu. Da sagte Muâvija b. Abdaluzza b. Dirâ' folgende Verse. „Ich bin ein Mann von Garm, wie ihr wisst, (und nenne mich mit Stolz so) wenn bei dem Propheten die Scharen zusammenkommen: wenn ihr mit seiner Entscheidung nicht zufrieden seid, so bin ich mit dem Spruche des Propheten wol zufrieden. Garm steht hoch, aber euer Vater (d. i. Ga'da) geht mit den Läusen hinein in die Grube alUqaiçirs; wenn eine Handvoll (Mehl mit Haar) angeflogen kommt, sagt er: wirf sie ohne die Läuse, ich bin ein dürftiger Mann von Havâzin. Was seid ihr unter diesen Menschen allen! ja ihr seid nur . . . . . Ihr beiden seid wie die zwei kleinen Finger, zu kurz geraten, und die anderen Finger haben euch in der Länge überholt."

Was der Antiquarius über das Haar- und Läusefressen der Havâzin weiss und erzählt, ist lediglich aus den Versen entnommen, die er zum Schluss mitteilt. Diese Verse aber sind Spott, und der Spott darf nicht für bare Münze genommen werden. Nur der Brauch, die abgeschnittenen Haare zusammen mit einer Handvoll Mehl, die den eigentümlichen Namen qurra d. i. wahrscheinlich Frosch trägt[1]), in die Grube alUqaiçirs zu werfen, ist nicht Spott, sondern Voraussetzung des Spottes und also Tatsache. Im Übrigen geht aus den poetischen Belegstellen noch das hervor, dass der Dienst alUqaiçirs sich nicht auf das nordwestliche Arabien beschränkte. Denn alSchanfara gehörte durch Herkunft den Azd an und durch Wahl ihren Nachbarn, den Fahm. Die Garm ferner, die mit den Banu Ga'da und überhaupt mit den Havazin in Streit liegen, können nur diejenigen Garm sein, die sich mit den Nahd zusammen den Harith b. Ka'b im Jaman angeschlossen hatten; vgl. Agh. 4 135, 21ss. Sie gehören allerdings zu Qudâ'a und scheinen erst von Nordwesten aus wieder zurückgewandert zu sein. Die Richtigkeit der Angabe, dass auch die Ghatafan, die nächsten Nachbarn der Qudâ'a von den Qais, den Uqaiçir verehrt haben, erhellt aus den Versen des Zuhair und des Ibn Dubai'. Noch einen weiteren Vers, in welchem bei den blutüberströmten Steinen alUqaiçirs geschworen wird, führt Ibn alArabi an (Lisan 6, 416).

Der Name Uqaiçir bedeutet kleiner Steifhals — klein nicht eigentlich zu verstehen, sondern als Liebkosung — und ist gewiss nicht der wahre alte Name des Gottes. Er lässt, in Verbindung mit dem Schwur bei den Kleidern alUqaiçirs, auf ein Idol in Menschengestalt schliessen: freilich hat auch die Ka'ba Kleider. Beachtung verdient, dass Ibn Dubai' nicht den Gott, sondern nur das Idol oder auch das Gotteshaus alUqaiçir nennt und den Gott davon unterscheidet, indem er schwört bei dem Gotte, den die Menschen preisen, indem sie um den Uqaiçir herumtanzen.

Die Muslime dachten bei der Haarschur nach vollbrachtem Festopfer immer gleich an Mina. Daraus erklärt sich die Correctur des Verses Zuhair 14, 6 im Texte alAçma'is bei Ahlwardt. Auch aus den Versen des Garmiten Muavia b. Abdaluzza, wie sie im

---

[1]) aram. יקרורא, vgl. Ztschr. für Ägyptische Sprache 1892 p. 63. Wenn das Mehl nicht ganz trocken war und in der geschlossenen Hand Form annahm, so kann man die Bezeichnung einigermassen begreifen.

Lisan 6, 401 gelesen werden, ist alUqaiçir herausgetan, damit die Sache auf Mina bezogen werden kann. Havâzin und Asad, heisst es dort angeblich nach Ibn alKalbi, wurden gehöhnt mit „Frosch“ essen. Nämlich die Jamaniten, wenn sie ihr Haar in Mina scheren liessen, pflegten sich eine Handvoll Mehl auf den Kopf zu legen, und wenn das geschorene Haar herabfiel, fiel auch das Mehl mit. Und sie machten das Mehl zum Almosen (çadaqa), und Leute von Asad und Qais nahmen es, lasen die Haare heraus, und führten sich das Mehl zu Gemüte.

Spreu von Gottesnamen.

Es bleiben noch eine Menge Götter übrig, von denen nur oder beinahe nur die Namen erhalten sind, obgleich sie zum Teil einst weite Verehrung genossen haben müssen. Ich stelle nur diejenigen zusammen, die in der Literatur vorkommen[1]); auf die mekkanischen komme ich später zurück.

اساف oder يساف in Mekka.

الاسد
الاسود
الاشهل
أَلَّة } in theophoren Eigennamen.

أُوال, wol identisch mit إيال (Ham. 422, 24), Götze der Bakr und Taghlib Jaq. 1, 395.

باجر Götze der Azd und der unter ihnen weilenden Taiji, kommt vor im Hadith von Mâzin (Tag alArus). Verse eines Iâditen Abd Bâgar werden angeführt von alBakri 207.

تيم nach Abu Ubaida ein Götze der Tamim, nach dem sie ehedem insgesamt Abd Taim genannt wurden. Agh. 18, 163.

الجدّ in theophoren Eigennamen.

---

[1]) Vgl. Freytags Einleitung p. 353 ss.

جهار nach Ibn Habib ein Götze der Havâzin in Ukâtz, seine Priester waren die Âl'Auf von Naçr (b. Muâvia) und mit ihnen die Muhârib; er stand am Fuss des Berges At-hal (bei Mekka?). Jaq. 2, 167.

حلال Götze der Banu Fazâra. Jaq. 2, 302.

الخُصام Götze der Banu Hind b. Haram von 'Udhra, aus dem eine Stimme erscholl, als der Islam aufkam. Jaq. 2, 329.

ذريح Götze in alNugair, der bekannten Burg, in der alAsch'ath belagert wurde. Wahrscheinlich der Gott der aufgehenden Sonne: ذرح = זרח = דנח. Jaq. 2, 720. BH. 134. DMZ 1887 p. 713. Dharîh ist Personenname, auch Laqab einiger sabäischen Fürsten.

ذو الرِجل Götze im Higâz. Jaq. 2, 755.

ذو الكفَّين Hausgötze des Amr b. Humăma von Daus, von dessen Sohne Tufail verbrannt. BHischam 254.

ذو اللبّا in alMuschaqqar, ein Götze der Abdalqais, von denen auch die Priesterfamilie stammt, die Banu 'Amir. Jaq. 4, 345.

الزون. Garîr sagt: es gehen dort allerlei Antilopen mit bunten Beinen, wie die persischen Priester (in bunten Hosen?) gehen, wenn sie um die Kapelle des Zun die Procession machen. Ruba sagt von seiner Dame: sie ist lässig (vahnâna), schön wie der Zun, dessen Idol gezeigt (geschmückt?) wird. Die Redensart „schöner als der Zun“ wird ebenso wie „schöner als das Tempelbild“ angewandt als Vergleich für Frauen. Es erhellt, dass Zun nicht arabisch, sondern vielleicht iranisch ist. Nach Naçr war es ein Götze in Ubulla bei Baçra. Vullers gibt an: زون idolum. Jaq. 2, 960. Maid. 6, 195 (1, 153 ed. Bul. von 1310) Gaval. 74. Lisan 17, 63.

السعيدة ein Haus, um welches die Araber den Umlauf machten, nach Ibn Duraid nahe bei Sindad, nach Ibn alKalbi am Euphrat. Nach Ibn Habib dienten auch die Azd (in diesem Fall sind die Azd von Medina gemeint) der Sa'îda am Berge Uhud, die Priester waren die Banu 'Aglân. Ich vermute nach Jaq. 3 665, 4, dass alSa'îda ursprünglich nur ein Beiname der Uzza gewesen ist. Jaq. 3, 94.

الشارق in Abd alSchâriq, der Gott der aufgehenden Sonne.

ضمار war ein Götze des Sulaimiten Mirdâs, ein Stein. Bei seinem Tode sagte Mirdas zu seinem Sohne 'Abbâs: mein Sohn, verehre Damâr, denn er kann dir nützen und schaden. Als nun einst Abbas bei Damâr war, hörte er aus seinem Innern eine Stimme erschallen: „sag den Stämmen von Sulaim insgesamt: Damar ist zu Grunde gegangen und die Leute der Moschee sind am Leben; derjenige, der als Nachfolger des Sohnes der Maria die Prophetie und die Wahrheit geerbt hat, ist ein Mann auf rechtem Wege von Quraisch; zu Grunde gegangen ist Damâr, einst wurde er verehrt, ehe das Buch an den Propheten Muhammad gelangte.“ Da verbrannte Abbâs Damâr und ging zum Propheten und wurde Muslim. So BHischam 832. Jaq. 3, 480. Weiter ausgesponnen ist die Version Agh. 13, 65 s., wo auch noch mehr Verse und Reime, aus gleicher Fabrik, mitgeteilt werden. Einige Beachtung verdient die Variante halaka l'anîsu; der Götze wird als alter Freund betitelt. Der Form nach (Bakri 623) wäre Damâri Femininum; in den freilich unechten Versen wird das Wort aber als Masculinum behandelt.

عائم nach Ibn alKalbi ein Götze der Azd alSarât, bei dem Zaid alChail schwört in dem Verse: „du erzählst jedem den du triffst, du habest die Feinde in die Flucht geschlagen, und weisst doch nicht einmal, wie sie aussehen, nein bei Âim.“ Jaq. 3, 596. Agh. 16, 57.

عوض nach Ibn alKalbi ein Götze der Bakr b. Vâil, kommt zusammen mit alSa'îr vor in dem Verse: ich schwöre bei den blutigen Steinen um 'Aud, und bei den Opfertieren[1]), die liegen gelassen sind bei alSa'îr. So Gauhari. W. R. Smith vergleicht עוץ Αὐσῖτις. 'Aud ist sonst Appellativ und bedeutet die Zeit. (Ham. 271 v. 2. Agh. 8 80, 13. Maid. 7, 82.)

غنم findet sich oft in theophoren Eigennamen nicht bloss von Personen, sondern auch von Geschlechtern und Stämmen, muss also einst von Bedeutung gewesen sein. Zaid b. Amr erwähnt ihn unter den mekkanischen Götzen, von deren Dienst er sich los sagt (BHischam 145, 9); aber die wahre Lesart ist wahrscheinlich Hubal (Jaq. 3 665, 10).

---

[1]) Die انصاب passen nicht zu تركن. Vielleicht أنضاء.

فراص ein Götze im Lande der Sa'd al'Aschîra, nach Abu lFath alIskandari. Jaq. 3, 864.

قزح Gewittergott. Tuch DMZ 1849 p. 200, Joseph. Ant. 15, 253.

قيس hebr. קיש (Vaqidi p. 212 n. 1). Als Gott ganz verschollen, sehr häufig in Namen von Personen und Völkern. Die Zusammenstellung mit dem edomitischen Qaus (Qausgabar, Qausmalak in den assyrischen Inschriften) liegt nahe; vgl. ghaith und ghauth, çaib und çaub, Taimarça und Taumarça. Dagegen aber Nöldeke DMZ 1887 p. 714 n. 1.

كثرى ein Götze der Gadîs und Tasm, Nahschal b. alRubais zertrümmerte ihn und nahm den Islam an. So der Qamus, der die Aussprache Kathra vorschreibt. Bei Ibn Duraid 235, 6 findet sich der Name Abd Kuthra.

مرحب Götze in Hadramaut, sein Priester wurde nach ihm Dhu Marhab genannt. Jaq. 4, 490.

المدان nach Ibn Duraid ein Götzenname, wegen Abd al-Madan; Ibn alKalbi bestreitet es. Jaq. 4, 445.

المنطبق war nach Ibn Habîb ein Götze der Sulaf, 'Akk und Asch'ar, von Erz, aus dessen Innerem sie eine Rede redeten, dergleichen sonst nicht gehört wurde[1]). Bei der Zerstörung des Götzen fanden sie ein Schwert, das der Bote Gottes für sich in Besitz nahm und Michdham nannte. Jaq. 4, 665.

نائلة in Mekka.

نهيك in Mekka.

هبل in Mekka.

ياليل, bezeugt durch Abd Jâlîl.

Manche Gottesnamen, die von den muslimischen Gelehrten aufgeführt werden, sind in Wahrheit keine. 'Aus, Dauvâr, Dumia, 'Itr, Vathan sind Appellativa für heidnische Einrichtungen und Bräuche; Naççar ist aus Buchtnaççar (Nebukadnezar) abgeleitet. Bagga und Sagga (bei Gauhari) sind erschlossen aus einem Ausspruch des Propheten: bezahlt eure Steuern an Gott,

[1]) Vielleicht ist darum der Name des Götzen richtiger alMintîq zu lesen. Die gleiche Verwechslung findet sich in Socins Arab. Grammatik 1894 p. 55* l. 17.

denn er hat euch befreit von alSagga und alBagga; dieser Ausspruch scheint indessen nur zu bedeuten: er hat euch aus Not und Elend befreit; alschagga (so zu lesen) und albagga bezeichnet die Sitte, in der Hungerszeit den Kamelen Blut abzuzapfen (Lisan 3, 31. 119).

Auch der Ausdruck Dhu lKa'bât bezeichnet keinen Götzen. Er kommt vor in einem Verse des alAsvad b. Ja'fur „die Leute von alChavarnaq und alSadîr und Bâriq und dem Haus mit Würfeln von Sindâd“, und in einem Verse des Mutalammis „das Schloss mit Würfeln von Sindâd und die Palmen in Reihen“. Es handelt sich also um ein Schloss wie alChavarnaq, die Würfel werden in einer Variante als Zinnen erklärt, in einem Scholion als Spitzen der Quadern (Jaq. 2, 463. Hamd. 171, 17). Vgl. Jaq. 4, 278. Hamd. 171, 14. 230, 12. BHischam 57. Bakri 46, 1. Agh. 20, 23. DMZ 1887 p. 713.

Was alDarîbân betrifft, so ist es vielleicht nur ein Epitheton zu alFarqadân: die beiden flimmernden Sterne. Eigentlich bedeutet es die sich ewig hin und her bewegenden Hände des eifrigen Spielers mit Lospfeilen. Eben damit werden die Farqadan wegen ihres unruhigen Lichtes verglichen, bei Rasmussen Add. arab. 14, 2. Der König Gadhima von Hira zecht das eine mal mit den Farqadan, das andere mal mit den Dariban. Aber auch mit den Daizanân (Tab. 1, 752); الضيزنان und الضريبان sind Varianten.

Auch Riâm (BHischam 17) ist schwerlich ein richtiger Gottesname. Subad Agh. 2 21, 22 wird verderbt sein. In den Lexicis werden noch aufgeführt alGabha (die Stirn), alKus'a (die Blässe der Stirn) und Guraisch. Sprenger 3, 234 nennt einen Götzen 'Amara. Von den Sternnamen wird später die Rede sein.

Mekka, der Hagg und die Messen[1]).

Einleitende Bemerkungen.

In dem Umgange um die Ka'ba und dem Küssen des schwarzen Steines, in dem Laufe zwischen alÇafa und alMarva, und in dem

[1]) Snouck Hurgronje, het Mekkaansche Feest, Leiden 1890. Derselbe, Bilderatlas zu Mekka (Haag 1888), Bilder aus Mekka (Leiden 1889).

Feste von 'Arafa hat sich der altarabische Cultus an einer seiner Hauptstätten, wenn nicht an der Hauptstätte, bis in die Gegenwart lebendig erhalten. Muhammad hat dies klotzige Stück Heidentum zu einem Teil des Islam gemacht, nachdem er es zuvor umgedeutet, gereinigt und verschnitten hatte. Die Überzeugung, dass die Ka'ba der Sitz Allahs sei, hat er, wie es scheint, niemals aufgegeben, sondern aus dem alten in den neuen Glauben mit herübergenommen; er hat den einen und wahren Gott, den er verkündigte, mit dem „Herrn der Ka'ba" gleichgesetzt, wenn er auch nicht mit allen Gebräuchen des dortigen Cultus einverstanden gewesen sein wird [1]). Das war das Band zwischen Arabien und dem Islam, das mit der Zeit stärker und stärker angezogen wurde, als es sich darum handelte, die neue Religion zu nationalisiren und sie von Judentum und Christentum zu lösen. Nach der Flucht war anfangs Jerusalem die heilige Stadt der Gläubigen, wohin sie beim Gebet das Gesicht wendeten. Bald aber trat Mekka an die Stelle Jerusalems, nachdem die Hoffnung auf die Glaubensgemeinschaft der Juden sich als Täuschung erwiesen hatte [2]). Der Gottesdienst wurde in der Richtung auf Mekka verrichtet, die Wallfahrt nach dem heiligen Hause wurde als religiöse Pflicht oder besser als religiöses Bedürfnis angesehen. Abraham wurde zum Stifter und Patron des Cultus der Ka'ba gemacht, in anderer Weise aber zu ähnlichem Zweck wie er früher durch Paulus zum vorgesetzlichen Vater des Glaubens erhoben war, nämlich um die Tochterreligion von der Mutter unabhängig zu machen, um einen Islam vor dem Islam zu begründen, einen uralten und echt arabischen. Sowie der Monotheismus einst in Jerusalem localisirt gewesen war, so wurde er es nun in Mekka.

---

[1]) Sur. 106. 27, 93. 29, 67. Die Quraisch fürchteten durch Annahme des Islams die Bedeutung Mekkas zu ruiniren, die also nach ihrer Meinung auf das Heidentum gegründet war. Muhammad protestirt lebhaft dagegen und hebt hervor, es sei Allah, welchem Mekka seine Heiligkeit und seine darauf beruhende Prosperität verdanke, Sur. 28, 57. Er hat von Anfang an eine stark hervortretende, aus Pietät und Politik gemischte Neigung gehabt, seine neue Religion den Mekkanern möglichst annehmbar zu machen und deswegen sogar allerhand in Kauf zu nehmen, was sich mit derselben strenggenommen nicht vertrug. Bekannt ist das Urteil des Chalifen Umar über den schwarzen Stein (Buch. 1, 211). Die Mediner sollen noch im Jahre 8 auf die Zerstörung der Ka'ba gehofft haben (Buch. 3, 51).

[2]) Sur. 2, 139. BHischam 381. Buch. 1, 58. 3, 85, vgl. 2, 276. 4, 34.

Die praktischen Folgen daraus ergaben sich, als der Islam mit der Eroberung Mekkas zum Siege in ganz Arabien gelangte. Alle anderen Stätten des alten Cultus wurden beseitigt, die Ka'ba allein blieb erhalten, nachdem sie einer Reinigung von den Spuren der seit Abraham und Ismael eingerissenen Entartung unterworfen war. Ähnlich wie zur Zeit des Königs Josia von Juda schloss der Monotheismus auf die Weise einen Bund mit dem überlieferten Gottesdienste, dass derselbe auf eine einzige Stelle beschränkt und dadurch die Einheit des Gottesbegriffes gewahrt wurde.

Einige andere Ceremonien, die ursprünglich nichts mit der Ka'ba zu tun hatten, sondern an andere heilige Stätten, in der Nähe von Mekka, geknüpft waren, wurden nachgehens ebenfalls in den Islam aufgenommen. So besonders der Hagg von 'Arafa und was darum und daran hängt. Dazu kam schliesslich auch noch der Lauf zwischen alÇafa und alMarva; halb widerwillig wird dazu Sur. 2, 153 die Erlaubnis gegeben. Muhammad sorgte jedoch dafür, dass die Nebenheiligtümer ihre selbständige locale Bedeutung möglichst verloren, dass sie in enge und notwendige Beziehung zur Ka'ba traten und sozusagen deren Dependenzen wurden: es gelang ihm so gut, dass es für uns gar kein Fest von 'Arafa mehr gibt, sondern nur noch ein Fest von Mekka. Die Beziehungen der verschiedenen Stätten und Ceremonien auf verschiedene Götter wurden verwischt und allenthalben die gleiche und allgemeine Beziehung auf Allah untergelegt; die Riten, die ehedem bei verschiedenen Stämmen verschieden und überhaupt nicht ängstlich normirt gewesen waren, wurden uniformirt und gesetzlich geregelt. Auf diese Weise wurde der ursprüngliche Zustand, wie er durch Abraham und Ismael eingerichtet war, hergestellt und die heidnische Verkehrung glücklich wieder eingerenkt. Bei dem Hagg des Jahres 9 liess Muhammad durch Ali den versammelten Pilgern die „Lossagung“ (Sur. 9) vorlesen: künftig dürfe kein Götzendiener mehr an dem Feste teil nehmen, welches nunmehr aus einem heidnischen ein rein muslimisches geworden war. Er selber gab in der Abschiedswallfahrt vom Jahre 10 den Seinen das Muster, wie sie den Hagg zu begehen, was sie dabei zu tun und zu lassen hätten. Nach seinem Tode setzten die muslimischen Gelehrten, Ibn Abbas an der Spitze, das Werk der Reinigung, Normirung und Umdeutung fort.

Durch diese unumgänglich notwendige Verschneidung ist nun

allerdings das ursprüngliche Wesen von dem Stück Heidentum, welches mit der Kaʿba und dem Hagg in den Islam aufgenommen ist, sehr verdunkelt worden. Wir haben die Stationen des Kalvarienberges, ohne die Passionsgeschichte. Das ausgesprochen Heidnische ist beseitigt, meist durch Unterlegung biblischer Legenden: denn es war ja im Grunde nicht heidnisch, sondern nur durch Misverständnis dazu verkehrt. Geblieben sind, wenn auch nicht alle ganz intakt, die unverstandenen und bedeutungslosen Bräuche, denen jeder beliebige Sinn untergeschoben werden konnte. Indessen hält es nicht schwer, die legendarische Aetiologie und die übrige islamische Schminke zu entfernen; der Stempel der Fabrikarbeit lässt sich leicht erkennen. Allerdings ist der heidnische Mythus damit nicht herzustellen. Es ist aber die Frage, ob es den zur Zeit Muhammads noch gegeben hat. Die Bräuche waren schon für die Heiden wesentlich opera operanda geworden.

Die Verdunkelung, welche der heidnische Cultus durch die Aufnahme in den Islam erlitten hat, wird nicht erhellt durch die kritiklosen Restitutionsversuche der muslimischen Gelehrten, die uns mit ausführlichen Theorien über die Bedeutung Mekkas für die Zeit der Unwissenheit[1]) unterhalten. Diese Theorien gehen von der Überzeugung aus, dass die Ursprünge wie des wahren Gottesdienstes so auch des entarteten in Mekka liegen, dass Mekka der Ausgangspunkt auch des arabischen Heidentums ist, das Babel, wo einst die arabischen Stämme und Culte vereint waren und von wo sie sich dann zerteilt haben, nicht ohne jedoch die Erinnerung an die gemeinsame Ursprungsstätte festzuhalten und durch jährliche Besuche derselben zu betätigen und aufzufrischen. Die Verehrung der Steine ist auf die Weise entstanden, dass die Banu Ismael, als sie sich von Mekka aus über Arabien zerstreuten, ein jeder sich einen Stein aus dem heiligen Gebiete, wie zum Andenken, mitnahmen, ihn da wo sie sich niederliessen aufstellten, und nun ebenso um ihn den Umlauf machten wie ehedem um die Kaʿba. Das führte am Ende dahin, dass sie alle möglichen Steine, die ihnen geeignet erschienen, verehrten, nach einigen Generationen ihren alten Glauben vergassen und in heidnischen Irrtum ver-

---

[1]) Gâhilija (Heidentum) scheint ein Terminus christlichen Ursprungs zu sein, Übersetzung des Neutestamentlichen ἄγνοια (Act. 16, 30). Der Gegensatz ist nicht hilm, sondern ʿilm = dîn.

sanken. Mit den Bildern hat es eine etwas andere Bewandtnis; sie sind nicht echt arabisch wie die Steine, sondern aus Syrien importirt, jedoch ebenfalls zunächst nach Mekka und erst von da weiter in das übrige Arabien. Doch wird kein strenger und kein zeitlicher Unterschied gemacht; Amr b. Luhai, der Repräsentant der Herrschaft der Chuzâ'a in Mekka, welche der Herrschaft der Gurhum folgte und der der Quraisch voranging, hat, wenigstens nach Ibn alKalbi, nicht bloss die Idole, sondern auch Steine als Götter eingeführt und an die Stämme oder die Priestergeschlechter ausgeteilt[1]). Eine besondere Schwierigkeit für diese Theorie lag darin, dass fünf Götzen, die von arabischen Stämmen angebetet wurden, nach dem Quran Götzen der Zeitgenossen Noahs waren. Es gelang indessen diese Schwierigkeit durch eine ingeniose Auskunft zu überwinden. Die fünf Götzen waren durch die Sündflut an die Küste bei Mekka geschwemmt; und dort durch Amr b. Luhai glücklich aufgegraben feierten sie nun ihre Auferstehung zu einem zweiten Leben als arabische Götzen.

Trotzdem nun aber die Götzen aus dem heiligen Gebiet, wo sie ihren gemeinschaftlichen Ursprung haben, nach allen Seiten verteilt und verstreut sind, finden sie sich hinterher doch noch alle daselbst bei einander, gleich als hätten die Stämme ein jeder doch nur das Konterfei seines Götzen mit nach Hause bekommen, das Original aber an Ort und Stelle lassen müssen. Es sind zwei verschiedene Weisen, die centrale Bedeutung Mekkas auch für die heidnische Zwischenzeit zu behaupten; die Absicht ist beidemal ganz die selbe. Mekka und das Haram soll bis auf den Propheten eine Art Pantheon gewesen sein, wo alle arabischen Götter sich zusammen fanden. Wo und wie sie aufgestellt waren, darüber schwanken freilich die Angaben. Bei der Eroberung von Mekka soll Muhammad hunderte von Götzen zerstört haben, die um die Ka'ba oder auf dem Dach der Ka'ba oder zerstreut im heiligen Gebiete standen. Ibn Ishaq weiss zwar noch nichts davon, aber schon Vaqidi redet von dreihundert und sechzig Götzen[2]), und je später, desto bestimmter und reicher sind die Angaben.

Es braucht kaum gesagt zu werden, dass dies alles Consequen-

---

[1]) Der Chuza'it scheint zum Sündenbock gemacht zu sein, der den Quraisch die Schuld der Propagation des Heidentums abnehmen soll.

[2]) Vgl. die 365 Götter bei Usener, Götternamen p. 37.

zen sind von der Projection der einzig wahren und allgemeinen Cultusstätte zu Mekka in die Urzeit, woraus die Lehre von der ebenfalls von Mekka ausgehenden Entartung des Gottesdienstes sich mit Leichtigkeit ergab. Einige Tatsachen kamen freilich der Theorie zu Hilfe. Ihre Möglichkeit zunächst beruht darauf, dass die Form des Cultus überall an den arabischen Heiligtümern die selbe war wie in Mekka; aber daraus konnte ja auch und sogar leichter geschlossen werden, dass Mekka bloss eine Anbetungsstätte unter anderen gewesen wäre. Indessen, es ist richtig, dass der Hagg eine Menge von Stämmen aus ganz Arabien angezogen hat. Es ist auch richtig, dass Mekka eine Art Kreuzungspunkt in dem Wirbel der inneren arabischen Völkerwanderung gewesen ist. Viele Völkerschichten liegen auf diesem Boden über einander und haben in allerhand Heiligtümern und daran haften gebliebenen Gottesnamen Spuren hinterlassen. Einige Namen sind uns erhalten. Darüber hinaus wird freilich das historische Wissen unsicher. Das Meiste, was uns als Überlieferung geboten wird, ist mindestens verfärbt. Einigermaassen zuverlässig ist nur, was als steinernes Mal oder als lebendiger Brauch sich gewissermaassen selber überliefert hat.

Die Ka'ba, nebst Zubehör[1]).

Die Ka'ba hat von alters her viele Umbauten erfahren. Sie ist dadurch erweitert, erhöht, verschönert, aber Plan und Fundament sind nicht wesentlich verändert. Wie der Name sagt, ist es ein Gebäude in Form eines Würfels, freilich eines ziemlich unregelmässigen. Ein flaches Dach wurde erst bei einem Neubau zur Zeit Muhammads darüber gezimmert; es soll auf sechs (hölzernen) Trägern geruht haben, die in zwei Reihen standen (Vaq. 338. Buch. 3, 70). Die Bekleidung des Hauses mit Zeugen ist alt; man könnte denken, es verrate sich darin wie bei der Stiftshütte der Ursprung aus einem Zelte. Indessen ehrt man die Heiligtümer überhaupt dadurch, dass man sie bekleidet; auch Muchtars Bundeslade war auf diese Weise dekorirt und ebenso das Feldherrnzelt Muavias (BAthir 3, 246). Orientirt sind nicht die Seiten des Gebäudes, sondern eher die Ecken. Der schwarze Stein ist in die

[1]) Wüstenfeld, die Chroniken von Mekka, besonders Band 1 (Azraqi).

Ostecke (OSO) eingemauert; hier beginnt und schliesst der nach rechts (N) herum zu vollziehende Umlauf. Front ist die Nordostseite; der Eingang befindet sich nicht in der Mitte, sondern nahe dem schwarzen Stein. Zwischen dem Stein und der Tür ist der Multazam, die Gegend wo man sich an die Kaʿba presst und an ihre Decken klammert, um sich beim Beten oder Schwören in engste Berührung mit der Gottheit zu setzen. An der Nordwestseite ist ein halbkreisförmiger Raum durch eine Mauer an die Kaʿba angeschlossen und vom Hofe abgesondert, das Higr (Hudh. 258, 2) oder das Hatîm; was für eine Bewandtnis es damit gehabt hat, ist nicht ganz klar. Man erzählt, dass die Quraisch die Kaʿba, bei der Restauration kurz vor dem Aufkommen des Islams, verkleinerten und den nicht wieder aufgebauten Teil durch eine Mauer anschlossen und abgrenzten; daher der Name Hatîm al-Bait, der niedergelegte Teil des Hauses[1]). Der schwarze Stein heisst schlechthin die Ecke (alRukn), als gäbe es keine andere heilige Ecke. Aber auch der südliche oder der weisse Stein wurde verehrt; das Berühren der zwei südlichen Ecken war allgemeine Sitte. Dagegen soll Muhammad das Berühren der zwei Ecksteine am Higr, das vordem ebenfalls üblich gewesen war, unterlassen haben, weil an dieser Seite das Heiligtum verstümmelt sei; ebenso nach seinem Beispiele Ibn Umar[2]).

Die Heiligkeit der Kaʿba stammte nicht daher, dass ein Idol darin stand. Der schwarze Stein war das eigentliche Heiligtum und blieb es auch, nachdem ein künstliches Gottesbild hinzugekommen und im Inneren der Kaʿba aufgestellt war. Die Kaʿba war nur eine Erweiterung dieses Steines und nahm dadurch, dass er in sie eingelassen war, teil an seiner Heiligkeit; sie war also nicht bloss Behausung eines Idols, sondern selber Idol, ein vergrösserter heiliger Stein. Auch בית־אל in älterer und מסגד in jüngerer Zeit bedeutet zunächst den heiligen Stein und dann das heilige Haus; die Begriffe fliessen in einander.

---

[1]) Buch. 2, 193 s. 257 ss. 3, 108. 4, 206. In der Sira des Ibn Saʿd, cod. Lond. 66 b, kommt alHatîm als Name eines (zerstörten?) Götzen vor. Der Name wird von Ibn alAbbâs verpönt: sagt nicht alHatîm, denn die Heiden schwuren (dort) und warfen dabei ihre Peitschen oder Schuhe oder Bogen fort (Buch. 2, 259). Noch Ibn Mulgam hatte bei dem Hatîm geschworen, Ali zu ermorden (BAthir 3, 329).

[2]) Buch. 1, 28. 208. 211. 4, 28.

Innerhalb der Ka'ba befand sich ein trockener Brunnen, in den Weihgeschenke geworfen wurden. Ferner eine Taube aus Aloeholz: sie weist vielleicht auf die grosse semitische Göttin hin. Über dem Brunnen stand ein Bild in Menschengestalt, vor dem die heiligen Lose geworfen wurden, das des Gottes Hubal. Die islamische Legende hat Versuche gemacht, Hubal in Abraham umzudichten oder ihn zu einem unter vielen Götzen, welche die Ka'ba füllten, herabzusetzen. Diese Versuche sind aber nicht durchgedrungen, jedenfalls haben sie die Tatsache nicht verdunkeln können, dass Hubal der Gott in der Ka'ba war. In welchem Verhältnis er zu dem schwarzen Steine gestanden hat, ist nicht mit Sicherheit auszumachen; es ist nicht notwendig, das auch dieser ihm heilig war. Als gewiss kann man annehmen, dass der Stein sehr viel älter gewesen ist als das Bild.

Hubal kommt vielleicht auf der nabatäischen Inschrift Euting 3 vor. Auffallend aber ist, wie selten er in der islamischen Überlieferung über Mekka erwähnt wird. Nur einmal kommt er zu seinem Rechte, in den Ausruf des Abu Sufian nach der Schlacht am Uhud: hoch Hubal! In den Versen des Zaid b. Amr über die Gottheiten von Mekka, in denen er ursprünglich gestanden hat, ist er nachträglich durch den verhältnismässig gleichgiltigen und nichtssagenden Ghanm ersetzt worden (Jaq. 3 685, 10. BHischam 145, 9). Die Quraischiten schwören bei alLat und alUzza, nicht bei Hubal; sie bezeichnen die Sache des Heidentums immer als Sache jener beiden Göttinnen, nie als Sache Hubals. Auch im Quran wird nie gegen Hubal polemisirt, sondern nur gegen alLat, alUzza, und Manât. Der Dienst dieser Göttinnen war nun allerdings sehr viel weiter verbreitet als der des Hubal; doch sollte man denken, bei einer Polemik gegen den Götzendienst eben der Mekkaner wäre dringende Veranlassung gewesen, den spezifisch mekkanischen Gott der Ka'ba nicht zu vergessen. Statt dessen wird von Muhammad vorausgesetzt und auch von seinen Gegnern zugestanden, dass Allah der Herr der Ka'ba sei. Ist etwa der Allah von Mekka Hubal? mit anderen Worten wurde Hubal in Mekka Allah genannt, ungefähr so wie Jahve in Israel Elohim? Dann würde man es verstehen, warum Hubal nach Kräften tot geschwiegen und nur dann notgedrungen genannt wurde, wenn von seinem Bilde in der Ka'ba die Rede war — denn ein Bild Allahs war nach islamischen Begriffen undenkbar. Es erhebt sich freilich die Schwierigkeit, dass Allah nicht mehr appellativ für jeden Gott gebraucht wird, sondern immer Eigenname eines bestimmten, des höchsten Gottes ist. Aber diese Schwierigkeit scheint mir nicht unüberwindlich [1]).

In unmittelbarer Nähe der Ka'ba befindet sich der Brunnen Zamzam [2]), einige Schritte östlich von der heiligen Ecke. Es sollen Weihgeschenke darin gelegen haben; zwei goldene Gazellen, die einst Mudâd der Gurhumit hineingeworfen hatte, holte Hâschim wieder heraus, als er den Brunnen neu grub. Aber dies Neugraben ist etwas problematisch, da es den Anspruch der Haschimiten auf die Tränkung der Pilger aus dem Wasser des Zamzam begründet; für die Aufnahme der Weihgeschenke war ausserdem der trockene Brunnen innerhalb der Ka'ba bestimmt. Etwas nordwestlich vom Zamzam, gegenüber dem Eingange der K'aba, steht ein heiliger Stein, der indessen erst von Umar an diese Stelle gerückt sein soll (Tabari 1, 2578). Es ist der Maqâm Ibrahim. Der Name ist natürlich erst islamisch, im Quran (Sur. 2, 119) wird die ganze Moschee so bezeichnet. Zwischen Zamzam und Maqâm sollen sich einst die heiligen Opfersteine befunden haben; vielleicht ist auch der Maqâm selber ein solcher Opferstein gewesen.

In grösserer Entfernung ausserhalb des jetzigen Hofes der Moschee, liegen die beiden kleinen Höhen alÇafa und alMarva: beides bedeutet den Stein (Jaq. 2 462, 13). Die Strecke zwischen beiden, die mit der Vorderseite der Ka'ba ungefähr parallel geht, ist die heilige Laufstrasse (Mas'à). Man läuft nämlich zwischen den beiden Heiligtümern hin und her, indem man bei jedem einzelnen halt macht. Dieser Lauf (Sa'i) hat zwar eine etwas andere Form wie der Umgang (Tavâf), ist aber auch nichts anderes als eine Procession und führt gelegentlich ebenfalls den Namen Tavâf. Er dient dazu, zwei Heiligtümer mit einander zu verbinden; die Neigung, benachbarte heilige Stätten in gegenseitige Beziehung zu setzen und in einen gemeinschaftlichen Cultus hineinzuziehen, tritt

---

[1]) Als Abdalmuttalib das heilige Los über seine Söhne entscheiden lassen wollte, stellte er sich neben Hubal im Innern der Moschee, um Allah anzurufen (Tab. 1 1076, 9).

[2]) die einzige Quelle von Mekka und also wahrscheinlich der Ursprung sowol des Heiligtums als der Stadt. Chalid alQasri wollte, gottlos wie er war, das alte brackische Käferwasser, wie er es nannte, durch einen Aquaedukt überflüssig machen, der aber bald verfiel. Agh. 19, 59. 60.

bei den alten Arabern sehr stark hervor und verdient bemerkt zu werden. Im Islam ist diese Neigung benutzt, um die verschiedenen Culte in und um Mekka stets mit der Ka'ba in Zusammenhang zu bringen. Auch der Sa'i zwischen alÇafa und alMarva wird im Islam zu einem Anhange des Tavafs um die Ka'ba. Mit dieser Einverleibung des Mas'à in den Bereich der Ka'ba hängt es wol zusammen, dass er der Opferplatz für die Ka'ba geworden ist. Die Opferstätte bei der Ka'ba ist durch den Islam beseitigt, die bei alMarva aber erhalten. Muhammad soll bei der Umra des Jahres 7 und bei der des Jahres 10 das Beispiel gegeben haben, hier zu schlachten; freilich nicht ohne die Localität ihrer heidnischen Heiligkeit durch den Ausspruch zu berauben, man könne ebenso gut an einer beliebigen anderen Stelle von Mekka schlachten: „dies ist der Opferplatz und alle Breiten von Mekka sind Opferplätze" (Vaqidi p. 302).

Vor dem Islam mag es noch mehrere andere Heiligtümer in Mekka gegeben haben. Snoucks Vermutung hat viel für sich, dass allerhand Stellen, die angeblich ihre Weihe der Berührung mit Muhammad verdanken, der dort gerastet und gebetet oder irgend etwas anderes getan haben soll, in Wahrheit schon früher geweiht gewesen sind.

Alle diese heiligen Stätten haben im Heidentum ohne Zweifel zu bestimmten Gottheiten in Beziehung gestanden. Mehrere mekkanische Götter werden uns mit Namen genannt und beschrieben; sie werden auch localisirt, aber die Localisirung schwankt und die Überlieferung ist ihrer Sache nicht gewiss. Am bekanntesten sind Isâf und Nâila, ein zusammengehöriges Götterpaar, Mann und Weib[1]). Sie hurten im Heiligtum, wurden zur Strafe in Stein verwandelt, und, wie es bei den törichten Heiden zu gehen pflegte, schliesslich als Idole angebetet: so lautet die islamische Legende. Sie wurden als Opfersteine benutzt und mit dem Opferblut bestrichen (Vaq. 324. 336. Tab. 1 1076,11). Sie standen nach einer Angabe entweder beide beim Brunnen Zamzam, oder Isaf beim Zamzam und Nâila am Multazam; nach einer anderen Angabe standen sie auf alÇafa und alMarva[2]). Beide Angaben werden dann vereinigt:

[1]) Sie sind vielleicht die BHischam 145, 8 genannten zwei Bilder der Amr, d. h. der Chuzâa (Buch. 3 51, 15).

[2]) Worauf es beruht, dass Manât nach alÇafa und Marva und umgekehrt Isaf und Nâila nach Muschallal versetzt werden, ist p. 28 gesagt.

ursprünglich standen sie auf alÇafa und alMarva, dann am Zamzam. Noch zwei andere Götter werden uns genannt, Nahîk, mit dem Beinamen Mugâvid alRîh, und ein zweiter, von dem allein der Beiname angegeben wird, Mut'im alTair[1]). Merkwürdigerweise findet sich in der Genealogie nicht bloss Hubal Isâf und Nâila, sondern auch Isâf und Nahîk bei einander[2]). Wüssten wir den wahren Namen des Mut'im alTair, so würden wir vielleicht auch ihm in der gleichen genealogischen Gesellschaft begegnen.

Ebenso wie andere Heiligtümer ist auch das von Mekka von einem ausgedehnten heiligen Gebiete umgeben, dem Haram. Wo das Haram aufhört, beginnt das Hill, das Profangebiet; die Beschränkung des Hill auf die nächste Zone um das Haram, wodurch dasselbe als ein סיג לקודש noch halbwegs den Charakter des Haram an sich hat, ist nicht ursprünglich. Im ganzen Haram darf kein Baum oder Strauch gefällt, kein Blut vergossen und kein Wild gejagt werden: daher die Unverschämtheit der Tauben und die Zutraulichkeit der Gazellen (Agh. 6 20, 15) von Mekka. Die Grenze wird durch aufgerichtete Steine bezeichnet[3]).

Die Verrichtung der Ceremonien beim Heiligtum von Mekka hat schon in der Zeit vor dem Islam, wie aus dem Quran erhellt, den besonderen Namen 'Umra d. i. Cultus. Dieser Name wird jedoch nur für Besucher von auswärts angewandt, die gewöhnlich nicht bloss den Umlauf machen, sondern auch ein Opfer bringen[4]). Die Hauptzeit für die Umra war in alter Zeit der Ragab. Der Chalif Umar machte die Umra im Jahre 17 im Ragab (BAthir 2 419, 9), ebenso Muâvia im Jahre 56 (3 417, 1). Die Aufrührer vom Jahre 35, welche den Chalifen 'Uthmân stürzen wollten, machten sich im Ragab[5]) von Ägypten auf den Weg nach dem Higâz, unter

[1]) Mugâvid alRîh = freigebig wie der Wind; vgl. die sprichwörtliche Redensart Buch. 1 247, 16. Mut'im alTair = der die Vögel futtert, nämlich mit dem liegen gelassenen Opferfleisch.

[2]) Hubal mit Isâf und Nâila bei den Kinâna b. Kalb; Isâf und Nahîk bei den Chazrag.

[3]) Vaqidi 341. Balâdh. 55. Auch Hinrichtungen dürfen nur ausserhalb des Haram vollzogen werden (Buch. 2 145, 8. BHischam 640, 10 s.).

[4]) Anders Hudh. 32. 198; vgl. den Ausdruck طاف العمرة Buch. 1, 58. Für die Etymologie vgl. das Scholion zu BHischam 740, 9.

[5]) So nach BAthir 3 128, 15, dagegen nach 3, 163—166 im Rabî'.

dem Vorgeben, die Umra begehen zu wollen. Bei dem Regierungsantritt Jazids I, in Ragab des Jahres 60, befanden sich viele Leute in Mekka, die die Umra verrichten wollten (Tab. 2 233, 3. 276, 9). Nach Nâçiri Chosrau (Reisebuch p. 65, Übersetzung p. 183) machten die Leute im Higaz und Jaman zu seiner Zeit, in der Mitte des elften Jahrhunderts, die Umra im Ragab. Die selbe Sitte bezeugt Ibn Gubair anderthalb Jahrhunderte später für seine Zeit, vgl. noch Agh. 2 113, 17. Diese Zeugnisse stammen alle aus dem Islam, es giebt aber auch ein älteres. Bei dem Raubzuge von alNachla im Jahre 2 liess sich ʻUkkâscha den Kopf scheren — das geschah nach vollbrachtem Opfergelübde — und zeigte sich so der Karavane der Quraischiten, die man überfallen wollte, um den Schein zu erwecken, man sei auf dem Heimwege von der ʻUmra; denn es war der heilige Monat, nämlich Ragab (Sur. 2, 214). Es kann um so weniger bezweifelt werden, dass die Umra im Ragab sich aus heidnischer Zeit her erhalten hat, da der Ragab überhaupt der heidnische Opfermonat ist, im Islam aber seine Bedeutung gänzlich eingebüsst hat. Es wird denn auch mit absichtlichem Nachdruck berichtet, dass Muhammad selber die Umra niemals im Ragab begangen habe (Tab. 1, 1766. Buch. 1, 231. 3, 35. 48). Später glaubte man, die Umra sei im Ramadàn am verdienstlichsten. Der Ramadân ist der heilige Monat von Muhammads Gnaden, und es war ganz folgerichtig, dass er an die Stelle des heiligen Monats der Heiden gesesetzt wurde.

Der Hagg.

Der Hagg von ʻArafa[1]) hat mit der Umra in Mekka ursprünglich nichts zu tun. Er beginnt am neunten Tage des Monats Dhu lHigga mit der Versammlung in ʻArafa, einer einige Meilen östlich von Mekka gelegenen Ebene eines Gebirgstals, nahe an der Grenze des Haram, aber nicht innerhalb derselben (BHischam 802, 18). Die Feier besteht nach islamischem Ritus bloss im Vuqûf an dem Mauqif, d. h. im Warten an der Station, mit obligatem Rufen von Lab-

---

[1]) Ausführlich beschrieben in dem Hadith über die Haggat alVadâʻ im Jahre 10. Damit ist der Bericht über die Wallfahrt Abubakrs im Jahre 9 zu vergleichen. Man sagt auch ʻArafât und alMuʻarraf (BHisch. 77, 12. Agh. 1 48, 2. 19 74, 14).

baika: wir stehn dir zu Diensten, wir stehn dir zu Diensten! Man wartet auf die Igâza, d. h. die Erlaubnis, die Ifâda (Sur. 2 195), den Lauf nach einem benachbarten Heiligtum, anzutreten. Diese Erlaubnis wird am Abend des neunten Tages gegeben, nicht bei, sondern nach Sonnenuntergang, im Gegensatz zu der Sitte des Heidentums. Der Lauf geht nach dem etwa zwei Stunden entfernten Muzdalifa, welches auch Gam' genannt wird. Hier wird die Nacht wachend zugebracht; am 10. vor Tagesanbruch findet ein abermaliger Vuqûf statt. Nachdem die Igâza gegeben ist, wird der Lauf fortgesetzt durch das enge Tal Muhaççab nach dem weitere zwei Stunden entfernten Minà — noch vor Sonnenaufgang, um es nicht ebenso zu machen wie die Heiden, die erst bei Sonnenaufgang aufbrachen. Man passirt die zwei ersten Steinhaufen (Gamra) und wirft bei dem dritten sieben Steinchen. In Minà angelangt schlachtet man für sich und die Seinen; daher heisst der zehnte Tag der Tag des Schlachtens[1]). Auf die Schlachtung folgt die Haarschur, das Zeichen der Erfüllung des Gelübdes und der heiligen Pflichten. Damit tritt man aus dem Ihrâm, der allerhand Enthaltungen auferlegt, zurück in den Ihlâl, aus dem geweihten Stande in den profanen, und darf sich nun erlauben, was man sich bisher hat versagen müssen.

Der 11. 12. und 13. Dhu lHigga sind die drei Tage von Minà, an denen der Ritus des Steinwerfens wiederholt wird und zwar bei allen drei Haufen. Es sind Tage der Lust, des Essens und des Trinkens, wo man der wieder erlangten Freiheit nach der langen Karenz sich freut, das Leben geniesst und lebhaften Verkehr mit einander treibt. Sie heissen auch die Tage des Taschrîq, nach der Sitte, das geschlachtete Fleisch, welches man nicht verzehren kann, in Streifen zu schneiden und zu trocknen, damit es sich halte. Es gibt besondere Namen für jeden einzelnen Tag, die Agh. 17, 27 angegeben werden. Nach diesen drei Tagen erfolgt der Aufbruch oder die Rückkehr, alNafr oder alÇadar.

Im Gegensatz zu den drei Tagen von Minà wird sehr häufig von den Tagen der Dekade (alAschr) geredet. Das sind die vorhergehenden Tage des Hagg am 9. und 10. Dhu lHigga. Aber die

---

[1]) Dieser Tag, der يوم الاضحى, wird auch von denen, die nicht am Hagg teilnehmen, im ganzen Gebiet des Islam als Opfertag begangen (Buch. 3, 262 ss.).

Dekade, die mit dem 10. zu Ende geht, muss urpsrünglich vom ersten Tag des Monats gerechnet sein. Noch späterhin ging der Ihram, d. h. in diesem Fall die heilige Zeit, für die Mekkaner mit dem Neumond des Dhu lHigga an; ebenso wie die Zeit der Umra mit dem Neumond des Ragab begann. So war auch die erste Dekade des Muharram eine abgeschlossene Zeit, deren Heiligkeit im zehnten Tage gipfelte[1]).

Dass die alte Sitte von der islamischen abwich, wird im Allgemeinen bereitwillig zugestanden. Es werden auch einzelne Differenzen namhaft gemacht, z. B. dass im Heidentum die Ifâda von ʿArafa bei Sonnenuntergang, die von Muzdalifa bei Sonnenaufgang begonnen wurde[2]), dass das Recht der Igâza, der Leitung der Procession, den Çufa von Tamim und später den Çafvân von Tamim zustand[3]). Aber die Hauptsache ist nur aus Andeutungen und Spuren zu erschliessen.

Im Islam sind ʿArafa und alMuzdalifa bloss Stationen, bei denen stillgestanden und dann der Lauf angetreten wird. Heilige Handlungen werden daselbst weiter nicht vorgenommen, Opfer nicht gebracht; das Vuqûf ist weiter nichts als das Warten auf den Lauf. Der Lauf zwischen zwei Stationen kann nun aber ursprünglich, wie wir schon bei alÇafa und alMarva gesehen haben, kaum etwas anderes gewesen sein als eine Procession zwischen zwei Heiligtümern. Diese wurden dadurch mit einander verknüpft, hatten aber ihre Bedeutung nicht erst von der Verknüpfung, sondern schon vorher für sich allein. In Bezug auf alMuzdalifa hören wir bei Vaqidi p. 428: „Muhammad ritt von ʿArafa nach Gamʿ auf das Feuer zu, welches in alMuzdalifa angezündet war, und stieg nahe bei dem Feuer ab; er lagerte dicht bei dem Feuer, dem Feuer auf Quzah, das ist der Berg und die heilige Stätte (alMaschʿar alHarâm)." Also war alMuzdalifa ein Heiligtum, es hatte sein Centrum in einem Feuer, das auf dem Berge Quzah brannte. Der Name des Berges gibt uns Aufschluss über den Gott, der dort verehrt wurde. Es ist der Gewittergott, der Hagelpfeile von seinem

---

[1]) Lane, Manners and Customs (1836) 2, 163 ss. Vgl. Tab. 1, 1252 zu Sur. 89, 1.

[2]) Der Islam vermeidet es auch, das gewöhnliche gottesdienstliche Gebet bei Auf- oder Untergang der Sonne zu verrichten (Buch. 1, 212).

[3]) BHisch. 77, 12. 82, 5. Bal. 107, 19. Aber auch die Chuzâʿa und die ʿAdvân werden genannt BH. 80, 5. Agh. 3 4, 17 ss.

Bogen schiesst und ihn hernach in den Wolken aufhängt; der Regenbogen heisst im Arabischen der Bogen Quzahs. Dem Gott ist an dieser Stelle zu seinem Fest jedenfalls auch geopfert, obgleich sein Feuer wahrscheinlich nicht ein (den Arabern ganz unbekanntes) Opferfeuer war[1]). Und dann bezieht sich das Vuqûf und die Igaza eigentlich auf das präsente Numen und das Opfer, nicht auf den Lauf nach einem ganz anderen Heiligtum. Auch nach den früher zu alSa'îr citirten Versen scheint das Vuqûf bei einem Opfer stattzufinden, und zwar bei einem Gesammtopfer, das gemeinsam für die ganze Versammlung gebracht wird. Die islamische, angeblich durch Muhammad getroffene Anordnung, wonach das Vuqûf an jeder beliebigen Stelle von alMuzdalifa statt finden darf, hat demnach eine polemische Spitze und verrät, dass es ursprünglich nur an einem ganz bestimmten Orte statt fand, gegenüber der Opferstätte: wo übrigens Muhammad selber nach der aus Vaqidi angeführten Tradition abgestiegen sein soll.

Was für alMuzdalifa gilt, gilt auch für 'Arafa. W. R. Smith (a. O. p. 342) meint freilich, der Aufenthalt daselbst sei wirklich bloss die Vorbereitung auf die Vigilie des benachbarten Heiligtums. Aber dieses ist ja zwei Stunden weit entfernt. Der Grund, warum W. R. Smith die selbständige Bedeutung der Station 'Arafa leugnet, nach der der ganze Hagg benannt wird, ist der, dass sie nicht mehr auf heiligem Gebiet liege. Indessen stösst sie dicht daran, und das Vuqûf geschah auch bei alSa'îr in einiger Entfernung von der Opferstätte. In 'Arafa fand es statt auf einem Sandstreifen, Habl, auf dem die Grenzsteine des Haram standen[2]). Dieser Sandstreifen soll Namira geheissen haben, das ist wol eigentlich der Name eines Wassers[3]). Er soll auch Ilâl geheissen haben. „Ilâl ist ein Sandstreifen zu 'Arafa, wo die Leute das Vuqûf verrichten, rechts vom Imâm", sagt Ibn Habib (Lisân 13,27). Dass Ilâl bei 'Arafa zu suchen ist, erhellt auch aus BHischam 173, 17, da das äusserste Masch'ar[4]) nirgend anders sein kann;

---

[1]) Vgl. Snouck-Hurgronje, Mekk. Feest p. 157.

[2]) Jetzt steht dort eine doppelte Mauer. Habl (Agh. 1 48, 3. Jaq. 2 198, 6) ist öfters verschrieben (z. B. Jaq. 4 573, 10), namentlich in Gabal (Berg) Jaq. 4 813, 9. Lisan 13, 27. Hier sollen die Hums zur Procession gestossen sein; sie machten sie also eigentlich von Anfang an mit.

[3]) Hebräisch נמרה, deutsch Lutter (= Lauterbach).

[4]) So zu lesen statt ma'schar.

dass dort das Vuquf statt findet, wird durch Jaqut 1 347, 2 bestätigt. In Wahrheit aber war Ilâl nicht der Name des Sandstreifens, der an das Heiligtum grenzte, sondern der Name des Heiligtums (und vielleicht des Gottes) von 'Arafa selber. Das folgt mit Notwendigkeit aus Nabigha 17, 22. 19, 14. Der Versuch W. R. Smiths, dieses Ilâl zu trennen von 'Arafa, scheitert an den citirten Stellen BHischam 173. Jaqut 1, 347. Lisan 13, 27. Bemerkenswert ist, dass im Islam wie ganz alMuzdalifa, so auch ganz 'Arafa Mauqif ist, d. h. dass das Vuquf an jeder beliebigen Stelle dieser Orte geschehen kann. Es soll verwischt werden, dass es vielmehr eigentlich an eine ganz bestimmte Stelle gebunden ist[1]).

Das Hauptbestreben des Islam geht indessen immer dahin, den Hagg zu einer Appendix des Cultus der Ka'ba zu machen, den er eigentlich allein als Religion Abrahams gelten liess. So ist an Stelle von 'Arafa vielmehr Mekka zur Ausgangsstation des Hagg gemacht, von wo man sich am achten Tage, dem Jaum alTarwia, nach 'Arafa begibt: noch jetzt freilich gehört der achte Tag nicht zum eigentlichen Feste. Wie der Anfangspunkt, so ist Mekka auch der Endpunkt der Feier geworden. Mit der Schlachtung und der Haarschur zu Mina sind die heiligen Pflichten des Hagg noch nicht erfüllt; man muss nun noch nach der Ka'ba ziehen und dort den Tavâf machen. Jedoch geschieht der Lauf dahin nicht in gemeinschaftlicher Procession, sondern, ebenso wie die Reise nach 'Arafa am achten Tage, einzeln und zu beliebiger Zeit; es fehlt die festliche Art. Es ist auch nur eine Digression; denn hernach kehrt man sofort zurück nach Mina, und Mina bleibt der Ort der Feier für den zehnten Tag und für die drei folgenden. Endlich widerspricht es sich, dass man mit der Haarschur in Mina des Gelübdes quitt ist und aus dem geweihten Zustande heraus tritt, und dass man dann doch noch notwendige heilige Pflichten in Mekka zu erfüllen hat, und zwar in profanem Zustande. Wir haben es also mit einer wenig stilvollen islamischen Correctur zu tun, die den Zweck hat, den Hagg mit Mekka und der Ka'ba in Beziehung zu bringen[2]).

---

[1]) Sogar in Mina scheint die Schlachtung ursprünglich an einer bestimmten heiligen Stelle vorgenommen zu sein, welche Machlafa hiess (Hudh. 203, 12 DMZ 1885 p. 447). Die Götzensteine von Mina (Gamarât) werden BH. 534, 17 erwähnt; am Schluss des Verses ist maghrî (blutbestrichen) zu lesen.

[2]) Dass Mekka in Wahrheit nichts mit dem Hagg gemein hatte, ersieht

Hieher gehört auch die Neigung, dem Hagg noch die Umra[1]) anzuhängen. Man muss sich dann allerdings erst wieder aus heiligem Gebiet auf profanes zurückbegeben, um die Umra von dort, gewöhnlich von alTan'îm, zu beginnen[2]). Eine Verschmelzung derselben mit dem Hagg hat also doch nicht statt gefunden, die Verschiedenheit der Namen und der Sachen ist geblieben. Aber man sucht doch eins mit dem anderen in Verbindung zu setzen, den Hagg von 'Arafa durch die 'Umra von Mekka zu besiegeln. In vorislamischer Zeit galt das für unerlaubt, man durfte die 'Umra nicht in den Monaten des Hagg verrichten[3]), man unterschied sie nicht bloss räumlich sondern auch zeitlich vom Hagg, indem man sie im Ragab feierte.

Die Bedeutung des Hagg, der Märkte und Mekkas.

Den muslimischen Gelehrten fällt es schwer, in ihrer Vorstellung über die Vorzeit abzusehen von der Centralisirung und Uniformirung des arabischen Festcultus durch den Islam. Wenn von Festfeier, Festopfern und Festgebräuchen bei einem alten Dichter die Rede ist, so beziehen sie es flugs auf den Hagg, als ob es schon im heidnischen Altertum nur den Hagg von 'Arafa gegeben hätte[4]). Das war in Wahrheit durchaus nicht der Fall. Es gab manche Cultusstätten in Arabien, und jede hatte wol ihre jährliche

man auch daraus, dass die Leitung desselben, die Igâza, nicht den Quraisch, sondern den Tamim zustand.

1) den kleinen Hagg BHisch. 961, 13 s.

2) Über den skandalösen Grund, weshalb Muhammad im Jahre die Umra vor dem Hagg beging, s. Snouck a. O. p. 82 ss.

3) Buch. 2, 257.

4) Zwei Beispiele von daraus zu erklärenden Correcturen sind in dem Artikel über Uqaiçir angeführt. Noch ein drittes Beispiel will ich hersetzen. In dem Verse Agh. 19 128, 7 schwört 'Âriq, der berühmte Tâit, bei den Lagern von Mina, oder nach Rasmussen Additamenta 56, 4 (des arabischen Textes) bei der Kiesebene von Mina. Nach Hamasa 761 v. 4 dagegen schwört er nur bei dem Festopferzuge, dessen Kamele gezeichnet sind. Das ist ohne Zweifel das Richtige; Abu Tammâm ist für den Divan Taiji die beste Autorität; auch wird berichtet, dass die Tâiten am mekkanischen Hagg nicht teilnahmen. Aber die als Festopfertiere gezeichneten Kamele mussten ja doch nach Mina, dem einzigen im Islam dafür bestimmten Ort; es war also ein Schwur bei jenen genau so viel als ein Schwur bei diesem.

Hauptfeier mit grossem Hagg und Tahlîl. Die Teilnahme daran mag vielfach beschränkt gewesen sein, aber hie und da war sie auch sehr ausgedehnt, zum Beispiel an Orten wie Gurasch und Tabâla. Die Allgemeinheit des Gottesfriedens in den heiligen Monaten setzt nur voraus, dass die Feier überall zur selben Zeit, nicht dass sie nur an einem einzigen Orte begangen wurde. Es ist etwas eilfertig, wenn man die Nachrichten bei Prokop, bei Nonnosus und sogar bei Diodor, über arabische Festzeiten und Festorte, sofort auf den Hagg bei Mekka bezieht. Auch der Monatsname Αγγαθαλβαειθ bei Epiphanius (die Festfeier um das Haus) weist durchaus nicht notwendig auf Mekka. Das lag für die Araber in der Arabia Provincia oder in der Palaestina Tertia gar zu weit ab; es gab sicher auch in dortiger Gegend mehr als ein heiliges Haus, welches für die Umwohner das heilige Haus war.

Ferner aber gab es für diejenigen, die das Fest von ʿArafa wirklich feierten, keineswegs ein festes Reglement über die Bräuche der Feier. Das wurde ebenfalls erst durch den Islam eingeführt; Mannigfaltigkeit und Toleranz ist überall das Kennzeichen des Heidentums im Gegensatz zu dem die practica multiplex ausschliessenden Monotheismus. Die Überlieferung führt ein Beispiel abweichender Auffassung und Ausübung der durch das Pilgergelübde auferlegten heiligen Pflichten an, das der Hums. Die gegemeinten Hums waren Amphiktionen des Haram von Mekka; es gehörten dazu die Chuzâʿa und die Kinâna und insbesondere die Quraisch. Sie werden den Hilla, den Profanen, entgegengesetzt (BHisch. 127, 10); der Name bedeutet darnach tatsächlich die Geheiligten. Der Singular ist Ahmas, wofür man indessen lieber die Form Ahmasî gebraucht (Ham. 3, 4. 6). Es scheint, das Ahmas eigentlich einen Gottesnamen hinter sich haben muss; die Hums von Mekka waren vielleicht Hums Hubal oder Hums alʿUzza. Es gab noch andere Hums. Das vornehmste Geschlecht von Bagîla hiess Ahmas Allah, Allah war islamischer Ersatz für irgend welchen Götzennamen[1]). Amr b. Maʿdikarib von den Banu Zubaid sagt zu ʿAbbâs b. Mirdas alSulami: „o Abbas, wären unsere Rosse gut im Stande gewesen, bei Tathlith, so hättest du nicht in meiner Abwesenheit mit den Ahâmis angebunden“; diese Ahâmis werden unter den jamanischen Stämmen zu suchen sein, mit denen die

[1]) Skizzen 4 p. 184. Vgl. أحمس ابنت احمس Tab. 2 641, 1.

Banu' Zubaid zusammenhielten[1]). Von einem Zusammenstoss der Dabba mit den Ahâmis in alSchuraif ist Ham. 283 v. 1 die Rede; hier sind die 'Amir b. Ça'ça'a gemeint. Auch in einem auf die Schlacht von Gabala bezüglichen Verse[2]) werden die 'Amir als Hums den mit ihnen verbündeten 'Abs als Hilla entgegengesetzt: „die Abs sind die profanen Leute unter dem heiligen Volk". Es ist nicht ohne Interesse, diese Verbindungen zu beobachten, die religiösen nicht politischen Ursprungs waren und über den Stamm hinausgehen konnten[3]). Dass auch ausserhalb des Haram dergleichen existirten, können die Muslimen begreiflicher Weise nicht fassen; sie halten die Hums von Amir einfach für einen Bestandteil der Hums von Mekka.

Wie gesagt, wichen nun die Hums von Mekka im Ihram von der allgemeinen Sitte ab. Teilweise ist das eine einfache Folge davon, dass sie im Haram wohnten und nicht von draussen hineinkamen. Darum brauchten sie nicht erst von der Grenze, bei 'Arafa, in dasselbe einzutreten (BHischam 126). Darum brauchten sie auch nicht sich zur Beschleunigung der Reise in das Haram zu zwingen, dadurch dass sie vorher nicht in die Tür ihrer Häuser eintreten durften (Sur. 2, 185). War ihnen in dieser Hinsicht der Ihram erleichtert, so sollen sie jedoch andererseits dessen Pflichten um so strenger genommen haben. Sie trockneten keine saure Milch, machten kein Butterschmalz und zupften den Tieren kein Haar und keine Wolle aus (Ham. 2. 3): um so eifriger betrieben sie den Handel in der heiligen Zeit. Es scheint mir übrigens zweifelhaft, ob grade diese Gebräuche singulär und nicht vielmehr allgemein waren. Es ist eine Art nomadischer Sabbatsfeier, eine Enthaltung von den Arbeiten des Hirtenlebens, die schwerlich grade in Mekka ihren Ursprung hatte.

Wenngleich aber der Hagg von 'Arafa durch den Islam auf eine ganz andere Stufe erhoben wurde, so steht es doch fest, dass er schon vorher eine grosse Anziehungskraft auf die Araber aus-

---

[1]) BHischam 127, 5. Eine bekannte Schlacht von Tathlith fand zwischen den Havâzin und den Azd Schanûa statt (Agh. 12, 46), aber diese wird nicht gemeint sein.

[2]) BHisch. 127, 10. Agh. 10, 41.

[3]) Vgl. das oben p. 32 Bemerkte, dass mehrere eng zusammenhangende Geschlechter sich alle nach der selben Gottheit benannten. Die politischen Verbündeten der Quraisch sind nicht die Hums, sondern die Ahâbisch.

übte. Es wird als Ausnahme betrachtet, dass die Taiji und die Chath'am ihn nicht mitmachten. Im Übrigen beteiligten sich daran die Mudar sowol als die Rabî'a, die Qudâ'a eben so gut wie die Azd[1]). Natürlich stellten die nächsten Stämme das grösste Contingent; jedoch wechselte das Revier der Stämme zu leicht, als dass es für den Besuch der Cultusstätten von entscheidender Bedeutung gewesen wäre. Die Tamim, die zur Zeit Muhammads weit entfernt wohnten, hatten doch das Recht der Leitung der Procession nach alMuzdalifa und nach Minà, wahrscheinlich weil sie einst in der Nähe ihre Sitze gehabt hatten[2]). Uebrigens muss man nicht denken, dass die Stämme als solche die Wallfahrt unternahmen. Wer wollte aus jedem Stamme, konnte kommen; auch Christen waren nicht ausgeschlossen. Die Beteiligung war weder Pflicht noch Recht; es herrschte vollkommene Freiheit.

So kam ein zahlreicher und bunter Haufe zusammen. Mar'alqais redet von dem wunderbaren Anblick, wenn die Wallfahrer in alMuhaççab am Schluss des Festes nach allen Seiten aus einander stoben. Muhammad benutzte die Gelegenheit, um sich, nachdem ihn die Seinen verworfen, den Stämmen der Araber als Prophet vorzustellen, und knüpfte auf diese Weise die hernach so folgenreiche Verbindung mit den Medinern an. In einer späteren Periode erliess er in 'Arafa die Kriegserklärung, wodurch er die heidnischen Araber von der Gemeinschaft des Hagg excommunicirte, und hielt dort zuletzt die berühmte Abschiedsrede, in der er die wichtigsten Ordnungen des Islams vortrug, damit es die Anwesenden den Abwesenden weiter sagten. Die internationale Versammlung war geeignet, einem Manifest oder einem Gesetze die grösste Publicität zu geben. Schon in der heidnischen Zeit wurde sie zu öffentlichen Ansagungen benutzt. In 'Arafa gab es der Qalammas von Mekka kund und zu wissen, wenn im kommenden Jahr ein Monat eingeschaltet werden sollte (BHischam 31 s.).

Die Wallfahrt zieht Verkehr nach sich, das Fest wird zur Messe. In der Nähe der Haggstrecke befanden sich mehrere Märkte, Mavâsim, die nur während der heiligen Zeit offen waren[3]). Es

---

[1]) BHischam 281—283.

[2]) Das Grab Tamims war in Marr alTzahrân bei Mekka. Die Tamim hiessen Gâliat al'Arab, weil sie wegen Hierosylie durch eine Verbündung von Stämmen aus dem heiligen Gebiete vertrieben waren (Agh. 8, 189. 19, 10 s.).

[3]) Die Märkte scheinen überhaupt an heiligen Stätten, und immer zur

waren ebenfalls ursprünglich Heiligtümer, aber ihre religiöse Bedeutung trat sehr zurück hinter ihrer commerciellen. Maganna scheint am wenigsten bedeutet zu haben, Dhu lMagâz, dicht bei 'Arafa, tritt mehr hervor [1]), am berühmtesten ist 'Ukâtz. In welcher Beziehung sie zum Hagg standen, lässt sich schwer sagen; wenn sie in religiöser Hinsicht durch ihn in den Schatten gestellt wurden, so hatten sie in anderer Hinsicht den grössten Vorteil von seiner Nähe. Der Tag von 'Arafa scheint eine gewisse centrale Bedeutung für die ganze heilige Zeit gehabt zu haben. Der Ausdruck „die Monate von alMu'arraf" kommt in dem Sinne vor, dass darin auch die Messe von Ukâtz einbegriffen wird (Agh. 19 74, 14).

Es wird angegeben, dass die in jener Gegend sich drängenden Märkte und Feste genau auf einander gefolgt seien: am 1.—20. Dhu lQa'da die Messe von Ukâtz, am 21.—29. die von Maganna, am 1.—8. Dhu lHigga die von Dhu lMagâz, am 9. und 10. der Hagg, und endlich am 11.—13. die Messe von Mina. Das wäre natürlich eine nicht durch Zufall entstandene, sondern mit Absicht und Kunst eingerichtete Reihenfolge. Die Mekkaner konnten ein Interesse haben ein solches Kartell herzustellen; sie haben auch sonst, bei der Ordnung des Festkalenders, die Hand im Spiel gehabt. Ohnehin hatten die Araber die Neigung, benachbarte Feiern in einen Kranz zu binden. Wir werden später (p. 100) sehen, dass es auch aus anderen Gründen probabel ist, dass einmal eine tief eingreifende Verabredung stattgefunden hat, wodurch die Märkte und Feste bei Mekka in Beziehung und Folge gebracht sind. Nur dass die Folge so auf den Tag geklappt hat, wie die Tradition behauptet, ist doch nicht recht glaublich.

Die Messe von Ukâtz war nach Agh. 19 75, 10 sq. im Anfang des Dhu lQa'da [2]) und blieb im Gange, mit Kauf und Verkauf, bis zum Eintritt des Hagg; sie wurde betrieben auf einer Strecke von zehn Milien zwischen alTâif und alNachla. Sie bildeten den Höhe-

---

heiligen Zeit, gehalten zu sein: wie in Gurasch, Tabâla (= al'Ablâ Agh. 15 153, 24), Dumat alGandal, so wol auch in Hagar (8 77, 26), Hubâscha, Badr.

[1]) Nab. 23, 14 ss. BHischam 274, 19. Agh. 9 178, 21. 11 79, 13. 80, 2. An den Markt von Dhu lMagâz schloss das Fest von 'Arafa unmittelbar an.

[2]) Hie und da wird gesagt, sie sei in dem (singular.) heiligen Monate gewesen Agh. 18 135, 12. 19 105, 3. Das scheint sorglos ausgedrückt zu sein.

punkt altarabischen Lebens und Treibens. Hier kamen unter dem Schutze des Gottesfriedens die Stämme und Geschlechter zusammen, die sonst nur binnen ihrer eigenen Grenzen Friede und Sicherheit kannten. Internationale, staats- oder völkerrechtliche Geschäfte wurden hier abgemacht, Tribut dargebracht, Waffenruhe für die Dauer einer dürren Zeit oder auch ein Kampf übers Jahr verabredet, Achtserklärung des Geschlechts erlassen gegen einen Übeltäter, für dessen Schulden und Frevel es nicht länger die Verantwortung, anderen Geschlechtern gegenüber, übernehmen wollte[1]). Daneben entwickelte sich ein lebhafter Verkehr zwischen den Einzelnen, in bunter, eigentümlicher Weise, nach allen Richtungen hin. Es war die einzige Gelegenheit, wo die Mitglieder verschiedener Stämme sich furchtlos und frei durch einander bewegen und in Beziehung treten konnten[2]). Händler und Gewerbtreibende, darunter besonders Weinwirte, auch Schmiede und Rossärzte, haben ihre Buden aufgeschlagen; sie bezeichnen ihren Stand durch Abzeichen, und die liederlichen Dirnen machen es ihnen nach. Gefangene werden verkauft oder auch gelöst und frei gebeten, Erkundigungen eingezogen über Verschollene und Vermisste, man beschwört feierlich bei Gott die Wissenden zu sagen was sie wissen, man appellirt an die Freigebigkeit und die Hilfsbereitschaft von Freund und Feind (Ham. 387 s. Agh. 10, 148 s.). Bekanntschaften werden gemacht, Liebschaften angesponnen zwischen Angehörigen verschiedener Stämme, die sich sonst nicht leicht zu sehen kriegen. Eltern bringen ihre Töchter mit auf den Markt, Werbungen werden vorgetragen, Verlobungen geschlossen[3]). Ausserordentliche Zwischenfälle gehören auch mit zur Charakteristik. Der Tamimit Sulaik kam im heiligen Monat nach Ukâtz, lief faselnackt unter der Menge herum und rief: wer mir die Wohnsitze seines Volkes beschreibt, dem beschreibe ich die Wohnsitze meines Volkes. Ein Muradit liess sich anführen und beschrieb ihm genau die Wohnsitze gewisser Familien von Murâd: Sulaik machte ihm dagegen Wind vor, verwertete aber die erlangten geographischen Kenntnisse im

---

[1]) Agh. 4, 136. 10, 12. 14, 39. 19, 76. 78 (Vaqidi 169). 13, 2. Urva b. Mas'ud bot die Leute von Ukâtz gegen Muhammad auf, zur Hilfe von Mekka, aber vergebens (Vaq. 250. Buch. 2, 99).

[2]) Der Hagg war Zahltermin Buch. 2, 276.

[3]) Agh. 8, 80 ss. 9, 82. 10, 145 s. 18, 160 s. 19, 105.

nächsten Jahre durch einen Raubzug in das Gebiet der Murâd (Agh. 18, 135 s.). An Neckereien und Reibungen dieser Art fehlte es in der grossen Versammlung durchaus nicht; die Araber müssten keine Araber sein, wenn es anders gewesen wäre. Der Fagârkrieg zwischen den Havâzin und den Kinâna entstand durch solche Anlässe. Ein Kinanit streckte prahlerisch die Füsse vor sich aus; ein Mann von den Havâzin, den seine Prahlerei ärgerte, hieb ihm das Knie ab. Das war der erste Streich. Dann heftete ein junger Kinanit einer spröden Schönen von den Havâzin die Schleppe unvermerkt an den Rücken, so dass sich ihr Hinterer entblösste als sie aufstand — ein beliebter arabischer Scherz. Endlich bot ein Havazinit seine Schuldforderung an einen Kinaniten, der nicht zahlen wollte, um einen Affen feil (Ham. 443, 6). Zu mehrerer Deutlichkeit, um keinen Zweifel zu lassen was für ein Tier er meinte, wies er dabei einen lebendigen Affen vor, den er mit sich führte; die Kinâna aber nahmen das übel und töteten den Affen. Das schlug dem Fass den Boden aus [1]).

Am meisten wurde die Aufmerksamkeit und die Teilnahme der Menge gefesselt durch wetteifernde Leistungen aller Art, die in Ukâtz zum besten gegeben wurden [2]). Wer sich produciren will, der producirt sich hier. Die Dichter tragen ihre Verse vor, angehende Talente unterwerfen sich dem Urteil eines Meisters [3]). Eine Frau, die Vater und Brüder verloren hat, klagt ihren Jammer in schönen Versen und beansprucht die unglücklichste Frau unter den Arabern zu sein; der Anspruch wird von einer anderen bestritten, die ein grösseres Recht auf jenen Titel zu haben vermeint (Agh. 4, 34). Ehrgeizige grosse Herren verschwenden ihr Vermögen im Traktiren der Menge, um in den Ruf der Freigebigkeit und unerschöpflichen Reichtums zu gelangen. Andere renommiren in anderer Weise; jener Kinanit streckte die Beine vor; ein Quschairit setzte sich selber auf einen Haufen Kleider, den ein anderer als Tribut empfangen hatte, und rief dazu: rühr mich an wer Mut hat! bis er sich plötzlich auf den Rücken gelegt und bei den Füssen heruntergeschleift fühlte (Agh. 4, 136). Das einfachste

---

1) Agh. 19, 74 vgl. Tab. 2, 818.

2) Der technische Ausdruck dafür ist muvâama Agh. 18, 210. 19, 5. 20, 9. 18. Vgl. BHischam 937, 19.

3) Agh. 8, 194. 9, 163. Nab. 10, 3.

und gewöhnlichste Mittel Aufsehen zu erregen ist, dass ein Stamm in möglichst grosser Zahl, ein Fürst mit möglichst stattlichem Gefolge erscheint[1]), damit es heisst: das sind die Matadore der Messe, und alle Welt davon redet. Denn in Ukâtz wird das Renommee festgesetzt. Für Leute, die sich blamirt hatten, war es nicht geraten hier zu erscheinen, wollten sie nicht in die Erde versinken vor Scham über die Schimpf- und Spottlieder, die auf sie herunter hagelten (Hudh. 179, 3). Wer hier gezeichnet wurde, der war gezeichnet für ganz Arabien; auch der Wert der Personen wurde auf diesen Märkten tarifirt (Hamasa 666 v. 3).

Zu den Märkten des Hagg kann man mit gewissem Rechte auch Mekka rechnen. Die Überlieferung schwankt bisweilen, ob sie einen Vorgang, der sich auf einem Mausim zugetragen hat, nach Dhu lMagâz und Ukâtz oder nach Mekka verlegen soll[2]); es hätte hier so gut wie dort sein können, die Gelegenheit war die gleiche. Die Stadt verdankt ihre Entstehung, in einer von kahlen Felsen begrenzten Einöde, ohne Zweifel ihrem Heiligtum, welches seinerseits vielleicht wegen des Brunnens Zamzam an dieser Stelle gegründet ist. Die islamische Tradition macht indessen zu viel aus der Verehrung der Ka'ba durch die heidnischen Araber und wendet dabei zum Teil falsche Mittel an, wenn sie jedes Bait Allah und Rabb alBait auf die Ka'ba deutet und den entferntesten Stämmen den Schwur beim Herrn der Ka'ba in den Mund legt[3]). Immerhin war freilich das alte Haus ein ehrwürdiges und weit und breit geehrtes Heiligtum, von dessen Bedeutung schon der gewaltige Umfang des Haram Zeugnis gibt. Es hatte eine wechselvolle Geschichte hinter sich, mehrere Stämme hatten es nach einander in Besitz gehabt. Die Gurham waren von den Chuzâ'a expropriirt und nach Qanuna in alSarât vertrieben, wo ihre Reste in späterer Zeit wohnten; bei Todesstrafe durfte kein Gurhamit das Haram betreten[4]). Auf die Chuzâ'a folgten die Quraisch, die indessen gegen ihre Vorgänger tolerant waren. Eine

---

[1]) aber ohne Waffen. Die Waffen werden während der Dauer der Märkte und des Hagg irgendwo niedergelegt (Agh. 19, 76).

[2]) Agh. 9, 178. 182. 19, 105.

[3]) Agh. 4, 150. 151 in Prosa. Anders liegt die Sache Nab. 5, 37. Zuh. 14, 6. 16, 16. Ham. 646, 22 in Versen; aber auch hier ist man nicht sicher vor Correcturen.

[4]) Agh. 13, 110. Azraqi 54. Zuhair 16, 16.

alte Beziehung sogar der fernen Kalbiten zu der Ka'ba, die in der Tradition angedeutet wird, scheint durch die Namen Hubal Isaf und Nâila, die sich bei jenem Stamme finden, erwiesen zu werden; ebenso vielleicht eine Beziehung der Chazrag von Medina durch die Namen Isâf und Nahîk. Aber wichtiger als das eigene Heiligtum war auch für Mekka die Nähe des Hagg; mag man die Anziehungskraft der Umra noch so hoch anschlagen, mit der des Hagg kann man sie doch nicht gleichsetzen.

Was hatte nun Mekka voraus, etwa vor Ukâtz? Auch Ukâtz besass sein Heiligtum, wenngleich wie es scheint kein so berühmtes, und die Nähe des Hagg kam der Frequenz in Ukâtz ebenso zu gut wie der Frequenz von Mekka. Aber in Mekka, das ursprünglich auch nur eine Cultusstätte in der Wüste war (Bakri 58), entwickelte sich eine bedeutende Stadt, die übrigen Märkte blieben leere Nester, die sich nur zur Zeit der Messe füllten. Zur Zeit der Messe erstreckte sich das Gedränge in Ukâtz Meilen weit, sonst war es ein toter Flecken. Gerade dadurch freilich war es, als gänzlich neutraler Boden, für den internationalen Verkehr geeigneter als Mekka; niemand war hier Herr im Hause so wie dort die Quraisch, jedermann fühlte sich gleich berechtigt und niemand brauchte sich zu geniren. Das ist aber nur der Ausdruck der gänzlichen Bedeutungslosigkeit von Ukâtz als Gemeinwesen.

Nach dem Verfall des himiaritischen Reichs scheint Mekka die grösste und mächtigte Stadt in Arabien geworden zu sein. Schon vor dem Islam muss der Kalender von Mekka Kurs durch den grössten Teil von Arabien gehabt haben [1]). Der Kampf des Islam um die Herrschaft in Arabien war ein Kampf mit Mekka, mit dem Falle von Mekka war er entschieden, Arabien folgte nach. Unter heiligem Schutze hatte sich hier eine internationale Rechtssicherheit ausgebildet, die unerhört war in Arabien, wo das Recht sonst nicht weiter geht als der Stamm und nur durch Clientel über diese Grenze erweitert werden kann. Kein Fremder brauchte hier einen Pass, keiner bedurfte des Schutzes eines einheimischen Patrons, jeder war in dieser Freistatt Gottes sicher, und wenn ihm Unrecht und Gewalt geschah, so fand er immer jemand, der für ihn eintrat. Es liegt auf der Hand, wie sehr das dem Handel zu

---

[1]) BHischam 31, 2. Vielleicht ist auch die Woche zuerst in Mekka eingeführt BHischam 290, 15 schol. 324, 3.

gut kommen musste, auf dem die Blüte der Stadt beruhte. Seinerseits trug wiederum der Handel, durch die Welt- und Menschenkenntnis, die er mit sich brachte, mächtig zur Hebung der Cultur bei. Unter den bei Baladh. 469 ss. aufgezählten Schreibkundigen aus altarabischer Zeit fällt ein unverhältnismässig hoher Procentsatz auf Mekka. Wir treffen hier eine Fernsicht des Interesses, einen klugen Gemeinsinn wie sonst nirgend in Arabien; im auffallendsten Gegensatz namentlich zu Medina. Obwol auch in Mekka grundsätzlich das Geschlecht autonom war, so geht doch das Interesse der Stadt vor; die Gesamtheit versteht es meisterlich, einen moralischen Druck auf widerspenstige Glieder auszuüben, ohne je blutige Zwangsmittel anzuwenden. Es gibt hier Autorität; einsichtige Geschlechtshäupter haben mehr zu sagen wie gewöhnlich, man spürt etwas von aristokratischer Erbweisheit, wie im alten Rom und in Venedig[1]). Anfänge einer wirklichen städtischen Organisation zeigen sich, klein im Vergleich zu klassischen Analogien, aber sehr bemerkenswert in Arabien.

Die Mekkaner verstanden es aus ihren heiligen Ressourcen weltlichen Gewinn zu ziehen. Das Wichtigste ist, dass sie auch die auswärtigen Märkte ringsum für sich auszunützen wussten. Von den Messen der Nachbarorte schöpften sie das Fett ab. Mina, Maganna, Dhu lMagaz, und nicht zum wenigsten Ukâtz waren gleichsam Aussenstationen des Handels von Mekka. An allen diesen Orten finden wir die Quraischiten, sie hatten das Geschäft in der Hand. Welches Ansehen sie genossen, ersieht man daraus, dass die Waffen, die während der Märkte und des Hagg abgelegt werden mussten, bei einem Quraischiten deponirt zu werden pflegten. Die Havâzin hatten bei der Messe von Ukâtz ihre Waffen dem Abdallah b. Gud'an in Verwahr gegeben, als sie mit den Kinâna in Fehde gerieten; Abdallah rechtfertigte ihr Vertrauen und gab ihnen die Waffen zurück, obgleich sie sie gegen sein eigenes Volk brauchen wollten. Denn die Quraisch gehörten zu Kinâna.

Weder die Ka'ba noch der Hagg haben Mekka gross gemacht, sondern die Quraisch, die es besser als andere verstanden aus ihrem eigenen Quell zu schöpfen und benachbarte Wasser in ihre Kanäle zu leiten. Dozy hat vermutet, dass Mekka eigentlich eine jüdische

---

[1]) Vgl. dagegen Jacob, Studien in arab. Dichtern III (1895) p. 35. 168.

Gründung sei, ohne dafür freilich irgend welche stichhaltige Beweise vorzubringen. Wenn es aber auch ganz sicher ist, dass die Quraisch in Mekka Vorgänger gehabt haben, so ist es doch ihr Verdienst, auf vorhandenen Grundlagen den eigentlichen Bau errichtet zu haben. Die Bedeutung von Mekka war weniger religiöser als politischer Natur, die Stadt zeichnete sich nicht so sehr durch ihre Heiligkeit aus wie durch die Macht und Überlegenheit ihrer Bewohner. Der Einfluss der Quraisch reichte weiter und ging tiefer als die Anziehungskraft der Ka'ba. So war es vor dem Islam, so ist es im Islam geblieben, so lange das Reich ein arabisches Reich war. Die Quraisch hatten schon im Heidentum die Schule durchgemacht, welche sie befähigte, das Regiment über die Araber zu führen in der Zeit als die Araber die Welt beherrschten. Sie hörten damals auf Mekkaner zu sein, aber sie blieben Quraischiten.

Die ursprüngliche Zeit der Feste und der Kalender.

Es ist für die vergleichende Religionswissenschaft nicht unwichtig festzustellen, in welche Zeit des Jahres die Festmonate der Araber gefallen sind. Das führt aber mit Notwendigkeit auf die weitere Frage nach dem arabischen Kalender überhaupt. Die Frage liegt ziemlich einfach und ist nur durch den Staub, den die Gelehrten darüber aufgewirbelt haben, nutzlos verdunkelt worden.

Die Araber haben gewiss ursprünglich in verschiedenen Gegenden verschiedene Kalender gehabt, wie uns denn auch verschiedene Monatsnamen überliefert sind[1]. Aber schon vor dem Islam ist durch den ausgleichenden und einigenden Einfluss des grossen Hagg der mekkanische Kalender wenigstens in dem mittleren Hauptteile von Arabien zur Herrschaft gelangt. Nur dieser

---

[1]) Vgl. Beruni p. 60 ss. Golius ad Alfarag. p. 4: diese systematische Zusammenstellung ist nicht einwandfrei; ich vermute z. B., dass Çuvân weiter nichts ist als Verschreibung von Chauvân. Der Rabî' heisst Chauvân, der Gumada Hinnîn, der Scha'bân Va'il, der DhulQa'da Huvâ'. Hinsichtlich des Nâgir herrscht Zweifel, ob es der Çafar oder Ragab ist. Dieser Monatsname ist noch während des Islam in Gebrauch Agh. 11 106, 5. Alqama 6, 2. Farazdaq 1, 2. Über die sabäischen Monatsnamen s. Mordtmann und Müller, Sabäische Denkmäler p. 51. Ein Appellativ für Monat soll قصبة sein Tab. 2 1464, 2.

mekkanische Kalender soll uns hier beschäftigen, weil wir von ihm allein Näheres wissen. Wenn also im Folgenden von altarabischem Jahr die Rede ist, so ist darunter das altmekkanische Jahr zu verstehen.

Das altarabische Jahr war ein Sonnenjahr, sollte es wenigstens sein. Das versteht sich eigentlich von selber, da es im Begriff der Sache und in der Natur der Dinge liegt; trotzdem sind Beweise nicht überflüssig. Die Monatsnamen sind, soweit sie durchsichtig sind, Jahreszeitsnamen[1]), hergenommen von Hitze, Kälte, Wachstum. Sie decken sogar manchmal zwei Monde, sind also in diesem Falle deutlich nicht von Haus aus auf Monate gemünzt. Das erste Halbjahr hat nur zweimonatliche Monate, wenn wir statt des adjectivischen Epitheton alMuharram den wahren alten Namen Çafar[2]) restituiren: Çafar I und II, Rabîʿ I und II, Gumâdà I und II. Entscheidend ist die Schaltung, die immer und überall nur den Zweck hat, die zwölf Mondumläufe mit dem Erdumlaufe, d. h. mit dem Sonnenjahre auszugleichen. Muhammad führte im Jahre 10 eben dadurch das sogenannte Mondjahr — contradictio in adjecto — ein, dass er die gelegentliche Einfügung eines Schaltmonats als einen willkürlichen Eingriff in die natürliche Gottesordnung verbot.

Muhammad hätte das natürlich nicht tun können, wäre die vorislamische Jahresrechnung fest und vernünftig gewesen. Sie war aber

---

[1]) Es gibt daneben noch andere, umfassendere Jahreszeitnamen, z. B. Çaif Frühsommer, Qaitz Spätsommer, Charîf Herbst, Schitâ Winter. Für Jahreszeit kommt der Ausdruck Façl vor (Agh. 2 22, 3. 6 187, 23).

[2]) Muharram ist appellativisch und bedeutet bloss sacer, auch der Ragab kann so genannt werden und wird so genannt Hamasa 18, 27. 775 v. 5, wo der Gumâda vorangeht. Erst im Islam soll der Çafar I den Namen alMuharram bekommen haben, s. Buchari 2, 257 und Ibn Duraid bei Gauhari s. v. Der hudhailitische Dichter Abu Dhuaib redet von den beiden Monaten des Çafar (Lisan 6, 133), und als Semesteranfang kommt Çafar neben Ragab noch vor in dem Vertrage Muhammads mit den Christen von Nagran (Baladh. 64, 3). Als Jahres- oder Semesteranfang wird Çafar unter Umständen geradezu für Jahr (higga) gesetzt, in den alten Versen BHischam 767, 16 Nab. 11, 1 — geradeso wie Ragab, dem er auch in dieser Beziehung entspricht (Agh. 1 59, 8. Maidani 18, 52). Die muslimischen Gelehrten deuten den alten Sprachgebrauch so, dass in diesem Fall, wenn alMuharram Çafar genannt werde, der erste Monat seines heiligen Charakters beraubt werden sollte. Das sei eben die Schaltung gewesen: sie verstanden nichts von der Schaltung (BHischam p. 30).

in der Tat sehr willkürlich und schwankend. Die Araber verstanden es nicht, Jahr und Monde in das richtige Verhältnis zu setzen; sie fuhren mit ihren Monaten wild durch die Jahreszeiten herum, so dass die Bedeutung ihrer Namen gar nicht mehr zu der Zeit passte, in die sie wirklich zu liegen kamen. Aus gelegentlichen Angaben der Geschichte Muhammads in Medina[1]) erhellt, dass damals das erste Halbjahr im Frühling, das zweite im Herbste begann; wir wissen genau, dass im Jahre 10 der Flucht der 1. Muharram auf den 9. April, der 1. Ragab auf den 3. October fiel. Damit war der ursprüngliche Sachverhalt so ziemlich auf den Kopf gestellt, Gumâdà d. h. der Winter fiel in den heissesten Sommer, und da man fortfuhr mehrere Monatsnamen auch als Jahreszeitsnamen zu gebrauchen, so entstand eine unangenehme Homonymie. Wollte man deutlich sein, so musste man dabei sagen, ob man den Monat oder die Jahreszeit meinte[2]).

Die ursprüngliche Lage der Monate lässt sich am leichtesten bei dem ersten Halbjahre ermitteln, weil hier die Bedeutung der Namen sich am besten erkennen lässt. Für die Jahreszeit Çafar gibt der Lisan 6, 134 reiche Beispiele; es werden Kräuter nach ihr benannt, die darin wachsen, Tiere, die darin geworfen werden, Regen, die darin fallen. Sie fällt in den Herbst[3]). Gumâdà kommt oft in der alten Poesie vor und bezeichnet immer die schlimmste Winterkälte, die teure Zeit, in der die Armen vom Reichen durchgefüttert werden müssen; beliebt ist namentlich die Beschreibung der bösen Nacht im Gumâdà, wenn die Hunde nicht bellen, die Schlangen in ihren Löchern bleiben, die sonst des Nachts unterwegs sind, und der Wanderer sehnlich nach einem gastfreundlichen Feuer ausschaut. Der Rabîʿ fällt nach dem Kalender zwischen

---

[1]) Vgl. Vaqidi 15 ss. Zu den dort gesammelten Daten lässt sich noch hinzufügen das Zusammentreffen von Hudaibia mit dem Tode Chosraus II. 29. Febr. 628 (Nöldeke's Tabari 303 [1]), die Sonnenfinsternis bei Ibrahims Tode, und etwa noch das Fallen des Rabíʿ in die heisse Jahreszeit im Jahre 1 (BHischam 334).

[2]) Vgl. das Scholion zu Hamasa 687 v. 2. Auch Ragab wird, in der Nisba, noch als Jahreszeit gebraucht Hudh. 259, 14 Agh. 14 133, 25, wo die erste Vershälfte nach dem Monac. 470 lauten muss: saqati lkudaida vaman bihi ragabijjatun.

[3]) Nach Doughty 1, 220 folgt es-sferry (الصفرى) auf den Qaitz, entspricht also dem Charîf.

Çafar und Gumada, also in den Spätherbst. Aber gewöhnlich ist der Rabî' die Jahreszeit, wo nach den Herbst- und Winterregen die Steppe grün wird und die Stämme sich auf der Weide zerstreuen, wo die Kamele werfen und die fette Milchzeit angeht[1]). Auf dem Grunde eines etwas unbestimmten Sprachgebrauchs, wonach Rabi' Regen- und Wachszeit überhaupt bedeutet, hat sich eine Differenz ausgebildet, wonach es einen Rabi' im Charif oder im Schitâ (Agh. 18 133, 30 vgl. mit 135, 22) gibt, und einen im Çaif[2]). Vielleicht verteilt sich diese Differenz geographisch. Im Jaman ist Robai die Zeit etwa vom 20. September bis 20. November (Niebuhr, Beschr. von Arabien p. 3. 4). Nach einem Scholion zu Farazdaq (ed. Boucher p. 448 n. 2) fällt der Rabi' im Irâq in den Frühling, im Nagd und Higâz in den Herbst: das kann aber, wie es nach Doughtys Angaben scheint, nur für das südliche Nagd und Higâz gelten[3]).

Jedenfalls ist Çafar Rabî' Gumâdà das Wintersemester. Also fällt das Semester, welches die Monate Ragab Scha'bân Ramadân Schauvâl Dhulqa'da Dhulhigga umfasst, in den Sommer. Das wird dadurch bestätigt, dass Ramadân den Glutmonat bedeutet.

Der Ragab ist also ursprünglich der Monat, der das Sommersemester eröffnet, obgleich er im Jahre 10 der Higra am 3. Oktober begann. Er führt den Beinamen Ragab Mudar, als ob er nur oder hauptsächlich für die Mudar gegolten hätte[4]). Er heisst auch der taubstumme Monat (açamm); die Ursache dieser Bezeichnung

---

[1]) Doughty 1, 218 s. DMZ 1891 p. 175. Die Kamele sind im Gumada hochträchtig „im zehnten Mond" und werfen im Februar (Blunt, Bedouin tribes 2, 166); die Frühlingsfüllen heissen ruba', sie werden den Spätlingen vorgezogen (Arabum Provv. 1, 31). Rabî' und Çaif (Frühsommer) stehn gern zusammen.

[2]) Vgl. Lane unter صيف.

[3]) Rabî' lässt im Arabischen keine Etymologie zu. Im Syrischen entspricht das Wort dem hebräischen Malqosch, dem Frühlingsregen (Hier. 3, 3. Iob 29, 23). In der Causa Causarum ed. Kayser 3, 21 steht aber R'biaja für ein Quartal, das sonst Teschr'jatha genannt wird (193, 3. 4. 248, 8). und die Monate October November und December umfasst. Kayser (Übersetzung p. 4) meint, das sei das vierte Quartal; indessen ist es vielmehr das erste, wenn das Jahr mit dem Herbst beginnt, oder das dritte, wenn es mit dem Frühling beginnt.

[4]) Die Chath'am führten Krieg im heiligen Monat (BHischam 955, 12); sie respectirten auch die Festzeit von 'Arafa nicht.

ist gewiss eher die, dass er Waffenlärm und Kriegsgeschrei nicht hörte (Agh. 10 33,9), als die, dass er, im Gegensatz zum Muharram, sich nie von seiner Stelle verrücken liess, sondern unempfänglich war für die Schaltung, wie eine Schlange taub ist gegen Zauber (Hudh. 220). Gewöhnlich aber wird er schlechtweg alschahr alharâm genannt, der heilige Monat. Die Fehde ruhte darin, man konnte sich aus dem eigenen Stamme herauswagen, und überall sicher reisen. Diese Art und Weise der Heiligung des Monates, durch den Gottesfrieden, wird von der Überlieferung immer so stark und einseitig hervorgerufen, dass der Grund der Heiligung darüber nahezu vergessen wird. Der Grund war ein grosses Fest, das im Ragab an allen heiligen Stätten gefeiert wurde. Die ʿAtâir von Kamelen und Schafen, deren Darbringung bei den Heiligtümern sehr oft erwähnt wird, sollen nach den alten arabischen Philologen schlechthin Ragabopfer sein. Wir haben gesehen, dass auch die Umra zu Mekka bis in den Islam hinein vorzugsweise gern im Ragab begangen wurde. Das taqlîd, d. h. das Zeichnen der zum Heiligtum zu treibenden Festopfertiere, im Ragab wird erwähnt Agh. 14 138,30. Die heilige Zeit begann mit dem Neumond [1]).

Ewald und W. R. Smith haben das Ragabfest mit dem Pascha zusammengestellt, weil auch bei dem arabischen Feste die Erstgeburten geopfert seien [2]). Letzteres lässt sich allerdings aus den überlieferten Angaben nur unvollkommen nachweisen. Aber ein anderes Argument tritt in die Lücke. Das arabische Fest und das hebräische fielen beide in die selbe Zeit, in den Frühling, wo die Kamele und die übrigen Haustiere (Doughty 1, 429) werfen; und wenn bei den Hebräern diese Zeit zugleich der Grund und Anlass des Festes war, das den Dank der Hirten für den Segen der Heerde durch Opferung der Erstlinge zum Ausdruck brachte, so auch bei den Arabern. Dazu kommt, dass das Pascha in der Tat nicht wie die übrigen israelitischen Feste auf dem Ackerbau fusst, sondern in die Wüste zurückreicht. Später hat sich das Fest, wie es zu

---

[1]) BHischam 424 s. Agh. 16, 98; vgl. Nâçiri Chosr. 65. Acht Tage des Ragab Ham. 698, 18; acht Tage des Hagg Agh. 1, 127 s.; acht Tage der Messe zu Badr im Dhulqaʿda Vaqidi 167.

[2]) Ewald, Ztsch. für die Kunde des Morgenlandes 1840 p. 419; W. R. Smith a. O. p. 227 s.

gehen pflegt, mehr und mehr von seinem natürlichen Anlasse gelöst. Bei den Israeliten traten Opfertiere aller Art an Stelle der charakteristischen Erstgeburten. Bei den Arabern scheint das ebenfalls geschehen zu sein; bei ihnen entfernte sich auch die Festzeit schliesslich von Frühling.

Dem Ragab an der Spitze des Sommersemesters steht der Çafar I, das ist der Muharram, an der Spitze des Wintersemesters gegenüber. Çafar-Muharram eröffnet als der erste Monat das Jahr, und auch dadurch bestätigt es sich, dass er eigentlich in den Herbst gehört: denn das Jahr beginnt für die Araber wie für die alten Hebräer und Aramäer im Herbst[1]). Auffallend ist nun, dass der Muharram nicht wie der Ragab allein steht (alfard), sondern mit den beiden vorhergehenden Monaten, dem elften und zwölften, zu einem ganzen heiligen Quartal zusammengefasst wird. Der Muharram selber wird durch diese Verbindung vollkommen in den Schatten gedrängt. Er wird zwar heilig gehalten, aber der Grund seiner Heilighaltung fällt fort, dadurch dass die Hauptfeier nicht in ihn, sondern in den vorhergehenden Monat zu liegen kommt. Es ist ganz unnatürlich, dass alMuharram und Dhu lHigga, das heisst der geweihte Monat und der Festmonat, sich nicht decken, sondern auseinander fallen. Man hat denn auch noch Spuren davon, dass der Çafar-Muharram der Festmonat war. Mas'ûdi sagt in einer sehr merkwürdigen Stelle (3, 417): „Çafar hatte seinen Namen wegen der Märkte in Jaman, welche alÇafarija heissen[2]); die Araber holten sich dort ihr Korn, und wer dahinten blieb, kam vor Hunger um“. Märkte folgen den Festen und Festorten; wenn Çafar der Monat der Märkte ist, so ist es auch der Monat der Feste. Er entspricht dem Tisri, d. h. demjenigen Monat, in welchem auch in Kanaan der Hagg begangen wird. Bekanntlich ist in der historischen Literatur des Alten Testaments der Name Hagg auf das Herbstfest beschränkt, bei dem zuerst die Wallfahrten nach einem grossen Centralheiligtum aufgekommen zu sein scheinen; sonderbar, dass dieser exochische Gebrauch des Namens Hagg vom Herbstfest sich auch in Arabien wieder findet.

---

[1]) Der Frühlingsregen heisst der Nachregen (malqôsch); er folgt auf den Herbstregen. Nach Palgrave (Travels 1, 84) beginnt jetzt das neue Jahr mit der Dattelernte.

[2]) Darnach scheint es, dass der Çafar ein Çafar alJaman war, in dem Sinne wie der Ragab ein Ragab Mudar.

Mir scheint, dass das heilige Trimester sich aus dem ursprünglich einen heiligen Monat entwickelt hat, der ebenso an der Spitze des ersten Halbjahrs stand wie der Ragab an der Spitze des zweiten [1]). Wie man sich diese Entwicklung vorstellen kann, darüber will ich wenigstens eine Vermutung wagen. Durch die Zersplitterung des Kalenders, durch die locale Verschiedenheit, die bei der Einlegung eines Schaltmonates herrschte, konnte es dahin kommen, dass der Anfang des Jahres und die Lage der Monate an verschiedenen Orten um eine oder zwei Lunationen differirten — die Differenz bewegte sich immer in Lunationen, weil nur ganze Lunationen eingeschaltet wurden und künstliche Monate unbekannt waren. Was in Ukatz oder in ʿArafa-Mina schon erster Monat des neuen Jahres war, konnte auf diese Weise in Mekka noch 11. oder 12. des alten sein. Als nun hernach durch den Einfluss der Mekkaner eine Einigung des Kalenders zu stande kam, führte man zwar eine gleichmässige Benennung der Monate herbei, so dass was in Mekka Dhu lQaʿda war, auch sonst so genannt wurde, änderte aber nichts an der wirklichen Zeit der Märkte und des Hagg. Die Araber hatten sich daran gewöhnt, dieselben hinter einander mitmachen zu können, und die Mekkaner sahen in dieser Einrichtung ihren Vorteil. Im Ragab gab es keinen Markt und keinen Hagg, den alle zusammen an einer Stelle mitmachen wollten; der Ragab wurde daheim gefeiert oder an einem benachbarten Heiligtum; ihn zu verdoppeln war kein Anlass. Im Übrigen war freilich der Ragab während der heidnischen Zeit weit bedeutender als Dhu lQaʿda, Dhu lHigga, alMuharram. In den Liedern und in der alten epischen Prosa kommen die heiligen Monate kaum vor, sondern immer nur der heilige Monat — womit freilich auch wol einmal der Dhu lHigga oder der Muharram gemeint sein könnte.

Nach Epiphanius Haer. 51 § 24 fällt der arabische Festmonat Αγγαθαλβαειθ [2]) zusammen mit dem Apelläus oder dem Marchesvan d. i. Tisri II (Oktober November). Von zwei grossen Festzeiten der Araber hören wir zuerst aus dem sechsten Jahrhundert. Bei Prokop

---

[1]) Die Habaât, Leute, die unter den Ghatafân und Qais berühmt waren, sollen acht heilige Monate gehabt haben, welche basl hiessen.

[2]) Statt Αγ (Tisri I) im Kalender von Heliopolis ist Αγα zu lesen, denn alle übrigen Namen sind aramäisch, auch Γελων, welches Nöldeke in Χεσλων verbessert (DMZ 1887 p. 716). Die Femininform חגת findet sich auch Aboda zara 11b und in dem Monatsnamen Dhu lHigga.

(Pers. II 16) sagt Belisar, während der τροπαὶ θεριναὶ mache Alamundaros keinen Einfall: ταύτης τῆς ὥρας δύο μάλιστα μῆνας ἀνάθημα τῷ σφετέρῳ θεῷ Σαρακηνοὺς ἐς ἀεὶ φέροντας ἐν ταύτῃ ἐπιδρομῇ τινι οὔποτε χρῆσθαι εἰς γῆν ἀλλοτρίαν. Aus Nonnosus teilt Photius mit (Bibl. cod. 3): Ὅτι τῶν Σαρακηνῶν οἱ πλεῖστοι, οἵ τε ἐν τῷ Φοινικῶνι καὶ οἱ τοῦ Φοινικῶνος καὶ τῶν ὀνομαζομένων Ταυρηνῶν ὀρῶν ἐπέκεινα, ἱερόν τι χωρίον νομίζουσιν ὁτῳδὴ θεῶν ἀνειμένον, καὶ ἐνταῦθα συλλέγονται κατ' ἐνιαυτὸν ἕκαστον δίς· ὧν τὴν μὲν τῶν πανηγύρεων αὐτῶν μὴν ὅλος μετρεῖ παρατείνων, σχεδόν που τοῦ ἔαρος κατὰ τὸ μέσον τελουμένην, ὅτε τὸν ταῦρον ὁ ἥλιος ἐπιπορεύεται· ἡ δὲ ἑτέρα πανήγυρις δυσὶ μησὶ παρατείνεται. Μετὰ θερινὰς τροπὰς ἄγουσι ταύτην. Ἐν ταύταις, φησὶ, ταῖς πανηγύρεσιν πᾶσαν ἄγουσιν εἰρήνην, οὐ πρὸς ἀλλήλους μόνον, ἀλλὰ καὶ πρὸς ἅπαντας τοὺς ἐνδημοῦντας ἀνθρώπους· φασὶ δὲ ὅτι καὶ τὰ θηρία πρὸς τοὺς ἀνθρώπους, οὐ μόνον δὲ ἀλλὰ καὶ αὐτὰ πρὸς ἄλληλα. Man ist geneigt, den einzelnen heiligen Monat im Frühling mit dem Ragab, den Doppelmonat im Mittsommer mit dem späteren heiligen Trimester, das sich dann also erst allmählich ausgebildet hätte, gleich zu setzen. Es steht dem nur im Wege, dass schon am Anfange des siebten Jahrhunderts der Ragab in den Herbst, der Çafar in den Frühling sich verlegt hatten.

Einrichtungen und Bräuche des Cultus.

Das Meiste von dem, was hier behandelt werden soll, ist bereits im Vorhergehenden berührt. Eine zusammenhangende Darstellung ist aber darum doch nicht überflüssig; der Zusammenhang dient dazu, die Einzelheiten in das richtige Licht zu setzen.

Zubehör der Cultusstätte.

Die Araber verehren den Stein, sagt Clemens von Alexandria. Der Stein ist das notwendige und das am meisten charakteristische Zeichen der arabischen Cultusstätte. Der Name nuçb nuçub (Plural ançâb) oder mançab (Zuh. 10, 24) entspricht dem hebräischen maççeba (für mançeba). Der Nuçb dient als Altar, das Opferblut wird darauf gestrichen; daher heisst er gharî. Er ist aber mehr als Altar, er repräsentirt die Gottheit, und zwar jede beliebige männliche oder weibliche Gottheit, nicht nur eine einzige, bestimmte, identische. Er ist also etwas spezifisch Heidnisches, darum hat der Islam sowol ihn selber als auch die Sitte des Blutstreichens verboten und abgeschafft. Sehr häufig stehn mehrere Ançâb an einer und der selben Cultusstätte, auch wenn dort, wie in der Regel, nur eine einzige Gottheit verehrt wird. Nicht selten wird dann das singularische Idol von den pluralischen Steinen unterschieden. Man schwört „bei den Ançâb, die um den und den Götzen herumstehen". Bei Herodot 3, 8 sind der Steine sieben. In der Erzählung des Nilus über seinen Sohn Theodulus dienen zusammengetragene Steine den Saracenen als Altar.

Die Stämme der Araber wandern, aber nicht ihre Heiligtümer[1]). Die Steine werden nicht im Lager mit herumgeschleppt, wie die Lade Jahves, sondern sie stehen fest an Ort und Stelle. Zum Teil sind sie sehr gross, wahre Felsblöcke, wie alFals alGalsad und Sa'd. Manche sind etwas bearbeitet, indem einer natürlichen Ähnlichkeit, etwa mit einem Menschenhaupte, durch Kunst nachgeholfen ist, wie DhulChalaça und alGalsad. Sie machen den Übergang zu eigentlichen Bildern. Diese hat man von den Steinen wol zu unterscheiden; sogar die religionsgeschichtliche Theorie der Muslime erkennt den Unterschied an und handhabt ihn. Die Bilder sind nichts echt Arabisches; vathan und çanam[2]) sind importirte Worte und importirte Dinge. Vadd zu Dumat alGandal, und Hubal zu Mekka sind bekannte Beispiele. Kleider und Schwerter führen nicht notwendig auf die Vorstellung von Bildern, sie können auch um einfache Steine gehängt werden so gut wie an Bäume. Den Gottesbildern entsprechen die Gotteshäuser, sie fehlen im alten Arabien fast durchaus, die Ka'ba von Mekka ist das einzige sichere Beispiel. Mauerwerke wie die Gharîjân bei Hira kommen vor, sie haben aber keinen Innenraum und sind weiter nichts als grosse und künstlich gearbeitete Ançâb. Dahin gehören vielleicht

---

[1]) Es gibt allerdings transportable Heiligtümer für den Krieg. Zuweilen ist ein heiliges Kamel oder ein Mädchen, das darauf sitzt, die Standarte, die wütend verteidigt wird, wie in der Kamelschlacht A. H. 36. Vgl. Maid. 25, 82 zu زوبر.

[2]) Über die Bedeutung BHischam 50, 16 scholion, ganz anders wie Jaqut 4 914, 9 ss. Häufig wird besonders çanam auch in einem ganz allgemeinen Sinne angewandt = Götze. Vgl. Fränkel, Aram. Fremdwörter p. 273.

auch die âdischen, d. h. uralten und nicht mehr zum Opferdienst benutzten Batîle, die bei Jaqut 1, 490. Hamd. 140 als hohe viereckige Türme beschrieben werden.

Öfters findet sich bei oder unter dem Götzensteine, bez. dem Götzenbilde, eine Höhle, Ghabghab oder ʿAbʿab genannt. So in alTâif bei alLât, in alNachla bei alUzza, in Mekka bei Hubal innerhalb der Kaʿba. Dahinein wird geschlachtet, d. h. das Blut geschüttet; es werden aber auch Weihgeschenke hineingeworfen und dort aufgehoben: daher der Name chizâna, Schatzhöhle[1]). Ähnliche Einrichtungen finden sich auch ausserhalb Arabiens. Unter dem Tempel von Hierapolis war eine Höhle mit sehr kleiner Mündung, bei der Sisythos einen Altar errichtet hatte, weil das Wasser der Sündflut darin verschwunden war; zum Andenken daran wurde noch später jährlich zwei mal Wasser vom Meer geholt und in die Öffnung geschüttet, ganz Syrien und Arabien beteiligte sich daran (Dea Syria § 13). Zu Jerusalem floss das Opferblut in eine Höhle unter dem Brandopferaltar; das Wasser der Sündflut war allerdings nicht durch diesen „Brunnen der grossen Tiefe“ abgezogen, sondern durch eine Öffnung im Innern des Tempels, die darauf mit dem bekannten Grundstein, der אבן השתיא, geschlossen wurde. Schauer umschwebte auch den arabischen Ghabghab, wie wir aus der Geschichte von der Zerstörung des Heiligtums der Thaqîf erfahren: der ortskundige Mughira liess sich aber dadurch nicht abhalten seinen Auftrag zu vollziehen. Als er den Grund bis zur Tiefe eines halben Klafters aufgegraben hatte, gelangte er an den Schatz der Rabba und holte daraus ihre Kleider und Juwelen und Weihrauch und Silber und Gold hervor.

In der Kaʿba zu Mekka wird der Ghabghab Brunnen genannt[2]). Umgekehrt ist ebendaselbst ein wirklicher Brunnen als Ghabghab benutzt worden, wenn es richtig ist, dass sich Weihgeschenke im Zamzam vorfanden, die man bei einer Restauration herausholte. Vielleicht ist also der Ghabghab in der Tat eigentlich ein Brunnen. Der Zusammenhang mit der unterirdischen Flut wird ja auch in Hierapolis hervorgehoben.

---

[1]) Jaq. 3, 772. Tabari 1, 1075. BHischam 55, 7 s. 73, 2 schol. Agh. 13 109, 10 ss., 122, 29. Hamasa 486, 18. Vaq. 385. Maid. 10, 62. Lisân 2, 128 s.

[2]) ابتأر, von بئر abgeleitet, ist gleich ادّخر Buch. 4, 104. 243.

Zum Steine, der bei der Cultusstätte nicht fehlen darf, kommen manchmal noch Wasser und Baum hinzu, wenngleich nicht als notwendige Erfordernisse. Überall wo eine menschliche Niederlassung sich bei dem Heiligtum befindet, da muss auch Wasser sein. Bezeugt findet es sich bei der Ka'ba (Zamzam), bei dem Heiligtum des Dhu lSchara im Gebiet der Daus, ferner in Qudaid oder in alMuschallal, wo Manât ihren Sitz hatte, in Buss, wo die Uzza der Ghatafan wohnte, in Vagg, dem heiligen Bezirke von alTâif, in Ruhât, einem Heiligtum der Sulaim[1]). In der Regel liegen die Wasserstellen am Fuss eines Berges oder eines Felsen.

Als die Muslime auf dem Wege nach Hunain an einem grossen grünen Baume vorüber kamen, baten sie den Boten Gottes, er möge ihnen den zu einer Dhât Anvât machen, wie sie die Quraisch hätten; denn diese verehrten einen solchen Baum, feierten ihm alle Jahre ein Fest und hängten ihre Waffen daran auf. Dhât Anvât ist kein Eigenname, sondern ein indeterminirtes Appellativ und bedeutet einen Baum zum Aufhängen von allerhand Weihgaben, Waffen, Kleidern, Straussenelern und anderem Flitter[2]). Aus dieser Erzählung des Hadith erhellt die Neigung der Araber zur Verehrung von Bäumen, die zum Schrecken Muhammads auch bei den Muslimen eingewurzelt blieb. „Wir beteten vordem Steine und Bäume an“, sagte alMughîra zu Rustam, als er ihm den Unterschied von Einst und Jetzt auseinandersetzte. In Nagrân wurde eine Dattelpalme verehrt, bis durch den christlichen Sklaven Phemion das Christentum eindrang. Die Uzza von alNachla wohnte in einer Gruppe von drei Samurabäumen, genauer in einem Baume der Gruppe, den man aber nicht anzugeben wusste, wie die Geschichte von der Zerstörung ihres Heiligtums durch Chalid lehrt. Viele heilige Samura-, Sarha- und Salamabüsche, besonders auf dem Wege zwischen Medina und Mekka, wurden dadurch in den Islam hinüber gerettet, dass Muhammad bei ihnen gerastet und gebetet, oder sein geschorenes Haar auf sie geworfen haben sollte; der berühmte Baum der Huldigung von Hudaibia ward später zu einem Betplatze[3]). Auch in den eroberten Ländern

---

[1]) Ibn Sa'd (Skizzen 4) § 94.

[2]) Ein albernes Misverständnis (Jaqut 1, 393) macht aus dem Baum einen Kleiderständer für die Heiden, die nackt den Umlauf um die Ka'ba verrrichteten. Vgl. Azraqi 83, wo l. 8 ridâ zu lesen ist für zâd.

[3]) Buch. 1, 68 s. 3, 36 s. Vaq. 259. 424 s. Jaq. 3, 260 s. Auf die Beziehung

wurden die heiligen Bäume von den Muslimen übernommen, dadurch dass sie ihnen eine Beziehung zu einem islamischen Heiligen unterlegten. Von den überaus zahlreichen Beispielen sei nur das eine angeführt, dass der heilige Baum der Moschee von Qazvîn erwachsen war aus dem Zahnstocher des Rabi' b. Chuthaim, der die Stadt eingenommen und die Moschee gegründet hatte (Baladh. 322). Einzelne Species, die von den Arabern für besonders dämonisch gehalten wurden, waren die Alâa, die Hamâta und die 'Uschra.

Wol alle Opferstätten waren von einem geweihten Bezirke, einem Temenos, umgeben, welcher gewöhnlich Himà, seltener Haram oder Mahgar genannt wird[1]). Die Heiligkeit eines solchen Bezirkes ist nicht erst abgeleitet von der Opferstätte, die darin liegt, sie haftet ursprünglich an ihm. Das Hima hebt sich häufig, aber nicht immer, durch Bewässerung und Vegetation, oder durch abgeschlossene Lage, oder durch andere natürliche Eigenschaften gegen die Umgebung ab und sondert sich von ihr. Beispiele sind der Hain der Uzza in dem Sacktal von Sukâm, das Hima des Dhu lSchara mit einem Wasserquell unter einem Felsen, das der Lât in dem reich bewässerten fruchtbaren Tale von Vagg, das Gebüsch bei den Ançâb Hudh. 142, 4, der Palmenhain des Agatharchides. In dem Artikel über Dhu lSchara (p. 51) habe ich die Vermutung zu begründen gesucht, dass auch Schara der Name einer solchen heiligen Wildnis ist. Bemerkenswert ist noch, dass an der Grenze des heiligen Bezirks Steine aufgestellt sind, die den selben Namen führen wie die Opfersteine, nämlich Nuçb; ja sie heissen sogar Gharî (Jaqut 3 790, 15). Gharî ist unmöglich, wie Jaqut will, einfach so viel wie Chaiâl, d. h. ein Popanz oder wie wir sagen würden ein Strohwisch für eine Schonung; es ist notwendigerweise das was es bedeutet, nämlich ein blutbestrichener Opferstein. Es ist also möglich, dass die Ançâb des Haram ursprünglich heilige Steine waren. Das wäre ein Hinweis auf die

der Ginn zu Pflanzen und Bäumen werden wir später zurückkommen; ein Baum kündete dem Propheten bei seiner Rückkehr von Tâif nach Mekka den Besuch der Ginn an, die bei ihm Qurân zu hören wünschten (Buch. 2, 260). Über heilige Büsche im jetzigen Arabien vgl. Doughty 1, 365; besonders interessant ist die Angabe, dass Nägel darin eingeschlagen werden, wie in den bekannten Stock zu Wien.

[1]) Tarafa 14, 8. Tab. 1, 2004. Bakri 54, 21.

durchgehende und allgemeine Heiligkeit des Bodens. Das Tal von Vagg wird Agh. 4, 75, 18s. dhât andâd „voll heidnischer Skandala“ genannt; es scheint also auch hier mehrere Cultusstätten gegeben zu haben und die Heiligkeit über das ganze Temenos ausgebreitet gewesen zu sein.

Die Gründe, denen ein Hima seine Entstehung verdankt, liegen natürlich im Dunkel. Im Alten Testament offenbart gewöhnlich eine Theophanie die Heiligkeit des Bodens; damit ist für uns nicht viel gewonnen. Bei den Arabern gibt wol auch ein Grab Anlass zur Anlage eines Hima mit umgebenden Steinen, z. B. das Grab des Amir b. alTufail. Man muss vor allem festhalten, dass das Hima nicht erst mit dem Cultus entsteht, sondern vor und ohne Cultus da ist. Es wohnt dort ursprünglich gar nicht ein benannter Gott, der einen Cultus und einen Kreis von Verehrern hat, sondern das unbestimmte und unbenannte Göttliche, die Ginn. Sie hausen in Höhlen, Bergen und Tälern, Bäumen, Wassern und wilden Tieren, und das Alles macht den Bestand eines Hima aus, namentlich der Baum und das Hima gehören eng zusammen. Der ursprüngliche Begriff des Hima hat sich bis auf die Gegenwart erhalten in dem Manhal alMalâika, dem Ort wo die Engel Einkehr halten[1]), dessen Mittelpunkt gewöhnlich ein Baum oder ein Hain ist. Es ist nach Doughtys treffendem Ausdruck die „Wunschstätte“ der Beduinen, die Stelle wo sie opfern, um ihre Bitten vorzubringen oder im Schlafe Traumoffenbarungen (besonders Recepte gegen Krankheiten) zu erhalten.

Binnen des Temenos darf kein Baum oder Strauch abgehauen, kein Blut vergossen, kein Wild gejagt wurden[2]). Beliebt waren besonders Gazellen in dem geweihten Bezirk. Marʿalqais gedenkt der Gazellen von Tabâla, und noch im Islam geschieht der zahmen Gazellen von Mekka Erwähnung. Reissende Tiere geniessen jedoch keine Sicherheit im Haram, fünf Arten derselben, die getötet werden dürfen, werden Buch. 2, 112s. aufgezählt. Im Islam werden auch Verbrecher von dem Gottesfrieden ausgeschlossen, doch

---

[1]) Doughty 1, 448 ss. Daraus corrumpirt Manher.

[2]) Vaqidi 338. 385. Baladh. 42 s., vgl. W. R. Smith a. O. p. 142. Was im Haram nicht geschehen durfte, war auch auf der Wallfahrt während des Ihram untersagt. Nur fischen durfte man, Fische gab es im Haram nicht. Die Irakier, die sich nicht scheuten den Enkel des Propheten umzubringen, trugen Bedenken während des Ihram eine Fliege zu töten (Buch. 2, 248).

war das früher nicht immer die Regel (Tab. 1, 1932). Hinrichtungen finden ausserhalb des Harams statt (BHischam 641).

In dem Hima des Galsad und des Fals weideten die Kamele des Gottes. Das Vieh, welches sich dorthin verlief, verfiel zu seinen Gunsten. Ähnlich im Hima von Gurasch (BHischam 955). Diejenigen Kamele, welche nicht geopfert, sondern nur geweiht wurden und dann frei und jeder Leistungspflicht ledig waren, vermehrten vermutlich die Heerde des Gottes auf einer heiligen Weide. Ein alter Vers bei BHischam 58, 20 lautet: „die schielenden Vaçâil in Schuraif gehören ihm (d. i. dem Gotte), und die Hâmijât und die Sujjab“ [1]). Schuraif ist ein berühmtes Hima: darin weiden also jene Kamele haufenweise. Dass die geweihten Kamele wilde Heerden bildeten, ersieht man noch aus einem anderen kurz vorher von BHischam (58,18) angeführten Verse: „dort macht der wilde Esel seine Sprünge, wie der dijâfische Hengst unter einem Haufen von Buhur“ [2]).

Ursprünglich hatte wol nur die Gottheit eine Privatweide; sonst gab es nur einen Stammbesitz, aber keinen Privatbesitz an der Weide. Aber schon in früher Zeit wurde dann das Hima der Gottheit das Vorbild für den König oder den Fürsten, um sich gleicherweise ein begrenztes Stück Weide zu seinem ausschliesslichen Gebrauch zu reserviren. Freilich galt das den Stammgenossen leicht als Überhebung, und sie fühlten sich dadurch herausgefordert. Eine solche reservirte Weide, die nicht Besitz des Stammes, sondern eines einzelnen hochstehenden Mannes war, wurde nun auch Hima genannt; kein fremdes Vieh durfte darauf gehen, kein Vogel darin gescheucht werden. „Jeder König hat sein Hima“, sagte Muhammad [3]). Er selber gewann sich die Herzen mancher Häuptlinge dadurch, dass er ihre angefochtenen Ansprüche auf irgend welche Reviere bestätigte [4]). Es ist möglich, dass auf diese Weise manche Himas aus dem Besitz der Götter in den der Fürsten

---

[1]) Man muss hûlu lesen für haula, und haqquhu für hiqqatun. Ebenso in dem zweiten Verse dijâfij für rijâfij — s. die kritischen Amerkungen Wüstenfelds.

[2]) Buhur ist auch ein Name für geweihte Kamele.

[3]) „Jeder König hat sein Hima, und das Hima Allahs ist das Bereich dessen, was er zu übertreten verboten hat.“ Vaq. 108. Buch. 1, 11.

[4]) Nicht wenige Beispiele dafür finden sich bei Ibn Saʿd über die Schreiben Muhammads und die Gesandtschaften an ihn.

übergingen. Jedenfalls fand ein Säcularisirungsprocess der Himas statt, der schon vor dem Islam eintrat; nicht immer aber wurden die heiligen Weiden Eigentum eines Einzelnen, sondern auch eines Stammes (Nabigha 2, 2, Agh. 11 55, 11), oder sie dienten als neutraler Boden zum friedlichen Sammelplatz der verschiedensten Stämme[1]). Durch den Islam wurde diese Säcularisirung begünstigt und vollendet. Allah galt als der Rechtsnachfolger der Götzen, die Himas wurden Staatsweiden für die im Kriege benötigten Kamele und Pferde der Muslimen. Zu den vorhandenen Himas die verstaatlicht wurden kamen unter den ersten Chalifen freilich noch manche hinzu, die neu angelegt wurden, z. B. auf Grund und Boden, der den abtrünnigen Stämmen der Araber nach ihrer Niederwerfung abgenommen war[2]). Grundsätzlich galt: es gibt kein Hima, ausser für Allah und seinen Boten (Buch 2, 140). In der Tat aber war Mohammad zu politisch, um nicht Ausnahmen zuzulassen. So gab er den Thaqif das Hima von Tâif und den Bewohnern von Gurasch das von Gurasch[3]).

Privatbesitz an Gärten, Äckern, Brunnen und Häusern gab es von jeher. Die Cultivirung verlieh das Besitzrecht. Wer ein Stück Land eingefriedigt und urbar gemacht hatte, dem gehörte es. Unter den Umaijiden nahm die Anlage von Landgütern, namentlich in der Gegend von Medina einen grossen Umfang an; aber sie begann schon früher. Und auch diesem Fortschritt der Cultur fielen zum Teil die Himas zum Opfer, wenn sie auf wasserreichem fruchtbaren Boden lagen. Der Quraischit Harb b. Umaija und der Sulaimit Mirdâs verbrannten den von Menschen bis dahin unberührten Wald von alQuraija, um das Land urbar zu machen; wimmernd und wehklagend flogen weisse Schlangen aus dem

---

[1]) So namentlich das Hima von Schuraif (Darîja), der klassische Boden für zärtliche Verhältnisse zwischen Liebenden, die sonst durch Land und Volk weit getrennt sind. Das Haram von Jamâma war im Jahre 11 der Higra von einer Räuberbande zum Asyl erkoren, Musailima gestattete nicht sie dort zu belästigen (Tab. 1, 1932).

[2]) So Rabadha, neben Schuraif später das berühmteste Hima (Tab. 1, 1879). Über die Ahmâ Umars s. Buch. 2, 147, über die Uthmâns Agh. 6 60, 1.

[3]) Ibn Sa'd § 21. 121 (Skizzen 4, 108. 176). BH. 955. There are circuits of the common soil about the desert villages where no nomads may drive their cattle upon pain of being accused to the Emir: such township rights are called h'má (Doughty 2, 245).

Brande. Von befangenen Gemütern wurde das als Frevel empfunden; die Urheber büssten ihn mit schnellem Tode (Agh. 6, 92s). Noch aus der Gegenwart erzählt Doughty (1, 136) eine ähnliche Geschichte. One of the Fehjies enclosed some soil at elHejr. He digged a well and planted palms and sowed corn. The harvest was much, but his fatal day overtook him in the midst of this fair beginning[1]). Vgl. Maid. 22, 66.

Der Umlauf und was damit zusammenhängt.

Man erzeigt den Göttern seine Verehrung dadurch, dass man sie küsst. Das Alter und die Verbreitung der Sitte wird durch Ose. 13. 2. 1 Reg. 19, 18 erwiesen; in Arabien wird sie, soviel ich weiss, nur vom schwarzen Steine bezeugt. „Hätte ich nicht gesehen, dass der Prophet dich küsste, so würde ich dich nimmermehr küssen“ — mit diesen Worten fügte sich der Chalif Umar dem heidnischen Brauche (Buch. 1, 211). Weit allgemeiner wurde der verwandte Brauch geübt, die Idole zu streicheln, mit der Hand über sie hinzufahren[2]). Das war die gewöhnliche Weise, wie man die Hausgötter beim Eingang und Ausgang zu begrüssen pflegte (Vaqidi p. 350). Bei der Ka'ba geschah die Berührung wol auch mit einem Stocke, wenn man ritt und vom Kamele aus mit der Hand nicht anreichen konnte (Buch 1, 66). Man presst sich auch an die Mauer der Ka'ba und klammert sich an ihren Behang[3]); der Zweck ist immer der gleiche, sich in möglichst innige, unmittelbare Berührung mit dem Göttlichen zu setzen (taqarrub, izdilâf). Den selben Zweck hat das Anfassen heiliger Personen: die Heiligkeit soll durch Contagium übergehen.

Das wichtigste Stück des arabischen Cultus ist der Umgang um das Heiligtum[4]), wobei sich Männer und Weiber beteiligten

---

[1]) Während die Weide Eigentum des Stammes ist, gilt auch jetzt noch immer der Grundsatz, dass der Einzelne durch Cultivirung eines Stück Landes Besitzrecht daran erwirbt.

[2]) Küssen und Streicheln (tamassuh) werden in Mekka unter dem gemeinsamen Namen istil'âm zusammengefasst.

[3]) so wie sich der Schutzflehende an die Kleider dessen hängt, bei dem er Schutz sucht (Agh. 10, 35. 11, 153. 15, 117). Man fasst auch den Ring an der Tür der Ka'ba (Tab. 1, 940).

[4]) Bei Nilus wird der Umlauf um das Opfertier gemacht; vielleicht nach dem Vuqûf.

(Mrlq. 48, 58). Der Hagg hat daher den Namen; denn wie das Hebräische und das Aramäische lehrt, bedeutet חג eigentlich den heiligen Reigen[1]). Auch im Arabischen hat sich diese ursprüngliche Bedeutung noch nicht ganz verloren, das Verbum hat hier noch oft den Stein oder das Haus zum transitiven Objekt. Gewöhnlich heisst indessen der Umlauf Tavâf; darin kann auch der Saʿi, die Procession zwischen zwei Heiligtümern, einbegriffen werden. Von der Sitte des Umkreisens wird der heilige Stein selber Davâr, Gegenstand des Umkreisens, genannt[2]). Es kommt vor, dass man den Umlauf barfuss verrichtet und die Schuhe in der Hand trägt (BHischam 884, 4 vgl. Exod. 3, 5). Im Heidentum verrichtete man ihn aber auch vielfach ganz nackt. Die Sitte wird bezeugt durch Sur. 7, 26. 29, und zwar nicht allein für die Kaʿba (BH. 921), sondern für die Heiligtümer insgemein. Nach Buch. 1, 218. Azr. 121 mussten die auswärtigen Besucher der Kaʿba sich Zeug von den Hums leihen; wenn sie das nicht konnten, mussten sie den Umlauf nackt machen; ihr eigenes Zeug durften sie auf keinen Fall anbehalten. Darnach wäre das Ablegen der Kleider nur ein Notbehelf für das Wechseln der Kleider, das wir schon bei alGalsad kennen gelernt haben; wahrscheinlich hängt es jedoch mit irgend welchem Zauber zusammen, wie wir später sehen werden.

Das obligate Jauchzen beim Besuch des Heiligtum heisst הלל; wie im Hebräischen, so auch im Arabischen. Es muss in beiden Sprachen die gleiche Etymologie haben und kann darum nicht von dem spezifisch arabischen Hilâl, Neumond, abgeleitet werden; dafür ist auch die Bedeutung zu allgemein[3]). Das Tahlil besteht

---

[1]) Vgl. hebräisch חוג, aramäisch חינגא. Letzteres Wort will freilich Nöldeke (DMZ 1887 p. 719) von חנא trennen, aber gewiss mit Unrecht. Das Pael חגג ist deutlich denominativ, das Peal bedeutet etwas ganz anderes.

[2]) In dem Verse bei W. R. Smith, Religion 1889 p. 221 n. 3, wird Davâr als Fest erklärt.

[3]) Als Denominativ bedeutet ahalla intrans. das Eintreten des Neumondes (daher die dunkle Nacht Mrlq. 43, 1), transit. das Beobachten desselben (Buch. 1 204, 3). Sonst ist es nicht denominativ. Im zehnten Stamme steht es vom Aufleuchten des Lichtes, vom Hellwerden des Gesichtes, vom Losplatzen der Regenwolke, vom ersten Schreien des Kindes, vom Ausbrechen in Weinen und in Jubel. Vom Hallelujasingen wird es im zweiten, vierten, und auch im ersten Stamme gebraucht. Eigentümlich ist die Bedeutung sich furchtsam zurückhalten im zweiten Stamme (Tab. 2 350, 1). In Abessinien pflegen

im Islam bloss im Ausrufen von labbaika, einer Formel, durch die man sich bereit erklärt einer Aufforderung[1]) Folge zu leisten. Aber Nilus redet von Hymnen, die beim Dienst der Göttin des Morgensterns gesungen wurden. Freilich werden diese Hymnen nicht viel mehr enthalten haben als die ewige Wiederholung des Gottesnamens: talbia, tasmia, takbîr, tahlîl sind nah mit einander verwandt. Das Tahlil gehört zu jedem Opfer; die Bezeichnung des εἰδωλόθυτον im Qurân ist mâ uhilla lighairi 'llâhi. Als Muhammad bei Hudaibia das Opfertier abkehlte, rief er mit lauter Stimme: in Allahs Namen, Allah ist der grösste. Er sprach die Tasmia und das Takbîr, das deckt sich mit dem Tahlîl[2]).

Bei gewissen Heiligtümern war eine eigentümliche Sitte mit dem Umlauf verbunden, nemlich das irtigâm, das Werfen kleiner Steine. In einem Verse des A'scha heisst es: sie läuft um sie herum und geht hin und her zu ihnen, so wie ein Steinwerfender um einen Steinhaufen den Umlauf macht[3]). Die Sitte ist uns namentlich daher bekannt, dass sie am zehnten Tage des Hagg und an den drei folgenden Tagen bei den drei Gamarât von Mina ausgeübt wird. Das Heiligtum, die rugma oder gamra, ist in diesem Fall kein einzelner Stein, sondern ein Steinhaufen. Auch bei den Hebräern (Gal Gen. 31, 51 s., nicht Gilgal) und bei den Aramäern (Igura) hat es solche heilige Steinhaufen gegeben, ebenso wie bei den Saracenen des Nilus. Hieronymus übersetzt כצרור אבן במרגמה Prov. 26, 8 mit mittere lapidem in acervum Mercurii; er denkt an die griechische Sitte der ἕρμακες, auf die jeder Vorübergehende einen Stein warf. Der Steinhaufen kann aber auch ein Grab bezeichnen, und auch dann kommt es vor, dass

---

die Weiber beim Jauchzen stets die Laute ellellel ellellel zu wiederholen (Isenberg, lex. amh. p. 112). Vielleicht gehört hierher auch die ἐλέλευσις bei Waddington 2474. Über הלול bei den Juden s. Nöldeke Mand. Gramm. 118 n. 2.

1) in diesem Falle der Aufforderung des Gottes, ihm das Fest zu feiern (Buch. 1 206, 17). Ähnlichen Sinnes wie labbaika ist das oft damit zusammengestellte sa'daika, auch 'aunaka (Doughty 2, 12) = zu deinen Diensten. Die scheinbare Dualendung findet sich ebenso in davâlai, havâlai, sa'dai; auch in hebräisch אשריך, denn es heisst aschreka und nicht aschareka. Sie wird wol mit dem Zwischenvokal in tahtêhem, telâtaihôn, meslêia zusammenhangen.

2) Sur. 5, 4 vgl. 6, 121. Vaq. 258. Buch. 3, 265.

3) Freytag, Hamasae versio 1, 371.

die Vorübergehenden neue Steine hinzu werfen[1]). Im Islam war das allerdings eine Entehrung des Toten[2]), ursprünglich aber wol eine Verehrung, wie die Analogie vermuten lässt und das Beispiel des Abu Righal von Tâif (BHischam 32, 20) zu beweisen scheint[3]).

Gaben und Opfer.

Beispiele von Weihgeschenken mannigfacher Art sind in dem Kapitel über die verschiedenen Götzen zerstreut vorgekommen. Die heiligen Steine und Bäume werden damit behangen; auch die „Kleider der Ka'ba“ gehören vielleicht hierher. Das Ghabghab dient als Schatzkammer. Als Tribut von der Beute werden Waffen geweiht, besonders Schwerter, ebenso wie im Alten Testamente das Schwert Goliaths (1 Sam. 21, 10). Mikraz b. Hafç hängte das Schwert, womit er den Mörder seines Bruders durchbohrt hatte, an den Decken der Ka'ba auf; es war des Mörders eigenes Schwert, das er ihm entrissen hatte (BHischam 413, 18). Hier ist das erbeutete Schwert zugleich das womit die Rache vollzogen ist; der Dank für die Beute vereinigt sich in diesem Falle mit dem Dank für die Rache.

Zu den Weihgeschenken gehören auch die frei weidenden Kamele, von denen bereits die Rede gewesen ist (p. 107). Vier Namen und Arten davon werden im Quran aufgeführt (Sur. 5, 102); die selben erscheinen auch in zwei von Ibn Hischam (58, 18. 20) citirten Versen, mit dem Unterschiede, dass hier nur von Stuten die Rede ist, während im Quran der Hâmi[4]) ein Hengst zu sein scheint. In der Erklärung dieser Namen herrscht begreifliches Schwanken. Nach alZuhri (von Sa'îd b. alMusaijab) ist alBahîra eine Kamelstute, deren Milch für die Götter zurückbehalten wurde und die niemand melken durfte, alSâiba eine, die für die Götter

---

[1]) Agh. 14 131, 26. BHischam 32, 20. Die gewöhnliche Bedeutung von rugma und ragm ist: Steinhaufe über einem Grabe.

[2]) BAthir 3 144, 25. Agh. 14 144, 12 s. Bakri 679.

[3]) Ein ähnlicher Brauch kommt bei den Juden vor, und V. A. Huber bezeugt ihn für die Iren. Vgl. Hamlet Act 5 Sc. 1.

[4]) nämlich alhami tzahruhu (BH. 58, 20) = dessen Rücken verboten ist, der nicht geritten werden darf. Das aktive Participium steht oft für das passive. Vielleicht könnte aber auch der für das Hima bestimmte Hengst gemeint sein.

freigelassen und nicht mehr zum Lasttragen benutzt wurde, alVaçîla eine, die lauter weibliche Füllen geworfen hatte und dann für die Götter freigelassen wurde, alHâmi ein Kamelhengst, der, nachdem er eine bestimmte Zeit hindurch erfolgreich beschält hatte, nicht mehr zum Lasttragen benutzt, sondern den Göttern überlassen wurde (Buch. 3, 106). Ibn Hischam (von Junas) specialisirt genauer und etwas anders, er lässt im Zusammenhange damit nicht die Vaçîla selber, sondern den Wurf den Göttern weihen, und sagt, die Bahira sei zwar für die Gäste und Armen gemolken, jedoch nicht für den Eigentümer (BH. 58). Ibn Ishaq redet von Kamelen und Schafen, und vermengt mit der Freilassung eine gewisse Art der Opferung der Tiere, wobei bloss die Männer, nicht die Weiber der Familie am Opfermahle teilnehmen durften; hauptsächlich aber schweigt er ganz davon, dass das Freilassen für die Götter geschah, und sagt nur, dass die Milch der Sâiba und der Bahîra dem Gaste gehörte (BH. 57). Es versteht sich, dass die Gäste und Armen hier wie in anderen Fällen an Stelle der Götter getreten sind. Die älteste Tradition, die des Zuhri, kommt dem Ursprünglichen am nächsten. Das merkt man freilich auch hier nicht recht, dass die betreffenden Tiere wenigstens teilweise in das Hima gestiftet wurden; vielleicht ist dies schon vor dem Islam abgekommen [1]). Das Wesen der Sache, das durch alle Differenzen klar hindurch scheint, läuft hinaus auf Danksagung für die Fruchtbarkeit des Viehs, nur dass in diesem Fall nicht der Wurf geschlachtet, sondern die verdienten Eltern auf die Weide der Gottheit geschickt wurden. Muhammad greift die unschuldige und fromme Sitte, die ihren religiösen Sinn zu seiner Zeit freilich vielleicht schon halbwegs verloren hatte, heftig an, und in Folge dessen gilt sie bei den muslimischen Religionsgelehrten für erzheidnisch. Ihre Beschreibung nimmt in der Darstellung des alt-

[1]) Dass die Sitte überhaupt bestand, geht aus den beiden einzigen authentischen Zeugnissen, in denen sie erwähnt wird, deutlich hervor; nemlich aus den Versen BH. 58, wo sich zeigt, dass die geweihten Kamele Heerden bildeten und dass sie im Hima (von Schuraif) weideten. Dass indessen auch einzelne zu reiten verbotene Tiere vorkamen, scheint aus dem Sprichwort zu folgen: wer kein erlaubtes Kamel hat, reitet ein verbotenes (Prov. 6, 32). Es gab auch herrenlose Kamele die verirrt waren; die Gesandten der Abdalqais fragten den Propheten, ob sie sich solcher bedienen dürften um nach Hause zu reisen (BHischam 945). Vgl. Arrian Ind. 37, 12.

arabischen Heidentums einen merkwürdig breiten Raum ein. Insofern ist sie allerdings charakteristisch, als sie erkennen lässt, wie die Form der Religion sich immer nach den Bedingungen der Cultur richtet. Die Bedeutung, welche das Kamel für das Leben der alten Araber hatte, hatte es auch für ihre Poesie und für ihre Religion; geradeso wie bei den Indern das Rind und bei den Lappen das Rentier.

Etwas Anderes ist das Ighlâq und die Tafqi'a. Wenn die Kamelheerde die Zahl Hundert erreicht, so wird das hundertste Tier so zugerichtet, dass es nicht mehr geritten werden kann; das heisst Ighlâq. Wenn sie die Zahl Tausend erreicht, so wird dem Hengst ein Auge ausgeschlagen; das heisst Tafqi'a oder Ta'mia[1]).

Unter den Stoffen des eigentlichen Opfers wird wunderbarer Weise der Weihrauch vermisst[2]). Er wird wol als Bestandteil des Vorrats in einem Ghabghab erwähnt; aber nicht beim Opfer. Auch Wein und Öl sind unarabisch. Gleichwol werden „Ölsteine" zu Medina erwähnt[3]), ebenso Weinspenden, die den Toten am Grabe, aber auch den Gestirnen dargebracht werden: der mythische König Gadhîma von Hira spendet sie den Farqadàn. Mehlopfer sind selten, aber sie kommen vor, und zwar, in dem einzig bekannten Beispiele, verbunden mit der Haarschur beim Feste (p. 62ss.). Milch wurde dem Vadd dargehracht, angeblich auch der Chalaça von Mekka: das ist ein echt arabisches Trankopfer.

Das Hauptopfer ist auch bei den Arabern, wie bei den Hebräern, das Schlachtopfer. Die Schlachtung geschieht mittels Durchschneidens der Gurgel[4]); beim Kamele, nachdem es zuvor

---

[1]) Vgl. Rasmussen Add. 70. BAthir 1 460, l. 11. Arab. Prov. 18, 12 und die Lexika. Über das Misverständnis Rasmussens, der ighlâq als i'lâq gelesen und mit immissio hirudinum übersetzt hat, s. W. R. Smith a. O. p. 149.

[2]) Vgl. Prolegomena zur Geschichte Israels 1895 p. 64 ss.

[3]) Jaq. 1 144, 16 s. Agh. 4 46, 20.

[4]) Auch dem Wild wird die Kehle durchschnitten. Vgl. im Allgemeinen das Kapitel Bucharis (3, 253 ss.) über Schlachttiere und Wild. Schlachten ist ذبح, نحر und ودج, koscher ذكى (islamisch?), profan جزر. Opfer bringen ist هدى und قرّب, auch نسك (Buch. 1 116, 20. 122, 8. 125, 29). Das Schaf, welches derjenige, der den Hagg nicht mitmacht, zu Hause opfert, heisst

durch Verhauen der Sehnen des Hinterbeines oder der Hinterbeine zu Falle gebracht ist. Sie wird in der Regel vom Opfernden selbst besorgt, mit einem altertümlichen Messer, der Harba: so von Muhammad bei Hudaibia. Opfertiere sind Kamele, Schafe und Rinder[1]), Rinder nehmen im Cultus eine wichtigere Stelle ein als im Leben[2]). Gazellen sind nicht vollgiltig; es ist die betrügerische Praxis geiziger Leute, einem Schafe, welches von Rechts wegen erforderlich wäre, eine Gazelle unterzuschieben[3])

Auch Menschenopfer sind vorgekommen. In Duma wurde zur Zeit des Porphyrius jährlich ein Mensch geschlachtet und am Fuss des Altars begraben[4]). Vorzugsweise wurden Gefangene aus der Beute geopfert, wie im Alten Testament der Amalekiterkönig Agag. „Sie opfern dem Morgenstern das Beste von der Beute, sagt Nilus, wenn sich darunter zur Schlachtung Geeignetes findet; am liebsten schöne Knaben, auf zusammengetragenen Steinen, zur Zeit der Morgendämmerung.“ Der König alMundhir von Hira schlachtete der Uzza, wie wir gesehen haben, einen gefangenen Königssohn und vierhundert erbeutete Nonnen[5]). Noch bei Antara (9, 1) findet sich der Name Hadî d. i. Opfer, für einen Gefangenen, der hingerichtet wird. Allerdings ist da bloss der Name erhalten; die Gefangenen werden in der uns näher bekannten Zeit des arabischen Heidentums nicht mehr geopfert, sondern nur, wenn sie nicht gelöst oder verkauft werden, getötet; gewöhnlich zur

---

أضحية; der Name ist abgeleitet von يوم الأضحى, dem ersten Opfertage von Mina.

[1]) Skala der Opfertiere bei Buch. 1, 116. 122.

[2]) Sieht man Kamele im Traum, so hat das nichts auf sich; Rinder aber sind ein böses Omen, weil sie immer Opfertiere bedeuten (Vaq. 104. Buch. 2 229, 5). Da der Cultus antiquarische Neigungen hat, so ist das Rind bei den Semiten vielleicht älter als das Kamel, obwohl im Alphabet nicht bloss Alpha, sondern auch Gamla vorkommt. Das Opfern und Essen des Kamels ist nicht allgemein semitisch, sondern spezifisch arabisch und islamisch; es ist die Probe der Bekehrung zum Islam.

[3]) Harith b. Hilliza v. 69. Ham. 442 v. 4. Rasmussen Add. p. 69. Vgl. dagegen Maid. 10, 62.

[4]) Porphyrius, de abstinentia 2, 56.

[5]) Die von den Arabern getöteten Gesandten des Herodes nennt Josephus (Bellum 1, 371. 378) θύματα τῷ θεῷ περὶ τοῦ πολέμου; aber das ist blosse Rhetorik.

Rache, manchmal auch zur Übung für Leute, die Experimente mit dem Schwerte machen sollen. Auch vom Kinderopfer kommen Spuren vor. Abdalmuttalib gelobte, wenn ihm zehn Söhne gross würden, wolle er den zehnten opfern; er löste ihn dann mit hundert Kamelen. Zu diesem unhistorischen Beispiel fügt Ibn Ishaq noch ein historisches: eine Frau hatte ihren Sohn zu opfern gelobt in dem Falle, dass ihr das und das gelänge; der Fall trat ein; Ibn alAbbas, den sie befragte, entschied, dass sie wie Abdalmuttalib hundert Kamele statt ihres Sohnes zu schlachten habe; aber Marvân, damals Statthalter von Medina, erklärte das Gelübde für ungiltig[1]).

Hinsichtlich des Opferritus ist voranzustellen die Tatsache, dass die Araber keine Feueropfer haben. Der Altar ist kein Heerd, es brennt kein Feuer darauf[2]). Ob die Brandstätte des Quzah eine Ausnahme von der Regel bildete, ist einigermassen zweifelhaft. Bei der erwarteten Opferung des Theodulus, Sohnes des Nilus, ist zwar von Weihrauch und vom Geruch gebratenen Fleisches die Rede; indessen in der Beschreibung des Kamelopfers durch Nilus wird das Tier weder ganz noch teilweise verbrannt, und es ist kein Feuer auf dem heiligen Steinhaufen. Der echt arabische Ritus des Tieropfers besteht einfach darin, dass das Blut auf den heiligen Stein gestrichen oder in den Ghabghab geschüttet wird[3]). Eine wichtige Spur dieses Ritus findet sich auch im Alten Testament in der bekannten Stelle 1 Sam. 14, 32—35: der grosse Stein, den Saul herwälzen lässt, damit darauf geschlachtet und das Blut gegossen wurde, ist ein Altar Jahves, der erste, den der König errichtete.

---

[1]) Tab. 1, 1073 s. Über die angeblich dem Muharriq dargebrachten Kinderopfer s. p. 57 n. 2. Vgl. Sur. 6, 138, wo schwerlich vom Begraben der Töchter die Rede ist.

[2]) Die Araber (und allgemein die Semiten) kennen überhaupt nicht die Heiligkeit des Heerdes. Sie haben wol eine Feuerstelle ausserhalb des Zeltes, die sie unterhalten so lange sie an einer Stelle lagern (أرة und ربية), aber keinen festen Heerd als Mittelpunkt des Hauses. Die أثافى sind nur drei Steine, um den Kessel aufzustellen. Die älteste Weise des Kochens und Bratens scheint das رضف mit glühenden Steinen zu sein.

[3]) Maid. 10, 62 (Lisân 2, 129) gelobt ein Mann eine Antilope zu opfern; er erlegt sie mit dem Pfeile und durchschneidet ihr dann die Halsader (vadag) über dem Ghabghab.

Später ist dieser alte Opferritus, bei dem nur das Blut der Gottheit geweiht wurde, bei den Juden zur einfachen Schlachtung herabgesunken, dadurch dass er nicht bloss bei einem heiligen Stein, sondern an jeder beliebigen Stelle verrichtet werden durfte. Der Akt selber änderte sich eigentlich nicht, sondern behielt seine religiöse Form, er wurde nur profan durch den profanen Ort[1]). Als wirkliche Opfer wurden nun bloss diejenigen angesehen, von denen die Gottheit mehr als das Blut bekam. Das ursprünglich religiöse Blutausschütten wurde so zu sagen zu einem civilisatorischen, moralischen Brauche; es führte zu dem Verbot, kein Blut zu essen. Bei den Arabern ist die Entwicklung wenngleich nicht ganz ebenso so doch analog verlaufen. Schon lange vor Muhammad schlachten sie nicht bloss bei den Opferstätten, sondern überall; und diese gewöhnliche Schlachtung, z. B. beim Maisirspiel, oder bei der Ankunft eines geehrten Gastes, gilt nicht mehr als eigentliches Opfer[2]). Aber ihren sakralen Ursprung verleugnet auch hier die profane Schlachtung nicht. Das Tahlîl, die Anrufung des Namens irgend einer Gottheit, ist geblieben; nur die wilden Tiere unterlassen es[3]). Der Muslim darf kein von Heiden geschlachtetes Tier essen, denn es ist einem anderen Gotte als Allah geweiht. Der Chalif Ali verbot die Fortsetzung eines im Heidentum begonnenen grossen Wettschlachtens im Islam, weil die im Heidentum geschlachteten Tiere fremden Göttern geweiht seien und die Fortsetzung den Charakter des Anfangs habe[4]). Schlachtgemeinschaft ist noch im Islam Sakralgemeinschaft; „wer an unserem Gottesdienst teilnimmt und sich nach unserer Qibla richtet und unser Schlachtfleisch isst, das ist ein Muslim“[5]). Man wird mit Sicherheit annehmen

[1]) Der Grundsatz „alle Schlachtung ist Opfer“ hat also im Alten Testament zu keiner Zeit bedeutet, dass von jeder Schlachtung die Dankopferstücke abzugeben seien. Der Ritus des einfachen Opfers war kein anderer als der der späteren Schlachtung: das Blut musste ausgeschüttet werden Bei den Sündopfern hat er sich erhalten.

[2]) Ein Schlachtkamel heisst جزور, im Gegensatz zu بدنة; ein Schlachtschaf شاة لحم (Buch. 1, 125 ss.).

[3]) Agh. 20 160, 24 s. Ham. 96, 13 s. Mit Tahlîl identisch ist Tasmia (Buch. 1, 29. 2, 4. 3, 253 ss.).

[4]) Agh. 19, 6. Zwei ehrgeizige Männer wetten, wer von ihnen die meisten Kamele zum Besten geben könne (Agh. 16, 99).

[5]) Buch. 1, 57. 2, 256. 3, 258. Baladh. 69. Agh. 15, 5.

dürfen, dass die alten Araber auch den Hauptritus des Opfers, die Blutausschüttung, bei der Schlachtung beibehielten, d. h. dass sie das Blut ungenutzt fliessen liessen, wenn sie es auch nicht an einen Stein strichen. Daran anknüpfend hat Muhammad ein allgemeines Verbot des Blutessens erlassen, welches vordem nicht bestand. Denn die Heiden liessen in Hungersnöten lebende Tiere zur Ader, um aus dem Blut eine Art Wurst zu machen. Wir sehen wieder, wie das Gebot des Cultus sich in ein Gebot der Cultur verwandelt.

Die eigentlichen Opfer[1]) scheinen sich schon im Heidentum wesentlich auf die Festopfer beschränkt zu haben. Der wichtigste Fest- und Opfermonat war der Ragab. Nach Mufadd. 20, 20 sind die Ançâb, die Götzensteine, zum Zweck des Targîb da, d. h. des Opferns im Ragab, als wenn andere Opfer gar nicht in Betracht kämen. Das Ragabopfer heisst vorzugsweise ʿatîra, im Plural ʿatâir[2]); es soll in einem Schafe bestanden haben, aber ein Schaf ist wol nur die Mindestforderung. Die ʿAtâir gelten als spezifisch heidnisch[3]), der Islam will vom Ragab nichts wissen, er erkennt nur das Opferfest von Minà beim Hagg an. Die Festopfer beim Hagg werden hádi genannt; auch schaʿâir[4]). Letzteres Wort bedeutet die gezeichneten; die zur Opferung geweihten Tiere werden nemlich sofort als solche gezeichnet, sei es durch blutige Einschnitte in die Haut, sei es durch Behängen mit alten Schuhen und dergleichen.

Während das Blut der Opfer der Gottheit geweiht wird, wird das Fleisch von dem Darbringer, seiner Familie und etwa eingeladeten Gästen verzehrt. Es darf nicht über eine gewisse Frist aufgehoben werden; der Rest wird an arme Leute verteilt. Doch

---

[1]) Sie heissen nusuk Zuh. 10, 24. Jaq. 4 851, 22. Buch. 3 262, 22; offenbar ursprünglich vom Ausgiessen des Blutes, obwol diese Bedeutung jetzt im Arabischen verwischt ist. Vgl. indessen BH. 256, 8.

[2]) Buch. 3, 253. BH. 534, 4 schol. Tab. 1, 1119. An sich aber heisst عتر überhaupt opfern, daher העתיר flehen. Der Götzenstein heisst gradezu mançab alʿitr (Zuh. 10, 24). In Maid. 10, 62 ist âtira das geopferte Haustier im Gegensatz zu nâfira, dem geopferten Wild.

[3]) Sie sind in den alten Versen von den muslimischen Philologen manchmal in schaʿâir corrigirt.

[4]) Sur. 22, 37. Es sind Kamele; das Schaf ist nur Ersatzopfer dessen, der zu Hause bleibt.

kommt die Sitte vor, es zu trocknen und für längere Zeit zu conserviren[1]). Ein für einen besonders geehrten Gast zurückgelegtes Stück heisst die Lavîja[2]). Bemerkenswert ist, dass auch die profane Schlachtung den gesellschaftlichen Charakter beibehalten hat. Niemand schlachtet bloss für sich; kein Gedanke an Fleischverkauf[3]). Nilus sagt, dass die Saracenen κατὰ συγγενείας ἢ συσκηνίας schlachten und das nur halb gar gebratene Fleisch sofort verzehren.

Von der gewöhnlichen Form des Opfers unterscheidet sich die von Nilus (a. O. p. 613) beschriebene. „Sie lassen ein weissfarbenes Kamel ohne Fehl niederknien, und laufen, während es liegt, insgesamt dreimal um die Wette drum herum; zugleich erheben sie einen Gesang an den Morgenstern. Leiter des Umlaufs und des Gesangs ist einer von den Fürsten oder von den aus andern Gründen verehrten Priestern. Nach dem dritten Umlauf, wenn der Gesang noch nicht zu Ende, sondern der Schluss noch auf den Lippen der Menge ist, zieht dieser das Schwert, führt einen kräftigen Hieb gegen die Nackensehne und beeilt sich von dem Blut zu geniessen. Darauf laufen die Übrigen herbei und schneiden sich mit den Schwertern ein Stück Haut mit den Haaren ab oder auch ein Stück Fleisch, wenn sie es im Geraffe grade treffen. Die inneren Teile und die Eingeweide werden gleichfalls verarbeitet, da bis zum Sonnenaufgang nichts von dem Opfer übrig bleiben darf. Sie enthalten sich auch nicht der Knochen und des Markes, sondern bewältigen durch Ausdauer die Härte und werden mit der Zeit des Widerstandes Herr[4]).“

---

1) Daher der Tag des Taschrîq in Mina. Nach Buch. 2, 136. 3, 9. 247. 265 durfte das Opferfleisch nicht länger als drei Tage aufgehoben werden, doch scheint die Praxis verschieden gewesen zu sein. Vgl. Exod. 23, 18.

2) Agh. 7 76, 6. 1. Sam. 9, 23.

3) Jedermann opfert und schlachtet selber; doch gibt es Schlächter von Profession: فيفعى Hudh. 2, 16, قدار = قدير (eigentlich der Koch, von قدر Kessel). Vgl. Doughty 1, 561. Das Wort وضم ist nicht eine Fleischbank zum Verkauf, sondern nur eine Unterlage, damit das Fleisch nicht vom Boden beschmutzt wird.

4) Κάμηλον λευκὴν τῷ χρώματι καὶ ἄμωμον ἐπὶ γονάτων ἀνακλίναντες περιέρχονται τρίτῳ κύκλῳ κειμένην παμπληθεὶ δολιχεύοντες. Ἐξάρχει δέ τις καὶ τῆς περιόδου καὶ ᾠδῆς τῆς εἰς τὸ ἄστρον αὐτοῖς πεποιημένης, ἢ τῶν βασιλευόντων ἢ τῶν ἡλικίᾳ καὶ γήρᾳ σεμνυνομένων ἱερέων· ὃς μετὰ τὴν τρίτην περίοδον, οὔπω

Opfern und Essen deckt sich hier vollständig, das Essen muss in geschwindester Zeit geschehen, von Blutstreichen ist keine Rede. Nicht ein Einzelner, sondern der Stamm bringt das Opfer dar; in Folge dessen fungirt dabei der Fürst oder der Priester, von dem sonst niemals bei solcher Gelegenheit die Rede ist. Wir haben hier das Beispiel eines solennen Gesamtopfers[1]). Ein weiteres, etwas verschiedenartiges Beispiel liefern die p. 61 angeführten Verse des Ga'far b. Challâs: die versammelten Anaza stehn andächtig vor dem Steine des Sa'îr, bei dem geschlachtete Tiere hingestreckt liegen, in Erwartung auf eine Antwort oder eine Erlaubnis. Ich glaube die Vermutung festhalten zu dürfen, dass dieses Warten das Vuqûf ist, welches sich bei 'Arafa und alMuzdalifa erhalten hat, als unverständlicher Rest eines einst an diesen beiden Stellen dargebrachten Gesamtopfers, für welches die Assistenz der Gemeinde charakteristisch ist. Der Islam hat nemlich das Gesamtopfer vollständig abgeschafft und nur das Privatopfer, das nicht viel mehr ist wie eine einfache Schlachtung, bestehen lassen: die Hagg-opfer bei Mina sind Privatopfer, während dagegen die bei 'Arafa und alMuzdalifa Gesamtopfer waren. Die Abschaffung wäre begreiflich, wenn der von Nilus beschriebene barbarische Ritus des Gesamtopfers noch in der Zeit Muhammads verbreitet gewesen wäre[2]). Indessen scheint es damals nicht die gewöhnliche Sitte gewesen zu sein, dass das Opfertier in tumultuarischem Concurs von der ganzen Gemeinde zerstückelt und roh verschlungen wurde[3]). Es

---

τῆς ᾠδῆς παυσαμένου τοῦ πλήθους, ἔτι δὲ ἐπὶ γλώττης τὸ ἀκροτελεύτιον τοῦ ἐφυμνίου φέροντος, σπασάμενος τὸ ξίφος εὐτόνως παίει κατὰ τοῦ τένοντος καὶ πρῶτος μετὰ σπουδῆς τοῦ αἵματος ἀπογεύεται. Καὶ οὕτως προσδραμόντες οἱ λοιποὶ ταῖς μαχαίραις οἱ μὲν σὺν ταῖς θριξὶν μέρος τι βραχὺ τῆς δορᾶς ἀποτέμνουσιν, οἱ δὲ τὸ ἐπιτυχὸν ἁρπάζοντες τῶν σαρκῶν ἀποκόπτουσιν, οἱ δὲ μέχρι σπλάγχνων χωροῦσι καὶ ἐγκάτων, οὐδὲν τῆς θυσίας καταλιμπάνοντες ἀκατέργαστον, ὃ δυνήσηται λοιπὸν προσοφθῆναι φαίνοντι τῷ ἡλίῳ. Οὔτε γὰρ ὀστέων καὶ μυελῶν ἀπέχονται, νικῶντες παραμονῇ τὴν κραταιότητα καὶ σχολῇ περιγενόμενοι τῆς ἀντιτυπίας.

1) vielleicht des Beuteopfcrs (naqî'a), das auch nach späterer Sitte den Kriegern zum Besten gegeben wurde (Ham. 458, 27). Menschenopfer sind wol immer Gesamtopfer.

2) Dass er einst auch bei den Hebräern herrschte kann man aus dem אכל על־הדם kaum schliessen, denn dies wird 1. Sam. 14, 32 s. von den Schlachtungen gesagt, deren Blut man nicht der Gottheit weihte.

3) Ein Beispiel zu dem kannibalischen Herfallen einer Gesellschaft über

blieb vielmehr an der heiligen Stätte liegen, den Vögeln und wilden Tieren zum Frass. Dass die 'Atâir um den Götzenstein herum hingestreckt liegen, wird häufig gesagt; auch kommt öfters der Vergleich vor: die Gefallenen werden liegen gelassen wie die 'Atâir. „Während wir kaum einen Knochen zu nagen hatten, sagen die Abgesandten der Chaulan (bei Sprenger 3, 457) zu Muhammad, schossen wir jeden Heller, den wir aufbringen konnten, zusammen, kauften hundert Rinder und schlachteten sie oft an einem Morgen den Götzen zum Opfer und überliessen sie wilden Tieren." Daher der Beiname Mut'im alTair[1]) für einen Gott, der bei alMarva in Mekka verehrt wurde.

Sowie der Unterschied zwischen dem feierlichen Gesamtopfer der ganzen Gemeinde und den Sonderopfern der einzelnen Haushaltungen, so ist auch der Unterschied zwischen geforderten und freiwillig gelobten Opfern (Qodaschim und Nedarim) bei den heidnischen Arabern noch zu erkennen. Die Darbringung der Erstlinge, der Abgabe von der Beute, des Opfers beim Schneiden des ersten Haars des Knaben, ist vorgeschrieben[2]). Aber die Festopfer sind keine festen Opfer; dass ein Zusammenhang zwischen ihnen und den Erstlingen einst stattgefunden hat, lässt sich zwar vermuten, indessen in der uns bekannten Zeit besteht er nicht mehr[3]). Sie

---

ein Kamel, um es mit Haut und Haar zu verwältigen, findet sich indessen noch bei Doughty 2, 484 s. Vgl. Strabo 16 4, 17.

[1]) „der den Vögeln zu fressen gibt", und zwar den Geiern Fleisch, vgl. Agh. 12 16, 26 ss. Tab. I 938, 20 ss. Gen. 15, 11. Es kann nicht bedeuten: „der die Tauben mit Mehl füttert", wie W. R. Smith a. O. p. 225 sonderbarer Weise meint. Es findet sich bei alMarva auch die Sitte des Vuqûf, die auf ein altes Gesamtopfer hinweist.

[2]) Die Erstlinge (der Kamelheerde) heissen fara' (Buch. 3, 253. Ar. Prov. 1, 85. 20, 36. W. R. Smith a. O. p. 227 s. 462). Sie wurden festlich geschmückt und mit Decken behangen (Maid. 1, 85. Aus b. Hagar ed. Geyer 20, 8). Mit fara' wird nuçâb (= naçîb) koordinirt und verwechselt, das ist der Zehnte; beides wird auch vom erlegten Wilde abgegeben (Maid. 1, 85). Das Opfer von der Beute heisst naqî'a (Maid. 25, 62. Agh. 9, 3. Marzuqi zu Ham. 458 v. 4 bei Reiske Abulf. 1 Adn. 56. W. R. Smith p. 491); es wird nach einem von Marzuqi citirten Verse zu einem Opfermahl der heimgekehrten Krieger verwandt, daher naqî'at alquddâm. Über die 'aqîqa, die beim Schneiden des ersten Haares des Knaben dargebracht wird, s. Buch. 3, 252 s.

[3]) Zu der Lockerung des Zusammenhangs mag beigetragen haben einerseits die Centralisirung der Feste an gewissen Wallfahrtsorten (die neuge-

beruhen vielmehr auf Gelübde[1]). Man braucht sie nicht zu bringen, wenn man kein Gelübde getan hat; andererseits sind sie ohne Gelübde gar nicht giltig.

Der Zustand, in den man durch das Gelübde ein Opfer, insbesondere ein Festopfer, zu bringen eintritt, heisst Ihrâm. Der Ihram ist nicht der Inhalt des Gelübdes, er ist nur ein dem Gelobenden, damit er allen Eifer an die heilige Pflicht setze, auferlegter Zwang, bestehend namentlich in gewissen beschwerlichen Abstinenzen, die nur mit der Erfüllung des Gelübdes ein Ende nehmen. Alles was man tun will, kann man dadurch in eine religiöse Pflicht verwandeln, dass man ein Gelübde darauf setzt und sich allerlei unangenehme Entbehrungen auferlegt, solange das Ziel nicht erreicht ist. In gewissen Fällen aber nimmt die übernommene Aufgabe regelmässig die Form des Gelübdes an, und dann pflegen die Abstinenzen nicht selbst gewählt, sondern fest bestimmt zu sein. Die Rache oder die Blutfehde gilt immer als heilige Pflicht und bringt es von selbst mit sich, dass der, dem sie obliegt, sich nicht kämmen und waschen, keinen Wein trinken, kein Weib berühren darf, bis er das gelobte Blut vergossen hat oder selber gefallen ist; dann ist das Gelübde gelöst. Die gleichen oder wenigstens höchst ähnliche Entbehrungen legt die Absicht, ein Festopfer zu bringen, auf. Man muss sich der Weiber und alles Luxus enthalten, man darf sich weder kämmen noch scheren, sondern muss sein Haar in Schmutz und Läusen aufgehen lassen. Man darf ferner keine Waffen und keine Kopfbedeckung tragen, und sich nur in Leibrock und Überwurf kleiden[2]). Bei einigen Stämmen hat die im Quran bezeugte Sitte bestanden, während

---

borenen Tierchen konnten nicht gut so weit getrieben werden), andrerseits die Verrückung der Festzeiten durch den schwankenden Kalender.

[1]) Daher der Name vadhîma. Das Gelübde braucht nach islamischer Sitte nicht laut ausgesprochen, sondern nur Intention (nîja) zu sein. Die nîja gehört zu jeder heiligen Leistung, wenn sie verdienstlich sein soll. Vgl. Maid. 23, 55.

[2]) Das gehörte allerdings ursprünglich nicht zu den Abstinenzen. Leibrock und Überwurf waren vielmehr der vollständige und feierliche alte Anzug; der Überwurf wurde nur beim Ausgehen getragen und galt sogar als Luxus: „wer von uns hatte zwei Kleider zur Zeit des Propheten!“ sagt Gâbir bei Buch. 1, 52. Muhammad forderte die beiden Kleider für den Gottesdienst, und diese Tracht wurde beim Hagg beibehalten, als sie im gewöhnlichen Leben und auch im gewöhnlichen Gottesdienst abkam.

des Ihram nicht mehr durch die Tür in das Haus zu gehen, sondern nur von hinten gleichsam einzubrechen. Es ist eine Umgehung des Gebotes, sich sofort zur Erfüllung des Gelübdes auf den Weg zu machen, nicht zu weilen, nicht mehr in sein Haus einzugehen: so wie der Pilger nach Hierapolis in keinem Bette mehr schlafen darf, bis er die Wallfahrt vollbracht hat[1]). Das Gelübde ist fällig sobald es ausgesprochen ist; jeder Tag ist Versäumnis, der über seiner Ausführung vergeht. Wenn das Opfertier nicht sofort geopfert werden kann, so muss es doch sofort gezeichnet werden. Der Festruf, das Tahlîl oder wenigstens die Talbia, erschallt gleich vom Beginn des Ihrâm an. Auch darin kann man eine Antecipation erblicken, dass während der ganzen Wallfahrt kein Wild gejagt werden darf: was im Haram verboten ist, darf auch während des Ihram nicht geschehen.

Der Ihram zweckt ab auf das Opfer. Das Opfer endet den Ihram, es ist die Erfüllung, also auch der wahre Inhalt des Gelübdes. Nach dargebrachtem Opfer wird das Haar geschoren, nicht bloss beim Hagg zu Mina, sondern überall. Damit tritt man aus dem geweihten wieder in den gewöhnlichen Stand ein und darf nun wieder tun und lassen was man will. Dieser charakteristische Zusammenhang zwischen Haar und Gelübde findet sich bekanntlich auch bei den Hebräern: so lange man unter dem Gelübde ist, muss man das Haar wachsen lassen; wenn man es gelöst hat, fällt das Haar[2]).

Ihram heisst eigentlich Heiligung. Es entspricht in Wort und Sache dem hebräischen התקדש, der würdigen Vorbereitung zum Feste und zum Opfer. Zu der Reinheit und Feierlichkeit, die sonst für das Erscheinen vor der Gottheit erfordert wird, stimmt es nun aber schlecht, dass man sein Haar in Scmutz und Unge-

[1]) Dea Syria § 55. Vgl. BAthir 3, 299: einige Syrer gelobten, sich nicht zu waschen und nicht auf Decken zu schlafen, bis sie die Mörder Uthmans getötet hätten.

[2]) Auch das Wachsenlassen des Haares als Kriegsgelübde kommt bei den Hebräern (wie bei den Skandinaven) vor, wenn W. R. Smith Recht hat mit dem Verständnis von Judic. 5, 2: als die Haare lang wuchsen in Israel, als das Volk zu kämpfen gelobte. Den gleichen Gebrauch von פרע hat mir A. A. Bevan nachgewiesen in einem Verse gegen Garîr und dessen Geschlecht Kulaib, der dem Ghassân b. Dhuhail zugeschrieben wird:

اذا قَرَّعَتْ يوما كليبٌ وسَوَّمت تقاعَس فى ظهر الاتان مغيرُها

ziefer vorkommen lässt; das ist kriegerische, nicht festliche Sitte. Es scheint, dass das Wachsenlassen des Haares im Ihram misverstanden ist. Nicht deshalb liess man das Haar wachsen, um sich eine Abstinenz aufzuerlegen, sondern um es zu opfern. Und die Haarschur war dann ursprünglich nicht bloss ein nachträgliches Zeichen des vollbrachten Opfers, sondern selber ein Opfer[1]). Es ist bezeichnend, dass bei dem Heiligtum des Uqaiçir jeder abgeschnittene Haarbüschel zugleich mit einer Hand voll Mehl in eine Grube geworfen wurde: das Mehl weist deutlich auf den Opfercharakter der Handlung, die Grube erinnert an das Ghabghab, wohinein geopfert wurde. Man kann ferner die Sitte anführen, nach vollendeter Schlachtung des Opfertieres das geschorene Haar als Anathema auf einen heiligen Baum zu werfen, eine Sitte, der Muhammad selber bei Hudaibia sich anbequemt haben soll[2]). Dass auch sonst Haaropfer gebräuchlich sind, ist bekannt; die bei den Arabern vorkommenden Fälle werden später zur Besprechung gelangen.

Die Bedeutung liturgischer Handlungen ist nicht immer leicht zu ermitteln. Dass die Anathemata Gaben an die Gottheit sind, ist klar. Die Opfer sind das zum Teil auch; so die Aparchen vom Ertrag der Heerde und des Feldes und von der Beute, oder der Zehnte. Aber durchgehender ist bei den arabischen Opfern die Idee der Verbrüderung oder der Bundschliessung mit der Gottheit.

Diese Idee liegt dem Opfermahl zu grunde. Wer zusammen isst und trinkt, tritt in eine natürliche Gemeinschaft mit einander[3]). Das gilt von den Menschen und gilt auch von der Gottheit. Durch das Mahl bei Jahve wird nach der Vorstellung der Hebräer ein Bund zwischen ihm und seinen Gästen gestiftet[4]). Bei den Arabern

[1]) Bei den Hebräern kommt allerdings der Fall vor, dass der Nazîr sein langes Haar nicht abschneidet und opfert, sondern es bis zu seinem Tode stehn lässt, weil er sein Gelübde nicht zu einer bestimmten Frist einlösen, sondern lebenslänglich darunter stehn will. Simson scheint sich lebenslänglichem Kampfe gegen die Feinde Jahves geweiht zu haben. Vgl. W. R. Smith a. O. p. 481.

[2]) Vaqidi 259.

[3]) Heiligkeit von Salz und Asche Agh. 20, 139. Vgl. Maid. 24, 358 ممالحة.

[4]) Prolegomena zur Geschichte Israels 1895 p. 71.

scheint das Opfermahl an seiner Bedeutung dadurch zu verlieren, dass die Gottheit nichts davon zu essen bekommt[1]). Aber dieser Verlust wird völlig ausgeglichen durch die Ceremonie des Blutstreichens[2]).

Das Blut ist der Kitt der intimsten Verbrüderung. Am nächsten liegt es, dass die Bundschliessenden ihr eigenes Blut in sich übergehen lassen, sich eine kleine Wunde beibringen und gegenseitig ihr Blut lecken, wie es in Afrika geschieht[3]). Indessen in den uns bekannten Zeiten des arabischen Altertums wird die Verbrüderung (muâchât), die sehr häufig vorkommt, nicht mehr durch diese Ceremonie geschlossen. Nur Spuren davon lassen sich finden in dem Worte شرط, welches stipuliren, eigentlich aber einritzen bedeutet[4]), und in dem Namen Blutlecker, den verbrüderte Geschlechter der Quraisch und verbrüderte Geschlechter der Amir b. Abdmanât führten[5]). An Stelle des Bluttrinkens scheint das Weintrinken getreten zu sein, wie bei der christlichen Communion. Die Sängerin Gamîla in Medina setzte dem ʿUmar b. Abi Rabîʿa und dem Ibn Abiʿ Atîk Wein vor mit den Worten: wer seine Seele mit meiner mischen will, dem bin ich dankbar — sonst ist die Seele im Blute und mit dem Blute fliessen die Seelen in einander[6]). Eine andere Form der Milderung ist die,

[1]) Doch finden sich Spuren davon, dass gewisse Stücke des Tieres den Menschen verboten, also wol für die Gottheit reservirt waren. Die Guʿfi von Saʿd alʿAschîra durften das Herz nicht essen, mit Schauder zwang sich ihr Abgeordneter, Salama b. Jazid, auf Befehl Muhammads zu dem verbotenen Genuss (Ibn Saʿd § 106). Die Bali von Qudâʿa assen den Fettschwanz des Schafes nicht (Ar. Prov. 27, 39).

[2]) W. R. Smith a. O. p. 312 ss.

[3]) Im jetzigen Arabien geht die Sage, dass die Qahtân beim Schwören Menschenblut trinken (Doughty 1, 540. 2, 41).

[4]) Gegen W. R. Smith Kinship 215. Das Wort wird für Schröpfen gebraucht Buch. 4, 8.

[5]) BHischam 125. Agh. 7, 26. 28.

[6]) Der Name alChalîtân die beiden Vermischten kommt vor für die beiden Freunde (Buch. 2, 61). Wenn zwei gegenseitig ihr Blut trinken, so ist das natürlich von ganz anderer Wirkung, als wenn einer allein das Blut des Andern trinkt, um die Seele seines Feindes zu verschlingen. Einige Beispiele von der letzteren Sitte hat W. R. Smith gesammelt und Kinship 284 aufgeführt; das bezeichnendste darunter findet sich Ammian. 31, 16: Ex (Saracenorum turma) crinitus quidam, nudus omnia praeter pubem, subraucum

dass das Blut nicht mehr getrunken, sondern nur an Gesicht und Leib gestrichen wird. Als das Oberhaupt der Harith b. Ka'b in Nagran den Todesstreich empfangen hatte, liefen seine Leidensgefährten, die mit ihm hingerichtet werden sollten, auf ihn zu, fingen sein Blut auf und bestrichen sich damit[1]. Der Ghatafanit alSulaik b. Mugammi' tötete seine junge Frau, um sie nicht in Feindes Hand fallen zu lassen, beschmierte sich mit ihrem Blute und focht dann bis er fiel[2]. Beidemal ist die Absicht, sich mit der Person, deren Blut man sich aneignet, aufs engste zu vereinen und mit ihr in den Tod zu gehen. Aber auch in diesem Fall wird das Blut ersetzt durch harmlosere Mittel. Die Ribâb, eine Verbindung tamimitischer Geschlechter, hatten ihren Namen davon, dass sie sich mit Fruchtsaft, Rubb, bestrichen hatten; der Singular des Volksnamens ist Rubbî[3]. In der Kamelschlacht hielten sich die Azd die Losung des Kamels ihrer Mutter Âischa an die Nase, um in gemeinsamer Hingebung für sie in den Tod zu gehen: da sie den Wein nicht trinken konnten, rochen sie an den Pfropfen[4].

Daher nun auch die Sitte, dass die Menschen ihr Blut an die Gottheit bringen. So versteht sich das התגודד im Dienst der Götter und der Toten; man bringt sich Wunden bei, um durch sein eigenes Blut sich mit der Gottheit zu verbünden und sie sich gnädig zu stimmen[5]. Dass dies Blut an den heiligen Stein gestrichen wurde, wird allerdings nur in einem einzigen besonderen Falle von den Arabern berichtet (Herod. 3, 8); gewöhnlich geschah das offenbar nicht. Die ideelle Application genügte. Anas b. Malik erzählt, dass sein Oheim Harâm b. Milhân, bei Ma'ûna zum Tode verwundet, sein Blut auf sein Gesicht und seinen Kopf sprengte und so zum Paradise einging.

---

et lugubre strepens, educto pugione agmini se medio Gothorum inseruit et interfecti hostis iugulo labra admovit effusumque cruorem exsuxit. Dieser crinitus war ein kriegerischer Nazîr.

1) Simeon Betharsam. ed. Guidi 12, 6.

2) Agh. 12, 144 s. Ham. 415.

3) Tab. 1, 1914. 2221.

4) BAthir 3, 203. Nach Doughty ist Kamelmist für die Beduinen Parfum.

5) Daraus erklärt W. R. Smith (Religion 321) das syrische אתכשף (sich schneiden) für Flehen, Beten. Das hebräische התפלל wird ebenso zu erklären sein; die Wurzel bedeutet: Risse, Scharten haben. Jede Einwirkung auf die Gottheit ist immer nur Gebet. Daher auch העתיר beten, eigentlich opfern.

Das Übliche ist aber, dass die Menschen sich der Vermittlung eines Tieres bedienen, dessen Blut sie an den Altar schütten, während sie selber das Fleisch verzehren [1]). Diese Ceremonie wird bei jedem Opfer geübt, und jedem arabischen Opfer liegt das Streben zu Grunde, Gott mit den Menschen in intimen Connex zu setzen. Muhammad fasst den Zweck des heidnischen Cultus so auf, dass dadurch eine Allianz der Anbeter und der Angebeteten in gemeinsamen Interesse und zu gegenseitigem Nutzen geschlossen werden soll. Eine wirkliche Gegenseitigkeit ist freilich bei dieser Verbrüderung ausgeschlossen; es ist doch immer nur ein einseitiger Versuch der Menschen. Man begreift, dass sie diesen Versuch vorzugsweise machen, um dem Zorn der Gottheit zu begegnen, um sich mit ihr auszusöhnen oder um sich im voraus vor ihr zu sichern. Im gegenwärtigen Arabien wird das Blutsprengen geübt, um die Dämonen zu beschwichtigen, dass sie nicht zürnen über Eingriffe, durch die sie in ihrem Heim gestört werden könnten. Wenn ein Acker urbar gemacht, ein Neubau errichtet, ein Brunnen gegraben werden soll, so spritzt man das Blut eines Schafes oder einer Ziege auf den Boden [2]). Man übt die Ceremonie auch um seine eigene Person oder sein Vieh zu lustriren und vor Schädigung durch höhere Gewalt zu schützen [3]): Blut ist das allgemeine Palliativ und Desinfizirmittel. Das ist ein Stück Heidentum, das sich ohne Zweifel von Alters her erhalten hat. Ich kenne indessen aus dem Altertum weiter kein Beispiel als die Sitte, das edle Jagdross mit dem Blut des ersten erlegten Wildes zu benetzen [4]).

Die Sacralgemeinschaft beschränkt sich nicht auf die Sacra.

---

[1]) Es ist in älterer Zeit wol auch Sitte gewesen, dass die Menschen das Blut tranken oder das Fleisch im Blut verzehrten. Man sieht das aus der Erzählung das Nilus und aus Clem. Al. paed. 3, 25. Im Alten Testament kommt es vor, dass ein Teil des Opferblutes auf den Altar, ein anderer auf die Vertreter der Gemeinde gesprengt wird (Exod. 24).

[2]) Doughty 1, 136. 452. 2, 100. 198.

[3]) Doughty 1, 452. 499. Das Blut wird in dem einen Fall an den Sitz der Dämonen, in dem andern an die durch sie gefährdeten Tiere oder Personen gebracht.

[4]) Mrlq. ed. Ahlwardt 4, 67. 40, 37. 48, 57. Rasmussen Add. 70. Lady Anne Blunt, Pilgrimage to Nejd 1, 203. Vielleicht ist auch in älterer Zeit bei dem Beuteopfer das Blut der naqîʿa über die übrigen erbeuteten Kamele gesprengt, ähnlich wie es heutzutage geschieht, nach Doughty 1, 452.

Die Communio mit der Gottheit hat die Folge, dass die Communicanten auch unter einander verbunden werden. Auch dann, wenn eine Bundschliessung unter den Menschen beabsichtigt wird, geht darum der Weg sehr oft über die Gottheit. Wollen zwei Araber sich Treue geloben, erzählt Herodot, so tritt ein dritter Mann zwischen sie in ihre Mitte und macht mit einem scharfen Steine an der Innenseite ihrer Hände am Daumen entlang einen Schnitt in die Haut, darauf zieht er je einen Faden aus ihren Überwürfen und bestreicht mit dem Blute sieben Steine, die vor ihnen liegen, unter Anrufung des Dionysus und der Urania. Die Blutbrüder bringen in diesem Beispiel ihr Blut gar nicht an sich selber, sondern nur an die Gottheit. Überall ist diese der dritte im Bunde wo die Verbündung durch Tierblut geschieht; dabei wird immer ein Opfer vorausgesetzt. „Unsere und eure Eide vereinigen sich bei einer Schwurstätte, auf der das Blut fliesst" heisst es bei Zuhair 1, 50. „Sie verschwuren sich bei schwarzem dunklen (Altarblute): wir wollen uns nie scheiden" sagt alA'scha in einem von Gauhari citirten Verse. Die bundschliessenden Menschen tauchen in der Regel die Hand in das Opferblut, das in einer Schale herbeigebracht wird. Als die Männer von Bakr sich verpflichteten, für Gassâs gegen die Taghlib zu kämpfen bis sie alle gefallen seien, schlachteten sie ein Kamel und verschwuren sich mittels des Blutes (Ham. 423). Als nach beendeter Fehde auch alHigris b. Kulaib dem Friedensvertrage beitreten sollte und schon das Blut herbeigebracht war, nahm er seinen Speer und erstach den Gassâs: die Herbeibringung des Blutes ist hier die selbstverständliche Einleitung des Aktes der Composition (Agh. 4, 151). Die Banu Abdaldâr und die Banu 'Adî b. Ka'b schlossen mit einander ein Bündnis auf den Tod, indem sie ihre Hände in eine Schüssel voll Blut tauchten (BHischam 125). Die Chath'am schlachteten ein Kamel, tauchten die Hände in das Blut und bildeten auf Grund davon eine Eidgenossenschaft (Ham. 72). Manchmal aber wird auch schon das Tierblut ebenso wie in den früher angeführten Fällen das Menschenblut durch weniger barbarische Medien verdrängt. Die Mutaijabûn von Mekka tauchten die Hand in eine Schüssel mit wolriechender Essenz, um sich zu verbünden (BHischam 85), ebenso machten es Husain und die Seinen bei Kerbela (Tab. 2, 327). Die Fudûl tranken zu dem selben Zweck Wasser aus dem heiligen Brunnen Zamzam (Agh. 16, 66). In uneigentlichem Sinn wird noch in späterer Zeit seine Hand mit einem eintauchen gesagt für gemeinsame Sache mit ihm machen[1]).

Daher auch der Name alJamîn alGhamûs, der getauchte Schwur. Das soll nach den muslimischen Rechtslehrern eine Art Meineid sein; es ist aber vielmehr ein besonders feierlicher und bindender Eid, der freilich heidnischen Ursprungs und darum im Islam scheel angesehen war[2]). Seine Form erklärt sich uns nach dem eben Gesagten leicht. Es kommt nicht bloss das erstarrte Substantiv alJamîn alGhamûs vor, sondern auch der lebendige Satz: sie tauchten einen Eid oder Eidbund[3]). Das ist eine arabische Analogie zu כרת ברית, ὅρκια τέμνειν, foedus ferire.

Die Begriffe Eid und Bund liegen bei einander. Hilf und Qasâma ist beides. Ähnlich auch Ill[4]), ta'allà heisst schwören. Man sagt „Gott ist zwischen mir und dir“ und „Gott ist dir (Bürge)“; er ist der dritte im Bunde bei den feierlichen Versprechungen der Menschen. Bund und Schwur geschehen beide wenn nicht beim Opfer selber so doch bei der Opferstätte, die gradezu Bund- oder Schwurstätte (muqsama) genannt wird. Der Schwörende fasst die Decke der Ka'ba an oder berührt auf andere Weise das Heilige, um sich mit der Gottheit in Verbindung zu setzen. Sehr häufig findet sich die Eidesformel „bei den Ançâb“ oder „bei dem Blut, das über die Ançâb fliesst“; sie erklärt sich am leichtesten aus der Sitte, angesichts der Ançâb zu schwören. Die Präposition Beth (= bei) im Schwur braucht darum noch nicht ursprünglich lokalen Sinn zu haben. Sie scheint nur die Gemeinschaft auszudrücken und die Gottheit ins Mittel zu ziehen; aber in Gemeinschaft mit der Gottheit treten die Heiden nur an einem bestimmten Ort, nur dort kann die Schliessung der Kette erfolgen. Dieser Auffassung des Schwures widerspricht es nicht, dass er eine bedingte Selbstverfluchung ist. Die Berührung des Heiligen ist eine Art Feuerprobe; der Unwürdige, Freche wird dadurch vernichtet.

---

[1]) Tab. 3, 1903, anders zu erklären als Ev. Marc. 14, 20.

[2]) Buch. 4, 127. 153. 160. — Agh. 3, 57. 18, 56. 62. Tab. 3, 618. Maid. 28, 105.

[3]) Buch. 2, 27. 269. Vgl. Tab. 3, 1903.

[4]) Vgl. Sur. 9, 8 und dazu BHischam 920 s. Tab. 2 1748, 11. Buch. 2, 163.

Heilige Personen.

Das Amt des Priesters ist bei den Arabern die Bewachung des Heiligtums[1]; wenn es nämlich daselbst ein Bild, ein Haus, einen Schatz oder sonst etwas zu bewachen gibt. Wo das nicht der Fall ist, gibt es auch keinen Priester; für die Verrichtung des Opfers an einem einfachen Steine ist er entbehrlich. Eine organisirte Hierokratie mit ausschliesslicher Berechtigung gibt es nicht; der Priester ist nicht Mitglied eines Collegiums.

Das Amt ist erblich in gewissen Familien, die als Besitzer nicht nur des Amtes, sondern des Heiligtums selber gelten. An diese Familien, oder an die Geschlechter, zu denen sie gehören, überträgt darum Amr b. Luhai, nach der religionsgeschichtlichen Theorie, das Eigentumsrecht auf die von ihm eingeführten Idole. Zum Teil sind es Adelsgeschlechter, aus dem vornehmsten Teile des Stammes. So die Abdaldar in Mekka, welche das erstgeborene und privilegirte Geschlecht daselbst waren, später freilich an Macht und Ansehen hinter andern Geschlechtern zurückstanden[2]; die Amir alAgdâr in Dumat alGandal, welche den Aus (b. Kinâna b. Aus) b. Udhra angehörten: sie besassen das Heiligtum des Vadd und die Priesterschaft, und ihre Brüder Abd Vadd besassen das Fürstenzelt und die Herrschaft[3]. Ibn Ishaq sagt, dass die Götzen im Privatbesitz der Vornehmen zu sein pflegten (BH. 303, 11). Nach Nilus leitete zunächst der Fürst den Gottesdienst der Saracenen, an seine Stelle konnte aber auch ein durch andere Eigenschaften berufener Priester treten. Die Dynasten der Ituräer, Emesener[4] und Palmyrener besassen zugleich das Priestertum. Nicht selten aber kommt es vor, dass die Priesterfamilien stammfremd sind. So die Anʿum in Gurasch, die Ghitrîf in Qudaid, die Schaibân in Nachla, die Umâma in Tabâla, die Murra b. ʿAuf unter den Ghatafân, die Abdalqais unter den Murâd (Agh. 15, 75 s.).

---

[1]) Sidâna (Ham. 646, 23) oder Higâba, woher Hagabî für die Inhaber des Priestertums von Mekka (Buch. 1, 71).

[2]) BHischam 83. Zu den Abdaldâr gehören die Banu Schaiba (BAthir 3 426, 1).

[3]) Vgl. oben p. 16. Bakri 34.

[4]) Dass diese arabischen Ursprungs waren, wird durch den Namen Sohaemus wahrscheinlich gemacht, ausserdem durch allgemeinere Gründe.

Es ist die selbe Erscheinung wie im alten Israel. In Arabien erklärt sie sich daraus, dass die Heiligtümer nicht mit den Stämmen gewandert und dass mit ihnen auch die Priester sitzen geblieben sind[1]). Der Stamm Taiji hatte einst zu den Madhig gehört und mit ihnen zusammengewohnt, er war aber längst aus jener Gegend fortgezogen, als das Priestertum des von den Madhig verehrten Gottes Jaghuth zu Gurasch noch immer in den Händen einer tâitischen Familie war. Teilweise mögen wol auch im alten Israel die alten kanaanitischen Priesterfamilien bei ihren Bamoth sich erhalten haben. Dass diese Stammfremden wegen ihres Privilegiums manchmal angefochten wurden, ergibt sich für Israel aus dem Segen Moses, für Arabien aus dem Bericht über die Schlacht von Razm (p. 21). Auch sie scheinen übrigens den edelsten Häusern angehört zu haben, wie z. B. die Ghitrîf von Azd (Agh. 12 50, 21) in Qudaid: nur dass der Adel in Arabien seine Bedeutung für den Einzelnen verliert, wenn er nicht mehr innerhalb seines Geschlechts wohnt.

Die Priester werden auch bei den alten Arabern, wie bei den Hebräern, Orakel erteilt und auf Befragen Weisung und Entscheidung in schwierigen und streitigen Fragen gegeben haben. Reste davon haben sich noch in der Zeit erhalten, in welche unsere literarische Überlieferung hineinreicht. Der König alNu'mân von Hira schickte zwei Männer, die seine Entscheidung in einer Wette anriefen, zum Heiligtum der Uzza (Ham. 116, 16). In Medina hatte Muhammad zu Anfang seines dortigen Aufenthalts sich darüber zu beklagen, dass manche Muslime noch zu den Götzen gingen, um ihre Rechtssachen schlichten zu lassen oder sich Rats zu erholen. Bei den Idolen befinden sich regelmässig Orakel; die Zerstörung der Idole bedeutet der islamischen Überlieferung zugleich das Aufhören der Orakel, wie aus dem Artikel über alGalsad erhellt (p. 56). Wenn es sich nun um Weisung und Rechtsprechung beim Heiligtum handelt, so versteht es sich von selbst, dass die Priester dabei Vermittler sind. Die geheime Stimme, die angeblich aus alGalsad und anderen Götzen erschallte, ist wol eine mythische Vorstellung der Muslime. Für alUzza führte in dem eben erwähnten Falle (Ham. 116) der Priester das Wort; auch die

---

[1]) Ähnlich bei den Griechen: wenn eine Stadt in andern Besitz überging, so blieben doch die Heiligtümer und die Priester.

Befragung des Hubal in der Kaʿba geschah unter Assistenz des Sâdin.

Das Medium, wodurch die Araber Orakel suchen, ist das Istiqsâm[1]). Man stellt bestimmte alternative Fragen: soll ich es tun oder soll ich es lassen? soll ich das oder das tun? Die Fragen enthalten immer zugleich die Antwort und sind immer praktischer Natur; sie beziehen sich nicht auf das was sich ereignen wird, sondern auf das was man selber tun soll; man will eine Direktive für sein eigenes Handeln haben, nicht den Schleier von der Zukunft abheben. Dazu bedient man sich der Lose, deren jedes einer zur Wahl gestellten Möglichkeit der Alternative entspricht. Die Lose sind bei den Arabern Pfeile ohne Spitzen[2]); ursprünglich vielleicht nur kleine Zweige: denn es kommt das Wort عضون d. h. Hölzer für Wahrsagerei vor, ebenso wie die Griechen die βελομαντία auch ῥαβδομαντία nannten (Sur. 15, 91). Gewöhnlich besteht Frage und Antwort nur in Ja oder Nein, bezeichnet durch den heissenden und durch den verbietenden Pfeil. Es lassen sich aber auch complicirtere Alternativen stellen; die Pfeile lassen sich mit jeder beliebigen Frage bezeichnen, und das Herauskommen macht die Frage zur Antwort[3]). Besonders üblich ist das Istiqsam vor dem Feldzuge. Beinah von allen Geschlechtshäuptern der Quraisch wird berichtet, dass sie vor dem Abmarsch nach Badr die Lose befragten, obgleich Abu Sufian, zu dessen Rettung sie den Zug unternahmen, ihnen entboten hatte, sie sollten nicht erst die Lose fragen[4]). Regelrecht geschieht das Losen im Heiligtum, vor dem Idol. So in Tabâla vor DhulChalaça, in Mekka vor Hubal. Der Gott heisst die Absicht gut, wenn der Pfeil herauskommt, welcher Ja bedeutet; der Gott verbietet sie, wenn Nein herauskommt. In Mekka hat der Priester die heiligen Pfeile in

[1]) Gesenius Thesaurus p. 1224. W. R. Smith, Journal of Philology 13, 276 ss.

[2]) Daher حظ Anteil, Glück; ähnlich سهم. Der gebräuchliche Name der Lospfeile ist aber زلم und قدح.

[3]) Buch. 3, 105: Istiqsam bedeutet, dass jemand die Pfeile schüttelt, unterlässt, was sie ihm verbieten, und tut, was sie ihn heissen; man bezeichnete auch die Pfeile mit verschiedenen Möglichkeiten, über die man loste. Vgl. Tab. 1, 1075. BHischam 97 s.

[4]) Vaqidi ed. Kremer p. 27. 28. Ähnlich BAthir 1 441, 9. Buch. 3, 105.

Verwahr; das Losen damit kostet hundert Dirham, ausserdem muss ein Kamel geschlachtet werden, was auf die Verbindung des Orakelsuchens mit dem Opfern[1]) hinweist, die aus der Geschichte Bileams bekannt ist. Nach Sur. 3, 39 losen die Priester in Jerusalem durch Werfen ihrer Schreibrohre[2]) — freilich wird dies BAthir 2, 211 anders verstanden.

Der Sache nach ist dies Orakel identisch mit dem alten priesterlichen Orakel der Hebräer, welches in der Geschichte Sauls und Davids öfters vorkommt, hernach aber verschwindet. Dabei wurden auch bestimmt gestellte Fragen durch eine Art Los mit Ja oder Nein entschieden (1 Sam. 30). Der hebräische Name dafür scheint freilich nicht קסם gewesen zu sein; קסם gilt als fremdartig und heidnisch. Dass jedoch auch im Alten Testamente das קסם ein Losorakel ist, hat Gesenius mit Recht aus der klassischen Stelle Ezech. 21, 26. 27 geschlossen. „Der König von Babel steht am Kreuzwege[3]) um קסם zu üben, er schüttelt die Pfeile, fragt das Idol, beschaut die Leber (des Opfertieres) — in seiner Hand ist das Los (קסם) Jerusalem.“ Der letzte Satz enthält das Resultat: das Los, das mit Jerusalem bezeichnet ist, ist herausgekommen und damit der Zweifel entschieden, gegen welchen Feind der König zuerst sich wenden soll. Gesenius führt Hieronymus zu der Stelle an, der in der Tat den Vorgang gut erläutert[4]). „Ritu gentis suae oraculum consulit, ut mittat sagittas suas in pharetram et commisceat eas inscriptas sive signatas nominibus singulorum, ut videat cuius sagitta exeat et quam prius civitatem debeat oppugnare.“ Nur das ist ein Irrtum von Gesenius, dass er denkt, der König wende drei verschiedene Arten der Divination an; er zieht vielmehr das Los vor dem Gottesbild und in Verbindung mit einem Opfer[5]).

---

1) Vgl. Tab. 1 1864, 15.

2) Von einem gewerbsmässigen Pfeilschütteln in Jaman ist Buch. 3, 63 die Rede.

3) Der Kreuzweg ist ein heiliger und magischer Ort; hier ist er aber auch der Anlass, der den König zwingt, sich für diesen oder jenen Weg zu entscheiden.

4) Vgl. Fihrist 322 über die Harranier.

5) Vgl. W. R. Smith a. O. p. 278. Mit Recht wendet sich W. R. Smith gegen die Aufstellung, dass קסם zunächst eine magische Formel bedeute und

Der arabische Priester hat sich also nicht von Anfang an darauf beschränkt gesehen, als Sâdin und Hâgib das Heiligtum zu hüten; das ist nur eine Verkümmerung seiner ursprünglichen Aufgabe. Er hat vielmehr Orakel erteilt; er ist Kâhin gewesen. Kahin ist das selbe Wort wie Kohen, es bedeutet aber nicht mehr den Priester, sondern den Wahrsager. Die beiden sind eben nah mit einander verwandt, auch der Priester war ganz wesentlich Wahrsager. Es finden sich in der arabischen Überlieferung noch Kahine, die in Wahrheit Priester sind; sie wohnen bei einem Heiligtume, reden im Namen der Gottheit, gehören den edelsten Familien an, haben eine vom Stamm anerkannte Stellung und vererben dieselbe [1]).

Die gewöhnlichen Wahrsager unterscheiden sich von den Priestern dadurch, dass sie kein erbliches Amt an einem Heiligtume haben und den dort verehrten Gott durch überlieferte Medien zum Reden bringen, dass ihnen vielmehr eine ausserordentliche Gabe persönlich anhaftet, dass ein Geist oder Dämon ihnen inwohnt, der aus ihnen spricht [2]). Sie heissen auch Seher, wie im Alten

---

darnach erst Divination durch magische Beschwörung; das ist spekulative Etymologie alten Stils, die auf das Verfahren bei der Sache keine Rücksicht nimmt und sich um die sogenannten Antiquitäten nicht kümmert. Er selber sieht Entscheidung als den primären Begriff an, und beruft sich dafür auf Prov. 16, 10. Indessen hat das Wort an dieser Stelle durchaus seine gewöhnliche religiöse, nicht eine davon unabhängige und ursprüngliche profane Bedeutung. Eher könnte man sich auf das bekannte Worte Qisma berufen. Ich würde jedoch lieber Zuteilung sagen als Entscheidung, nämlich durch das Los bewirkte Zuteilung einer von verschiedenen zu verteilenden Dingen oder Möglichkeiten. Der zehnte Stamm würde dann heissen „sich von der Gottheit Zuteilung erbitten". Auch der achte Stamm kommt vor, Sur. 19, 90. Nab. 10, 4. Tar. 19, 14. Zuteilung ist spezieller als Entscheidung und entspricht genauer dem besonderen Modus dieser Divination, der Einteilung in Möglichkeiten und der Zuweisung einer derselben durch das Los. Nach einem etwas anderen Übergange hängt auch tamannà (wünschen) zusammen mit manât (Anteil).

[1]) BHischam 797. Agh. 8, 66. 15, 73 ss. (76, 24. 77, 19). Nach Agh. 21, 99 war Zuhair der Fürst der Kalb und zugleich der Kahin, d. h. der Priester, nach den p. 130 angeführten Analogien.

[2]) Ein sogenannter tâbi' oder çâhib BHischam 98 s.; nach muslimischem Sprachgebrauch ein Teufel (schaitân). „Der Schaitân der Propheten ist der Engel Gabriel", heisst es Buch. 1, 146.

Testament[1]). Sie pflegen sich beim Schauen zu verhüllen; daher der Beiname ̣DhulChimâr, der Mann mit dem Schleier, der mehreren Sehern beigelegt wird, daher auch vielleicht die Decke Moses[2]). Sie bedienen sich der poetischen Form des Sag', kurzer paralleler Sätze, von denen etwa vier bis sechs durch den Reim zu einer Periode verbunden werden[3]). Sie nennen sich selber nicht Ich, sondern Du, weil sie nicht in ihrem Namen sprechen, sondern im Namen des Geistes, der sie anredet. Sie haben die Manier sich über ihre seltsamen Gesichte und Worte zu wundern (mâ adrâka), als stünden sie selber ihnen fern und fremd gegenüber. Sie beginnen gern mit Eidesformeln (lâ uqsimu), sie schwören bei Sonne Mond und Sternen, bei Abend und Morgen, Wolken und Winden, Bergen und Flüssen, Pflanzen und Tieren, bei Specht und Taube und Wolf und Frosch[4]). Dass sie den Sinn nur anwinken und sich oft zweideutig und dunkel ausdrücken, braucht kaum gesagt zu werden. Für ihre Befragung bezahlt man ihnen ein Honorar[5]), stellt aber vorher, um sicher zu gehen, ihre Kunst auf die Probe, indem man ihnen zum Beispiel etwas versteckt und zu raten gibt was es sei[6]). Der eigentümliche Habitus der Kahine war so ausgeprägt, dass sie ihn nicht leicht los werden konnten und daran erkannt wurden, selbst nachdem sie längst den Islam angenommen

---

1) حاز oder حزّاء, fem. حازية Achtal 32, 1, pl. حزاة Tab. 1 1010, 1, aber auch حازة 389, 7. 447, 3. Vgl. auch رئّى Tab. 1 1738, 1.

2) DhulChimâr hiess alAsvad (Tab. 1 1795, 18), aber auch der asaditische Seher Aus b. Rabîa (Tag. 3, 195). Muhammad und Tulaiha (Tab. 1 1890, 10) hüllten sich ein, wenn sie einen prophetischen Anfall erwarteten.

3) Es scheint (Goldziher DMZ 1891 p. 685), dass sie die ältesten Dichter sind und dass ihnen eigentlich der Name schâ'ir (ידעני) eignet, den später die profanen Dichter führten; ähnlich wie vates = poeta. Das Sag' ist ohne Zweifel die älteste Form der Poesie, enstprechend dem hebräischen Parallelismus der Glieder.

4) Tab. 1, 1897. 1933 s. Die wichtigsten Dokumente für den Stil der Kahine sind die ältesten Suren des Qurans.

5) حلوان الكاهن Buch. 2, 30 s.

6) Muhammad versteckte dem Ibn Çaijâd etwas (Buch. 2, 146. 4, 64), ebenso Utba dem jamanischen Seher (Agh. 8, 50 s. Sprenger 1, 256 ss.). Im Alten Testament müssen die Propheten ein Zeichen geben, an dem man ihre Befähigung und Berechtigung erkennen kann.

und ihr Gewerbe an den Haken gehängt hatten — wofür in der Geschichte des Chalifen Umar ein ergötzliches Beispiel erzählt wird [1].

Die Kahine werden befragt vor einem Unternehmen, raten zu oder raten ab. Der Aufforderung ihres Sehers gehorchend stürzten sich die Banu Asad auf das Lager des Königs Hugr und erschlugen ihn; ein anders mal wurden sie durch die Warnungen ihrer Seher veranlasst, sich kurz vor der Schlacht von Gabala vom Heere der Tamim zu trennen [2]. Der Ghassanit Nuʿman oder Jazid benutzte einen Kahin, um einem Verbrechen auf die Spur zu kommen; der Quraschit Utba b. Rabîa vertraute einem Kahin die Entscheidung über Schuld oder Unschuld seiner des Ehebruchs geziehenen Tochter Hind an [3]. Der Einfluss solcher Männer reichte oft weit über die Grenzen ihres Stammes hinaus, von Mekka pilgerte man zu ihnen nach dem Jaman und dem Schâm. Bei intrikaten Fragen und Streitigkeiten werden sie um ihr Urteil angegangen, Kahin und Hakam sind dadurch verwandte Begriffe geworden [4]. In einem Buch. 4, 16 verzeichneten Hadith nennt Muhammad einen Mann, der eine gewisse Kenntnis der hergebrachten Rechtsgrundsätze besitzt und auf Grund davon ihm selber opponirt, einen Mann von der Bruderschaft der Kahine. Ihm selber ist wahrscheinlich die Gewohnheit der Leute, sich vom Kahin bescheiden zu lassen, zu statten gekommen, um seine Stellung in Medina zu befestigen; sicher ist wenigstens, dass er gleich Anfangs von Rechtsuchenden überlaufen wurde, selbst von Juden und Heiden, die gar nicht an seine Mission glaubten.

Namen bekannter Seher sind: Schiqq von Bagîla, der in der legendarischen Vorgeschichte der Araber zur mythischen Figur geworden ist [5]; Aus b. Rabîʿa, der die Asad gegen Hugr hetzte [6]; alChims von Taghlib, der von der Hand des Harith b. Tzalim fiel und dessen Sohn von Qais b. Zuhair auf der Messe von Ukâtz getötet

---

1) Tab. 1, 1144 s. Buch. 2, 262.

2) Agh. 8, 66. 10, 38.

3) Agh. 10. 28 s. 8, 50.

4) Agh. 15 56, 4.

5) Tab. 2, 1813. Agh. 19, 57. Eigentlich scheint aber Schiqq der Name eines Dämons zu sein (Masʿûdi 3, 325 s.). Vgl. Vloten in der Wiener Ztschr. für die Kunde des Morgenlandes 1893 p. 181.

6) Agh. 8, 66.

wurde[1]); Amr b. alGu'aid, der in der Schlacht von Kulâb blieb[2]); Ibn Çaijâd in Medina, ein jüdischer Jüngling, den Muhammad vergeblich zu belauschen suchte[3]). Auch Seherinnen kommen vor; so Tzuraifa, Sagâh, und die Kâhina von Hadas[4]).

Mit dem Islam flackerte das Sehertum noch einmal in einer eigentümlichen Weise auf, um dann zu erleschen. Muhammad wollte zwar kein Kahin sein, konnte aber doch nicht von ihrer Art lassen. Als er gestorben war, meldeten sich verschiedene Prätendenten auf das für eine Theokratie scheinbar unentbehrliche Amt eines bevollmächtigten Interpreten der Gottheit. Die Anführer des Aufstandes, der nach seinem Tode ausbrach, traten als Seher auf; sie glaubten ihm damit das Geheimnis, wodurch es ihm gelungen war den islamischen Staat zu gründen, abgelernt zu haben. Maslama, Tulaiha, alAsvad waren nach der Form ihres Gebahrens Kahine, wenngleich sie im Namen Allahs redeten und nicht vom Monotheismus abfielen, sondern nur von der Herrschaft der Mediner. Einen verspäteten Nachfolger erhielten sie noch in alMuchtâr zu Kufa. Es erwies sich aber, dass der Islam nach Muhammad keinen Propheten als Vertreter der Gottheit mehr brauchte; der Quran und die Sunna genügten. Der Monotheismus und die gesetzliche Ordnung der Religion und des Rechtes machten dem Sehertum ein Ende[5]). Dadurch versiegte der Quell der Offenbarung für die Kahine. Seit der Sendung Muhammads wurden die Dämonen von den Engeln, zu denen sie jetzt als Teufel in feindlichen Gegensatz traten, verhindert, sich unter die Söhne Gottes zu mischen und die in der himmlischen Ratsversammlung erlauschten Geheimnisse ihren menschlichen Alteregos mitzuteilen[6]). „Der Bote Gottes fragte einst die Mediner, was sie über die Sterne, die geworfen

---

[1]) Agh. 10, 28 s.

[2]) Agh. 15, 75 ss.

[3]) Buch. 1, 175. 2, 146. 4, 64. 120. Noch andere Namen bei Mas'udi 3, 352. 364. 395 s.

[4]) Agh. 13, 110. 21, 275. BHischam 797. Gauhari unter قمر.

[5]) Buch. 1, 102 s.

[6]) Sur. 37, 6 ss. (Buch. 3, 150). 72, 1. ss. (Buch. 3, 173). BHischam 131 s. Der Mythus ist nicht von Muhammad erfunden, schon Umaija b. alÇalt kennt ihn (Wiener Ztschr. 1894 p. 67 n. 4). Er wird jüdischer oder christlicher Gnosis seine Entstehung verdanken. Vgl. die Erklärung von נפילים Henoch 86, zu Genesis 6.

werden, sagten. Sie antworteten: wir sagen, wenn wir sie sehen, es ist ein König gestorben, ein König neu eingesetzt; es ist ein Kind geboren, ein Geborener gestorben. Da sprach der Bote Gottes: so ist es nicht, sondern wenn Gott in betreff seiner Schöpfung irgend etwas beschlossen hat, so hören das die Träger des Thrones und preisen, dann preisen auf ihr Preisen auch die zunächst unter ihnen befindlichen Geister, und so fort, bis das Preisen herabsteigt bis zum untersten Himmel. Dann geht unten ein Fragen an: weshalb preist ihr eigentlich? Antwort: weil die über uns preisen. So geht nun das Fragen nach dem Grunde des Preisens zurück von unten nach oben bis zu den Trägern des Thrones. Die wissen Bescheid und geben Bescheid, und der Bescheid gelangt nun endlich wieder bis zum untersten Himmel. Da unten suchen nun die Schaitane heimlich etwas zu erhorchen, ohne es jedoch über eine nur auf Vermutung beruhende, widerspruchsvolle Kunde hinaus zu bringen; und dann teilen sie es den Kahinen auf Erden mit, teilweise richtig teilweise falsch, und die Kahine sagen es dann weiter, teilweise richtig teilweise falsch. Darauf aber hat Gott die Schaitane durch diese Sterne, mit denen sie geworfen werden, vom Himmel fern gehalten; dadurch ist die Wahrsagung der Kahine abgeschnitten, so dass es keine Wahrsagung mehr gibt.“ Man sieht, dass die Muslime an dem übernatürlichen Ursprunge der heidnischen Weissagungen nicht im entferntesten zweifelten; sie suchten nach einer Erklärung dafür, dass die Kahine doch nur die Glocken von ferne läuten hörten und Wahres mit Falschem vermischten.

Die Männer Gottes oder des Geistes, zu denen die Priester und Seher gehören, sind noch mit anderen Gaben ausgestattet, als mit der der Weissagung. Vor Allem mit der Gabe des Gebetes, d. h. des Fürbittens und des Fluchens, welches beides im Arabischen durch das selbe Verb, mit verschiedenen Präpositionen, ausgedrückt wird. Die Çalât, das gottesdienstliche Gebet als Vorschrift für jedermann, ist erst islamisch und von den Juden übernommen; das davon scharf zu unterscheidende altarabische Du'â ist selbst im Islam keineswegs jedermanns Sache, sondern Privileg der starken Beter. Eine besonders wichtige Art des Du'â ist das Regengebet, das Istisqâ, worüber Buch. 1, 122, 131 ausführlich gehandelt wird: es wird immer von einer der Gottheit nahestehenden Person verrichtet, von Heiligen, Königen, Verwandten des Propheten

u. a.[1]). Über die seltsamen Riten, die dabei gelegentlich geübt werden, das Umkehren des Obergewandes und das Anzünden von Bränden an den Schwänzen gewisser Tiere, wird später gehandelt werden. Es kommt vor, dass heilige Personen sich gegenseitig verfluchen, um die Kraft ihres Einflusses auf die Gottheit zu messen. Muhammad ladete die Kleriker von Nagrân zu einem solchen Wettfluchen (mubâhala) ein, dem sie sich aber wolweislich entzogen[2]). Doch hat auch der Fluch gewöhnlicher Menschen Kraft, wenn sie über ungerechte Behandlung in Entrüstung geraten[3]). Es scheint, dass besonders Gebet und Fluch eines Sterbenden von grosser Wirkung sind[4]).

Die Kraft der heiligen Männer überträgt sich durch Contagium, gewöhnlich zu heilsamer Wirkung. Man berührt sie mit der Hand (tamassuh) oder inficirt sich noch auf directere und innigere Weise, um ihren Segen zu erlangen[5]). Nach Mrlq. 31, 12 pflegten die Knaben einem von Jerusalem zurückgekehrten Pilger fast die Kleider vom Leibe zu reissen. Der Taghlibit alAchtal veranlasste seine schwangere Frau, den vorbeireitenden Bischof anzurühren; sie traf nur den Schwanz des Esels, indessen genügte das nach seiner Meinung zur Erreichung des Segens (Agh. 7, 183). Der Ritter Jazid, der den Rebellen Hubaisch erlegt hatte, wurde von den Medinern derart gestreichelt, dass seine weissen Kleider ganz schwarz wurden (Tab. 2, 579). Die Muslime bestrichen sich die Haut mit dem Auswurf des Propheten und rissen sich um das Wasser, womit er die Waschung verrichtet hatte, um es zu trinken[6]). Hieher kann man auch das Trinken des Blutes verehrter Menschen ziehen;

---

[1]) Vgl. BAthir 2, 435. Tab. 1, 2573 ss. 1. Reg. 18. Joseph. Ant. 14, 22.

[2]) Sur. 3, 54. Agh. 10, 143 s. BHischam 401 ss. Buch. 3, 67.

[3]) Vgl. das Beispiel des Sa'd b. Abi Vaqqâç, Buch. 2, 363. 3, 3. 63.

[4]) Chubaib rief kurz vor seiner Hinrichtung über die ihn umgebenden Mekkaner hin: o Gott, zähle sie genau und töte jeden einzeln und vergiss keinen! Sofort warf Abu Sufian seinen damals noch jungen Sohn Muâvia, den späteren Chalifen. platt auf die Erde, damit der Fluch über ihn weggehe (Vaq. 159 vgl. BAthir 4 65, 17).

[5]) تبرّكًا oder تقرّبا. Auch das Küssen gehört hieher, s. Doughty Register unter Kiss.

[6]) Vaq. 252. Buch. 1, 31. 37. 55. 2, 151. 218. Ebenso machten es die Elxaiten mit Marthus und Marthana (Epiph. Haer. 19 p. 41 B).

das Blut der Könige heilt von der Hundswut[1]). Die Kraft, die von dem Leibe der Heiligen ausgeht, hört auch nach ihrem Tode nicht auf. Das abgeschnittene Haar Muhammads wurde eifrig gesammelt und als Amulett getragen[2]). In Bagdad drängten sich die Leute, um die vom Kreuz genommene Leiche des Märtyrers Ahmad b. Naçr zu bestreichen und seinen Kopf zu berühren (Tab. 3, 1413). Als Bilâl in Mekka um seines Glaubens willen auf den Tod gepeinigt wurde, erklärte Varaqa b. Naufal, er werde ihn eventuell zur Reliquie[3]) machen; „als wollte er sagen: ich werde mit der Hand über ihn herfahren". Das Contagium wirkt spontan, auch ohne die Absicht des Gottesmanns. Aber am besten ist es natürlich, wenn er selber das Streicheln oder das Handauflegen ausübt. So machte es Muhammad mit den Kindern, die zu ihm gebracht wurden; desgleichen auch nach seinem Vorbilde Musailima, aber mit entgegengesetztem, sehr unheilvollem Erfolge[4]).

Der erhoffte Segen ist sehr häufig die Heilung von allerhand Leiden und Gebrechen. Der Priester und Seher ist zugleich Arzt; Muhammad wurde von Kranken überlaufen, auch Heiden wandten sich an ihn, um sich kuriren zu lassen[5]). Der arabische Name für den Arzt reiht sich zu ähnlichen Namen für höheres Wissen und Können[6]). Den Kahinen nah verwandt sind auch der Vogelschauer und Spürer, Quellenfinder, Zauberer. Indessen gelten diese doch als untergeordnet und gehören in eine andere Rubrik. Der Schwerpunkt ruht bei ihnen nicht in der Person, sondern in den Mitteln. Ihr Gewerbe kann von jedem der die Schliche kennt gelernt werden; die Medien treten nackter hervor[7]). Freilich ist wahrscheinlich die Kluft nicht von Anfang an dagewesen, sondern hat sich erst im Laufe der Zeit stärker ausgebildet.

---

1) S. oben p. 126. Ferner Agh. 13, 36. 14, 74. Ar. Prov. 8, 53. Ham. 372, 9. 725 v. 5.

2) Vaq. 259. 354.

3) حنان = syrisch (Agh. 3, 14). Die Araber haben offenbar von den Christen gelernt; aber das tamassuh ist einheimisch.

4) Agh. 4, 185. Buch. 2, 63. 218. 3, 53. 4, 88. Über Musailima s. Tab. 1, 1935. Agh. 8, 100. Vgl. Marc. 6, 56. 10. 13. Luc. 8, 44.

5) Vaq. 155. Agh. 15, 137 s.

6) Mit طبيب vgl. شاعر und خبير.

7) Vloten a. O. 1893 p. 184.

Vergleichender Rückblick.

Der arabische Cultus hat eine unverkennbare Familienähnlichkeit mit dem hebräischen, dem einzigen, den wir auf semitischem Gebiete ausreichend kennen. Besonders fällt es ins Gewicht, wenn zu der Übereinstimmung in den Sachen die Übereinstimmung in den Namen hinzukommt.

Dass auch bei den Hebräern der Garten Gottes, der heilige Hag, mit Bäumen, Quellen und Höhlen, älter ist als die Cultusstätte, scheint sicher. Der Namen Hima findet sich freilich nicht[1]. Wol aber der dem arabischen Nuçub und Mançab entsprechende Name Maççeba für das wichtigste Insigne des Heiligtums, den heiligen Stein, der eigentlich den Altar vertritt. Gemeinsam sind ferner Arabern und Hebräern einige allgemeine rituelle Ausdrücke. Heilig ist חרם, das Wort ist allerdings im Hebräischen veraltet und hat sich nur erhalten in der speziellen Anwendung für den später abgekommenen Brauch der Devotio; das übliche Wort ist קדש, das im Arabischen fehlt. Rein ist טהר, unrein טמא und نجس = נגש (vom Berühren). Von der Gottesverehrung sagt man עבד und סגד[2], das dem lateinischen colere entsprechende עמר hat sich im Hebräischen nur in alten Eigennamen erhalten.

Die Sitte des Umganges oder des Reigens um den heiligen Stein wird als althebräisch hauptsächlich durch den Namen חג bezeugt. Dieser Name hat bei Arabern und Hebräern die gleiche Metamorphose durchgemacht, so dass er schliesslich Festfeier bedeutet; nur selten im Jahr hat also ein feierlicher Gottesdienst, mit allgemeiner Beteiligung, stattgefunden. Festzeiten gibt es hier wie dort zwei, im Herbst zu Anfang des Jahres, und im Frühling zu Anfang des zweiten Semesters. Vorzugsweise hat das Herbstfest den Namen חג, sowol bei den Arabern als auch bei den Hebräern. Ein Analogon des arabischen heiligen Monates bei den Hebräern könnte man in dem tempus clausum der sieben Wochen zwischen Ostern und Pfingsten finden. Schliesslich ist das Wort für den Festjubel הלל identisch bei Hebräern und bei Arabern. Bei dem Fest- und Wallfahrtswesen ist demnach die Übereinstimmung auf-

---

[1]) Am ersten entspricht die Bâma = die heilige Höhe, dann der Altar.

[2]) Vgl. indessen Nöldeke DMZ 1887 p. 719.

fallend, wie schon Dozy erkannt hat. Nur darf man sie nicht auf den mekkanischen Festcultus, verglichen mit dem hebräischen, beschränken, sondern muss sie auf den arabischen Festcultus überhaupt ausdehnen. Der mekkanische Cultus hat nichts Besonderes. Der Sabbat und die Woche findet sich bei den Arabern nicht[1]).

Opfern heisst auf arabisch und hebräisch זבח. Es wird von den Arabern mit der חרבה vollzogen, die Hebräer beschneiden die Knaben mit der חרב. Das Wort עתר, welches im Arabischen vorzugsweise für die Ragabopfer gebraucht wird, hat im Hebräischen die Bedeutung Gebet: das Gebet ist der Zweck oder die Interpretation des Opfers, die Begriffe liegen nahe bei einander[2]). Das Wort נסך, welches giessen bedeutet und im Hebräischen von Trankopfern steht, wird im Arabischen von den Tieropfern gebraucht[3]), weil das Blut über den Stein geschüttet wird. Dieser Ritus des Blutstreichens, der die Bedeutung hat einen Bund, eine Blutsgemeinschaft zwischen der Gottheit und den Opfernden zu stiften, ist auch bei den Hebräern der älteste Ritus des Opfers; bei den letzteren tritt aber, auch bei den blutigen Opfern, mehr und mehr der Begriff der Gabe hervor, der bei den Arabern sehr wenig einspielt; und damit ändert sich der Ritus. Der alte Ritus wird, so weit es geht, beibehalten für die gewöhnliche Schlachtung; ebenso bei den Arabern. Das einfache Streichen ist משח, es kann auch ohne Öl geschehen. Es wird geübt bei Göttern und Menschen. Auch das Küssen der Idole findet sich bei Arabern und Hebräern.

Die Hebräer müssen zum Feste Opfer darbringen und unterscheiden darum die obligatorischen Festopfer, die קדשים, von den freiwilligen Gelübdeopfern, den נדרים. Der Unterschied fällt bei den Arabern fort, bei ihnen ist auch das Festopfer noch Sache der Freiwilligkeit und jedes Opfer ein Gelübde. Wer unter dem Gelübde ist, muss sein Haar wachsen lassen und es erst scheren, wenn

---

1) سنبة und سنبتة bedeutet eine kurze Frist.

2) Prolegomena (1886) p. 79. Eine allgemeinere Bedeutung für das hebräische עתר scheint mir durch Soph. 3, 10 und 'Ατάρβας Atherbal nicht genügend erwiesen zu werden. Räuchern ist nicht der Sinn des Etymons; die Araber kennen kein Räuchern beim Opfer, unterscheiden עתר und עטר, und gebrauchen auch עטר nicht vom Räuchern, sondern vom Duften.

3) dann ganz allgemein von Gottesdienst überhaupt. Dass es jedoch auch im Arabischen ursprünglich giessen heisst, erweist Nöldeke DMZ 1887 p. 719.

er das Opfer gebracht hat. Dieser Zusammenhang von Gelübde und Haar findet sich ebenfalls bei den hebräischen Naziräern; er ist sogar sprachlich ausgeprägt in der doppelten Bedeutung der Wurzel נזר, die genau der arabischen (für Gelübde) entspricht. Das ist wiederum eine sehr merkwürdige Ähnlichkeit. Durch das vorhabende Opfer wird der Araber ebenso wie der Hebräer in einen Zustand der Selbstheiligung, der Abstinenz, versetzt; die Worte dafür entsprechen sich, nur dass die Araber eine Ableitung von חרם (IV), die Hebräer eine Ableitung von קדש (V) gebrauchen. Bei Hebräern und Arabern kommt die Sitte vor, zum Behuf der Heiligung die Kleider zu wechseln und sich die Wechselkleider von dem Heiligtum zu leihen. Nach dem Hadith heiligten sich die heidnischen Araber für das Fest von Mekka durch ein Fasten zu Arafa. Das ist aber unrichtig. Die Araber haben das צום, als Fasten, erst durch den Islam von den Juden kennen gelernt, wie vieles Andere.

Der hebräische Kôhen ist der arabische Kâhin. Der Kohen ist kein blosser Opferer und der Kahin kein blosser Wahrsager, jener wie dieser erteilt Orakel beim Heiligtum. In 1 Sam. 6, 2 sind die כהנים und die קסמים eng verbunden; andererseits sagen die Araber, gewisse vornehme Juden zu Medina seien Kahine gewesen, d. h. vom Geschlecht der Priester, nicht der Wahrsager. So viel aber geht aus der Bedeutungsverschiedenheit von Kahin und Kohen freilich hervor, dass Kahin nicht erst eine Arabisirung des jüdischen Kohen ist; denn von dem jüdischen Kohen aus war nicht zu dem Begriff des Wahrsagers zu gelangen. Auch der חוזה findet sich als حازى wieder, als einziger Rest der Wurzel; ähnlich wie andere alte Worte in einem Dialekt sich manchmal nur in einer besonderen technischen Bedeutung erhalten, während sie in den Schwestersprachen gewöhnlich sind.

Das alte Wort für das Losorakel ist bei Arabern und Hebräern קסם; die abgeleiteten Bedeutungen haben sich bei den Arabern anders und reicher entwickelt. Die Vermutung scheint jetzt Kurs zu gewinnen, dass תורה und מורה von dem Werfen der Lose durch den Priester hergenommen ist. Es gibt aber noch ein anderes Werfen, woraus der Begriff des Weisens abgeleitet werden kann, nämlich das Werfen mit Steinchen, welches bei den Arabern eine Form der Wahrsagung ist. Dergleichen Vermutungen bleiben immer unsicher und verdienen keinen allzu grossen Kredit. Auch die Gleichsetzung der Thummim mit den Tamâim unterliegt Bedenken.

Auf untergeordnete Bräuche einzugehen, ist hier nicht meine Absicht; es wird im folgenden Abschnitt Gelegenheit sein, Einiges nachzutragen. Neben Ähnlichkeiten finden sich Unterschiede in der Praxis der Araber und der Hebräer; die Cultur hat dem Leben der beiden Völker allmählich eben doch einen sehr verschiedenen Stempel aufgedrückt. Hier Kamel, dort Rind; hier Milch, dort Öl und Wein. Nur über die Namen der Götter mögen noch ein paar Bemerkungen verstattet sein.

Gott heisst אל und אלה. Im Hebräischen findet sich beides als Appellativ, doch אלה d. h. אלהים weitaus gewöhnlicher, welches indessen niemals bei Zusammensetzung theophorer Eigennamen gebraucht wird. Im Arabischen ist אל nicht mehr Appellativ; es kommt nur als Bestandteil zusammengesetzter Personennamen vor. Man hat längst vermutet, dass die beiden ähnlich lautenden und gleichbedeutenden Worte verwandt seien. Schon Gesenius (Thes. p. 49) hat אב und אבהה verglichen, und neuerdings Nestle auf ähnliche syrische Beispiele die bestimmte Behauptung gegründet, dass אלהים eigentlich der Plural von אל sei und dass erst aus diesem Plural, der in der hebräischen Prosa noch ausschliesslich im Gebrauch ist, der neue Singular אלה sich ableite. Mit Hinblick auf das Arabische und das Aramäische scheint mir die Annahme schwierig, dass der Singular אלה secundär sei; es müsste dann die eigentümliche Art seiner Derivation an drei Stellen auf die gleiche Weise vor sich gegangen sein. Ausserdem kann man das Feminimum Alilât nicht für jung und den Plural آلهة unmöglich für uralt halten. Man kann die Verlängerung auf âh auch auf andere Weise erklären, indem man عضن: عضاه vergleicht. Immer erhebt sich freilich das von Nöldeke geltend gemachte Bedenken, dass der Vokal von אל lang, der entsprechende von אלה dagegen kurz ist. Aber trotzdem gibt doch auch Nöldeke die Wahrscheinlichkeit der Verwandtschaft zu.

Wenn gleiche Namen gleiche Begriffe verbürgen, so haben die Hebräer und Araber ursprünglich den gleichen Gottesbegriff gehabt. Natürlich ist diese Gleichheit, mit der Entwicklung der Religion und der Cultur, sehr bald verschwunden. Den geschichtlichen

Hebräern und Arabern ist die Etymologie von אל und אלה noch weniger bewusst gewesen, wie sie uns klar ist. Gesenius sieht in אל ein intransitives Participium der Wurzel אול; er meint sogar, in יש לאל ידי und noch in dem Messiasnamen אל גבור habe sich eine von El = Gott unabhängige, appellative Bedeutung des Namens erhalten. Dagegen אלה, אלהּ, אלל hält er für denominirte Erweiterungen von אל; ולהּ und ואל berücksichtigt er nicht[1]). Andere urteilen anders; die Sache ist prekär und hat vorzugsweise sprachliches Interesse. Der wahre Inhalt des Gottesbegriffs ist bei den Semiten überall die Herrschaft (BHischâm 145, 6). Der übliche Titel der Gottheit bei den Arabern ist alRabb, beziehungsweise Rabbi, Rabbuka u. s. w.; seltener wird alMalîk gesagt. Die Verehrer des Gottes nennen sich seine Knechte; Gottesdienst ist der gewöhnliche Ausdruck für den Cultus. Man hat daraus auf knechtische Gesinnung der Semiten gegenüber der Gottheit geschlossen. Um Gesinnung handelt es sich aber weniger, als um Dienstleistungen, Liturgien. Von trotziger freier Gesinnung, selbst gegen ihre Götter, haben wenigstens die Araber eher zu viel als zu wenig gehabt. Die semitische Knechtschaft war auch sehr verschieden von der römischen Sklaverei. Ausserdem haben sich die Araber ebenso wol Söhne, wie Knechte der Gottheit genannt; wenigstens in den Stammnamen.

Von den alt-semitischen Eigennamen der Götter finden wir eine ziemliche Anzahl bei den Arabern wieder, namentlich in den Inschriften. Es ist jedoch zweifelhaft, ob sie da für echt arabisch gehalten werden können. Wenn Athe, Athargate, Jarchibol und Aglibol von Arabern angebetet sind, so sind sie darum doch nicht arabische Götter. Wenn mit Kamos[2]) und Nebo zusammengesetzte Personennamen von Arabern geführt werden, die sich in Moab und Ammon niedergelassen haben, so beweist das nur die Zähigkeit in der Tradition der Namengebung in jenen Gegenden. In Κοσγηρος Κοσνατανος ist die Art der Composition, das Wort νατανν, die Form γηρ weniger arabisch als hebräisch; man hat darin

---

[1]) Neben ألوة Eid findet sich auch die bei Freytag fehlende Form ألية (Agh. 4 75, 13). Im fünften Stamme findet sich تألّه Agh. 11 61, 4 und BHischam 743, 10.

[2]) Καμοσελος? Waddington 2220.

Spuren des Einflusses der alten Bevölkerung zu erblicken, als deren Erben die Araber eingetreten sind.

Aber der Name Baal findet sich nicht bloss in den Inschriften; er hat sich lebendig erhalten in der Redensart: was der Baal tränkt. Das ist das fruchtbare Land, das nicht künstlich bewässert zu werden braucht[1]. W. R. Smith meint freilich, der Ausdruck sei ursprünglich gebraucht von den Aramäern, die in den Oasen die Palmenzucht betrieben; von ihnen sei er zu den Arabern übergegangen. Aber man nennt das Baalsland auch Athtarland, und diese Benennung, in welcher Athtar für Baal steht, kann nicht von den Aramäern entlehnt sein. Auch ist die Redensart was der Baal tränkt nicht die einzige Spur von dem Alter und der einstigen Lebendigkeit des Gottes Baal bei den Arabern, wie schon Nöldeke hervorgehoben hat (DMZ 1887 p. 174). Das Verbum baʿila, das ebenso gebildet ist und eben gebraucht wird wie valiha oder aliha, ist ziemlich häufig[2]. Man kann sagen: „die (christlichen) Igl haben das Kreuz zum Baal“ für „sie haben das Kreuz zum Gott“ (Agh. 13 47, 4). Auch das abessinische baʿâl (Fest) weist daraufhin, dass der Gottesname Baal nicht bloss bei den Nordsemiten verbreitet war.

Dem arabischen Quzah entspricht der idumäische Koζε, der indessen zu spät bezeugt ist, um für echt edomitisch d. i. vorarabisch gelten zu können. Von den in Stamm- und Personennamen versteckten Gottesnamen lassen sich vergleichen חבב حباب, קיש قيس, עוץ عوض, יעוש يغوث, רצין رضاء. Der Name Zuhal (Saturn) erinnert an die אבן זחלת 1. Reg. 1, 9. Gadd findet sich auch bei den Arabern als Gottesname in Abd alGadd. Man muss

[1] Man hält das gewöhnlich für das Land, welches der Himmel, d. h. der Regen, tränkt; vgl. Doughty 1, 39. Dagegen wendet aber W. R. Smith mit Recht ein (Religion p. 98), dass der Regen zwar für die Weide von der höchsten, für die Palmenzucht aber von minimaler Bedeutung sei. Er hält das Baalsland für durch Grundwasser befruchtetes Land, gestützt auf alte Autoritäten. The contrast between land naturally productive and land artificially fertilised has no direct connection with rainfall, but depends on the depth of the groundwater.

[2] Kamil 791, 4. Agh. 14 48, 8. Tab. 1 1969, 8. 3 929, 19. Maid. 21, 96 (Hiçn erblickte bei Habâa die feindlichen Reiter und erschrak = فبعل). Das Verbaladjectiv findet sich Abu Zaid 71, 7.

übrigens bedenken, dass die alten arabischen Gottesnamen meistens verschwunden sind. Sie sind durch junge Epitheta verdrängt, hauptsächlich durch solche mit Dhu; oder sie sind dem appellativen „Gott, Herr" gewichen, wie Jahve dem Elohim und Adonai.

Das niedere Heidentum.

Wir haben es bisher, wenigstens vorzugsweise, mit dem öffentlichen Cultus der Götter zu tun gehabt. Davon zu unterscheiden ist das niedere Heidentum. Es ist unauflöslich mit Sitte und Leben verwachsen und verbirgt sich oft hinter dem Schein der blossen Anstandsregel, der Convention und Etikette. Es überträgt sich unausrottbar von einer Stufe der Religion auf die andere und ist ziemlich gleichförmig über die ganze Welt verbreitet. Selbst der Monotheismus mit seiner Forderung, dass man nur Gott und sonst nichts fürchte, treibt den Aberglauben nicht aus. Der heidnische Opferdienst, mit den Idolen und Priestern, wurde durch den Islam, ausser zu Mekka, beseitigt und vernichtet; das niedere Heidentum aber blieb, wenngleich teilweise wider den Willen Muhammads. „Der Teufel hat keine Aussicht mehr öffentlich von euch verehrt zu werden, aber er sucht sich schadlos zu halten durch allerhand Kleinigkeiten, die ihr für unbedeutend anseht und beibehaltet." So lautet eine sehr treffende Äusserung, die der Prophet bei seiner Abschiedsrede an die versammelten Araber in Arafa getan haben soll. Der Hadith ist Hauptquelle für dies Kapitel, sowol in dem was er in die Sunna aufnimmt als in dem was er bekämpft und verbietet; er enthält auch eine Menge churâfât, Absurditäten und Schnurren. Nicht Alles geht in das arabische Altertum zurück, Manches ist neu und importirt; indessen kommt meistens nicht viel darauf an, nach Herkunft und Ursprung zu fragen. Die Formen des Aberglaubens sind eben sonderbar kosmopolitisch.

In dieser alten dunklen Sphäre herrschen nicht die Götter, sondern die Dämonen. Jedoch lassen sich die Gebiete keineswegs reinlich scheiden, das höhere taucht aus dem niederen auf und versinkt auch wieder darin, die Grenzen sind fliessend und die Übergänge mannigfach. Ich spreche hier überhaupt über die Alltagsreligion im Gegensatz zu der der Feste und Feiertage, über die Gestaltung des täglichen Lebens unter dem Einfluss eigentümlicher Vorstellungen und Observanzen.

Geister und Gespenster.

Die Dämonen unterscheiden sich generell nicht von den Göttern. Aber ihre Individualität ist nicht ausgebildet; die Gattung, das Geschlecht bedeutet bei ihnen Alles, die Person sehr wenig. In der evangelischen Perikope von den Gadarenern sagt der nach seinem Namen befragte unsaubere Geist: mein Name ist Legion, denn unser sind viele; er fährt mit seiner Sippe in eine Heerde von Säuen. Das syrische שחרא (Heerde) wird von Schweinen und Dämonen gesagt; auch durch טולקא werden die letzteren als Heerdenwesen bezeichnet. Ebenso ist das arabische Hauptwort für Dämon, Ginn, ein Collectivum oder Gattungswort; davon erst abgeleitet ist das Einzelwort Gânn. In dieser Hinsicht gleichen die Dämonen den Menschen, wenigstens den arabischen Menschen, bei denen ebenfalls der Stamm und das Geschlecht wichtiger ist als der Einzelne. Ginn und Ins (Menschengeschlecht) ergänzen sich wie zwei Hälften, es sind die beiden in Betracht kommenden Gattungen von Wesen auf der Welt, alThaqalân[1]). Für Ins sagt man auch Baschar; nach dem Alten Testament ist zu vermuten, dass im Gegensatz zu Baschar (Haut und Fleisch) die Ginn Geist sind[2]). Diese Vermutung wird dadurch bestätigt, dass das etymologisch mit Ginn gleichwertige Ganân in der Tat den Geist bedeutet, eigentlich das verborgene, geheime Wesen[3]). Indessen

[1]) Der dunkle Ausdruck stammt aus dem Quran (Sur. 55, 31).

[2]) Vgl. meine Bemerkungen zu Gen. 6, 1—4 in der Composition des Hexateuchs (Berlin 1889) p. 305 ss. Bei Doughty 2, 384 sagt ein Kranker, er sei von einer nafs d. h. einem Geist besessen.

[3]) Das Ginn echt arabisch sei, behauptet Nöldeke DMZ 1887 p. 717 mit Recht gegen meine zweifelnde Bemerkung in der ersten Ausgabe dieses Buchs; ich hatte übrigens nicht an Ableitung von dem lateinischen Genius, sondern an die Möglichkeit ostafrikanischer Entlehnung gedacht. In dem ursprünglichen Sinn Bedeckung findet sich das Wort Hudh. 44, 3. Tab. 1, 1207. Aus dem abstracten Sinne scheint sich der concrete entwickelt zu

wenngleich die Geister nicht Fleisch und Blut sind, so sind sie doch irdisch und keineswegs übersinnlich in der strengen Bedeutung des Wortes. Sie erscheinen, sie begatten sich, sie essen und trinken, sie können verletzt und getötet werden. Nur sind sie den Gesetzen der gemeinen Creatürlichkeit doch nicht unterworfen; sie haben dadurch etwas Widerspruchsvolles an sich. Sie wechseln ihre Gestalt; sie sterben auf den ersten Hieb und leben vom zweiten wieder auf; sie haben einen Löwenhunger und sind doch nicht im Stande zu essen [1]). Moralisch sind sie indifferent; sie nützen oder schaden, wem sie freund oder feind sind. Im Allgemeinen sind sie aber doch nicht recht geheuer. Man vermeidet es in Berührung mit ihnen zu kommen, man weiss nicht wie sie es aufnehmen, man kann ihnen schlecht beikommen und sich schlecht gegen sie wehren. Dazu kommt, wie W. R. Smith mit Recht hervorgehoben hat, dass hinter dem Einzelnen stets sein Geschlecht steht; wer einem einzelnen Gânn etwas zu leide tut, hat es mit dessen ganzer Sippe zu tun, welche die Schutz- uud Rachepflicht für alle ihre Mitglieder hat — genau so, wie es auch bei den Menschen ist [2]).

Neben Ginn gibt es noch andere Namen für Dämonen, von denen Freytag in der Einleitung p. 167 eine Menge aufführt [3]). Sie sind zum Teil sehr umfassend, zum Teil auf eine besondere Species beschränkt. Häufig bedeuten sie zugleich ein Tier oder eine Wettererscheinung oder auch allgemein Unglück und Schrecken; nicht immer ist es klar, welche Bedeutung die ursprüngliche ist. Weiblich sind Ghûl, Siʿlât, Alûq und ʿAulaq, letzteres auch hebräisch עלוק (Prov. 30, 15). Männlich ʿIfrît, ein durch den Qurân eingebürgerte Name (Sur. 27, 39), und Azabb, Aziab, Izb.

Die Wüste ist voll von diesen Spukgestalten. Wer sein Leben als fahrender Mann dort zubringt, darf sich vor ihnen nicht grauen; ein Wüstenbruder muss mit dem Wolf befreundet und

---

haben, genau so wie bei ganân. Auch الخوافى (die Verborgenen) ist eine Bezeichnung von Dämonen.

[1]) Ham. 12, 13. Maralq. 4, 41. Abu Zaid 123 s. Vloten a. O. 1894 p. 68.

[2]) Maid. 22, 65: wenn eine Schlange getötet wird, wird sie gerächt. Vgl. überhaupt Doughty 2, 2 ss. 188 ss.

[3]) Channâs, Schiqq und ʿAisagûr liessen sich noch hinzufügen. Willkürlich ersonnen sind die genealogischen Namen Banu Malik und Banu Uqaisch (= Vaqsch); man lernt daraus nur, dass die Dämonen gradeso wie die Araber in Stämme und Geschlechter eingeteilt sind.

mit der Ghul vertraut sein. Das unheimliche Geschwirr und Geräusper ('azîf Labid 17, 3), das sich in der Einöde vernehmen lässt, rührt von den Dämonen her, sie verursachen, dass „die Gegend redet" (Maid. 3, 98). Manchen Weg, auf dem die Ginn wispern, lange vor diesem Geschlecht seit ewigen Zeiten, rühmt sich Tarafa (3, 1) geritten zu sein. Durch Pfeifen rufen sich die Ginn, die Araber pfeifen darum nicht, um sie nicht anzulocken[1]). Die muslimischen Gelehrten führen weise Reden über die Gespensterfurcht als das Produkt der geängstigten Phantasie des einsamen Wanderers in der Wüste und in der Dunkelheit[2]).

Namentlich gewisse halbmythische, unzugängliche und unbekannte Gegenden sind Standorte der Ginn, wie Abqar, Barahut, Baqqâr, Çaihad, Jabrîn, Haub dâbir. Den Menschen erscheinen sie als schreckliche Wüsten ohne alles Leben, in Wahrheit sind es verzauberte Paradise, Oasen der Ginn[3]). Jabrin war einst von den 'Âd bewohnt; die Ginn sind die Nachfolger, die gespenstischen Schatten untergegangener Nationen. Sie hausen in ehemals bevölkerten, nun aber öden und menschenleeren Stätten, die als verhext gelten. Higr, die Totenstadt der Thamud, war voll böser Geister und Gespenster, wie wir bei Gelegenheit von Muhammads Zuge nach Tabuk im Jahre 9 der Flucht erfahren. Ähnlich ein Ort Niçîbin, schwerlich das bekannte Nisibis, sondern eine aramäische Colonie in Arabien[4]). Man wird an die hebräischen Refaim erinnert, die Totengeister, die nicht auf die Hölle beschränkt sind, sondern auf Erden umgehn, da wo sie einst gelebt haben; und an das Thal der Schedim, wo einst Sodom und Gomorrha stand[5]). Die Kirchhöfe sind von den Ginn bewohnt[6]), und wie die Stätten der Verwesung, so auch die der Unreinheit. Der Gestank ist ihr Element, sie essen Dreck, auf Abtritten muss man sich vor ihnen in Acht nehmen[7]).

---

[1]) Doughty 1, 556: whistling would be taken for one's whistering to the jân. Vgl. 2. 118 s.

[2]) Masudi 3, 323 s. Vloten 1893 p. 241.

[3]) Doughty 1, 548. Vloten 1894 p. 66.

[4]) Buch. 2, 281. Vgl. Doughty 1, 306. 2, 223.

[5]) Isr. und jüd. Geschichte 1895 p. 99. Vgl. Iob 15, 28 (Sur. 14, 47). Isa. 13, 21. 34, 14 s. Sophon. 2, 14.

[6]) Doughty 1, 448. Marc. 5, 5.

[7]) Buch. 1, 26. 4, 84. 2, 260 s.

Sie treiben des Nachts ihr Wesen, sie verschwinden wenn der Morgenstern aufgeht[1]). Sie wohnen im Dunkeln, in der Erde, wie die Schlangen und Eidechsen; als chthonische Wesen heissen sie die Erdgeister[2]). Aber sie sind nicht auf bestimmte Gebiete beschränkt. Sie erfüllen die ganze Welt mit ihrem Heer. Sie hausen nicht bloss in der Wüste, sondern auch in wasserreichen Gegenden voll üppigen Grüns (Buch. 2, 178). Als Hausgeister oder Heimchen finden sie sich in den Wohnungen der Menschen[3]). Überall sind sie gegenwärtig[4]), überall ist man in Gefahr sie zu stören, wenn man Land urbar macht, Brunnen gräbt, Häuser oder Brücken baut. Auf jedem Anstieg treibt sich ein Kobold herum, in jedem Berg und Tal trifft man neue Dämonen[5]). So oft sich die Gegend änderte, pflegte Muhammad auf seinen Heerzügen ein Takbîr anzustimmen, um sie zu verscheuchen[6]). Auch in der Luft erscheinen sie, die Windsbraut (zauba'a) und die Fata Morgana (chaita'ûr) sind Dämonen; vgl. Psalm 104. 4.

Die Tiere spüren die Geister, der Hahn kräht, wenn er sie gewahr wird, und der Esel bräht[7]). In ihren Metamorphosen sind sie auch den Menschen sichtbar. Sie wohnen in Bäumen und Stauden, namentlich in gewissen Arten; z. B. in der Alâa, der 'Uschra und Hamâta[8]). Vorzugsweise aber in Tieren; die islamische Zoologie ist zugleich Dämonologie. Die Ginn sind haarige Wesen und heissen auch so, das Haarige ist der Ausdruck des Tierischen

---

1) Zuhair 3, 11. Sur. 113, 3. Agh. 9 48, 11. Die nachtreisenden Dämonen werden mit 'imû tzalâman begrüsst (Abu Zaid 123).

2) ساكنو الارض Tab. 3 257, 3; Ahl alArd bei Doughty.

3) العوامر oder العمّار Buch. 2, 181. BAthir 3, 252.

4) Sur. 23, 100. Tab. 2, 1826 (حضر).

5) أزب العقبة BHischam 300, 10 (schol.). 570, 7. Agh. 2 148. Doughty 1, 51. 482. Der قرع ist der Betplatz der Ginn (Lisân 18, 259).

6) Buch. 4, 91. 119. Every new sight or sound is dreadful in the anarchy of the desert (Doughty 1, 160).

7) Buch. 2, 182. Vgl. die Eselin Bileams Num. 22, 23 und Buch. 1, 170: alle Tiere hören was die zu Grabe getragene Leiche sagt, nur der Mensch nicht.

8) The sap of the hamât (wild fig trees) is so acrid, that touched to the skin it will raise a blister, which burns for a day or two (Doughty 1, 448).

an ihnen[1]). Sie erscheinen in der Fauna der Wildnis[2]), aber gelegentlich auch in Haustieren. Eine besondere Vorliebe haben sie für gewisse fabelhafte Hybrida, Compositionen aus Wolf und Hyäne und dergleichen, welche das arabische Gegenstück zu den Keruben der alten Semiten bilden[3]). Die Vögel haben zwar allesamt etwas Dämonisches, besonders Rabe, Specht, Wiedehopf und Eule, doch gelten sie nicht grade als Incarnationen der Ginn[4]). In einer gewissen Art von Mäusen sind die Seelen eines untergegangenen israelitischen Stammes eingeschlossen; deshalb rühren diese Mäuse keine Kamelmilch an, die den Israeliten verboten war[5]). Die Verbindung der Geister mit den Tierleibern wird mehr oder weniger notwendig und eng gedacht. Manchmal ist der Leib nur eine angenommene Maske. Die Ghul kann ihr Aussehen beliebig ändern, sie wechselt stets ihr Gewand, d. i. ihre Erscheinungsform (BHischam 843, 4. 890, 2); taghauvul bedeutet darum geradezu die proteusartige Metamorphose. Die Dämonen werden auch vorgestellt als reitend auf Tieren; das macht keinen grossen Unterschied. Nach der Meinung der heutigen Araber fliegen die Engel nicht, sondern sie reiten (Doughty 1, 449); wie die Hexen auf dem Bock und Freia auf dem Eber. Als Reittiere dienen besonders Straussen und Füchse[6]). Die Siʿlât scheint immer ein reitender Dämon zu sein, daher wird sie als Vergleich für wilde Reiter gebraucht (Ham. 68 v. 2).

Sehr eng und notwendig ist aber die Verbindung der Ginn, als vorzugsweise chthonischer Wesen, mit der Schlange, mit der anderes Gewürm und Geziefer unter dem gemeinsamen Namen hanasch zusammengefasst wird[7]). Gânn und Ghul ist einfach

---

[1]) أزبّ, عفريت (Hudh. 227, 10), שׂעיר. Vgl. داهية شعراء oder زبّاء.

[2]) Simeon Stylites trieb die Dämonen und die wilden Tiere zugleich mit dem Heidentum aus einer Landschaft des Libanon aus.

[3]) Vloten 1894 p. 61. Abbildung bei Doughty 1, 54: Vogelkopf, Menschenleib, ein Eselshuf und eine Vogelkralle.

[4]) Vgl. jedoch Ham. 182 v. 2, wo جنّ und طير wechseln.

[5]) Buch. 2, 182. Vgl. Doughty 1, 482 die Frage, ob die Geister des Tals Juden oder Christen seien.

[6]) Agh. 8, 78. 9, 163. Maid. 6, 75.

[7]) Vgl. Nöldeke, Ztschr. für Völkerpsychologie 1860 p. 412 ss. Auch der Fisch gehört hieher; נון ist Fisch und Schlange. Ebenso die Eidechse.

zum Namen der Schlange geworden; auch Schaitân (Satan) figurirt als Schlangenname im zoologischen Lexikon. In jeder Schlange sitzt ein Geist, zuweilen ein bösartiger, zuweilen ein gutartiger. Aus dem brennenden Hain von alQuraija flogen die Ginn heraus in Gestalt weisser Schlangen (Agh. 6, 92). Im Hebräischen heissen fliegende Schlangen Sarafe, man wird davon die Sarafe in der Vision Jesaias nicht trennen dürfen. Während des Grabenkrieges, im Jahre 5 der Flucht, stiess ein Mediner einer Schlange, die er auf seinem Bette liegend fand, die Lanze in den Leib und pflanzte die Lanze im Hofe auf, mit der zappelnden Schlange auf der Spitze. Sobald aber die Schlange starb, fiel er selber tot nieder. Muhammad wurde gebeten Gott anzurufen, dass er ihn wieder lebendig mache; er sagte aber: bittet für ihn um Vergebung, es gibt gewisse Ginn in Medina, welche den Islam angenommen haben; wenn ihr also eine Schlange seht, so gebt ihr drei Tage Frist; kommt sie euch dann noch zu Gesicht, so tötet sie, denn dann ist es ein Teufel (Vaqidi 203). Als der Prophet auf dem Wege nach Tabuk war, kam eine grosse pralle männliche Schlange auf ihn zu und blieb lange vor ihm, während er auf seinem Kamele hielt; darauf bog sie seitwärts ab und stand aufgerichtet. „Wisst ihr, sagte Muhammad, wer das ist? einer von den acht Ginnen, welche den Quran zu hören begehrten[1])! sie verdient gegrüsst zu werden, da sie den Boten Gottes in seinem Lande besucht; sie selbst bietet euch den Gruss, also erwidert ihn.“ Da taten die Leute so; der Prophet aber sprach: liebet die Knechte Gottes, wer sie auch seien! (Vaq. 400 s.). Eine merkwürdige Geschichte steht Agh. 18, 131 s. zu lesen. „Wir machten den Hagg, eine Frau bei uns schlief ein; als sie erwachte, lag eine Schlange zusammengewickelt an ihrem Busen. Als wir ins heilige Gebiet kamen, war die Schlange verschwunden. Auf die Frage, wo sie geblieben sei, antwortete die Frau: im Höllenfeuer. Auf der Rückreise fanden wir aber die Frau wieder an der selben Stelle mit der Schlange am Busen. Die Schlange zischte, da füllte sich das Tal mit lauter anderen Schlangen, die zerbissen die Frau bis sie nur noch ein Gerippe war. Diese Frau hatte drei Kinder geboren, sie aber jedesmal in einen feurigen Ofen geworfen.“

Der Mensch kommt zuweilen in sehr handgreifliche Berührung

[1]) Sur. 46, 28. BHischam 281.

mit den Ginn. Taabbata nahm die Ghul, die er nach längerem Balgen erlegt hatte, unter den Arm und brachte sie als Trophäe mit heim (Agh. 18, 210—212). Als die Banu Sahm von Mekka zur Rache dafür, dass einer von ihnen eine Schlange bei der Ka'ba getötet hatte, hart von den Ginn geplagt wurden, so dass allein siebzig kahlköpfige Greise starben, zogen sie alle Mann hoch aus und töteten auf den Höhen und in den Schluchten alle Schlangen, Skorpione, Käfer und kriechenden Tiere, bis die Ginn um Friede baten (Azraqi 262). Murair und Murâra waren von den Ginn geraubt, da schwur der dritte Bruder, Murra, ihnen Rache, zog mit Pfeil und Bogen in die Berge und lauerte, bis ihm am achten Tage ein Gânn erschien in Gestalt eines Straussen; da schoss er auf ihn und liess ihn für tot liegen — in der Nacht aber überwältigte ihn der Gânn, als er vom Fieber gepackt eingeschlafen war (Maid. 6, 75). Die Ginn können sich auch mit den Menschen vermischen. Sie entführten den Sinân b. Abu Haritha, um ihn als Hengst zu benutzen, wie der arabische Ausdruck lautet[1]). Amr b. Jarbu' b. Hantzala von Tamim hatte eine Ginnfrau geheiratet, die ihm aber entschwand, als er einmal vergass ihr das Haupt beim Gewitter zu verhüllen, damit sie nicht in den Blitz sähe[2]). Eine noch jetzt in Medina blühende Familie leitet ebenfalls ihren Ursprung von einer Ginnfrau ab, die nach siebenjähriger Ehe spurlos mit zwei Kindern verschwand (Doughty 2, 191 ss.). Eine etwas andere Bewandtnis hat es damit, dass die arabische Dynastie von Edessa und das Fürstengeschlecht der Taiji, ebenso im Alten Testament die Heviter und nach Gen. 4 die Menschen überhaupt von der Schlange חוה abstammen, und dass auch an der Spitze der Genealogie der abessinischen Könige die Schlange steht[3]).

Gewöhnlich wirken jedoch die Ginnen geheimnisvoll und unsichtbar; man merkt nur die Tat, nicht die Täter. Laute Rufe bedeutungsvollen Inhaltes und unbekannten Ursprunges rühren von ihnen her[4]). Ubaid b. alAbraç gab einer verschmachtenden Schlange

[1]) Agh. 9 151, 23 lies استفحلته nach Vloten 1893 p. 234.

[2]) Freytag, versio Hamasae 1, 561.

[3]) Prolegomena 1895 p. 313, Composition des Hexateuchs 1889 p. 343. Haija als Frauenname z. B. Jaqut 2 192, 22.

[4]) Vgl. Agh. 7, 131. 13, 65. Jedoch ist Hâtif (Rufer) nicht an sich Epi-

zu trinken; in der Nacht verliefen sich die Kamele seines Reisetrupps: da rief ihm ein Hatif zu, wo er sein Tier finden könne — das war die dankbare Schlange (Agh. 14, 86). In der Schlacht am Uhud wurde plötzlich eine Stimme laut: Muhammad ist gefallen! es war der Izb al'Aqaba, der Bergkobold, der so rief. Auch die rasche Verbreitung eines Gerüchtes, wie auf Fittichen des Windes, wird den Ginn zugeschrieben; durch die „Ginnpost" kam die Nachricht von der Schlacht bei Nihâvand schon am dritten Tage nach Medina[1]). Sie spüren den vorausgeworfenen Schatten des Ereignisses, ehe es sich vollzieht; ein Hâtif sang dem Chalifen Umar das Klagelied, ehe er tot war, und ebenso dem Fürsten der Murra, Huçain b. alHumâm[2]). Wenn jemand spurlos verschwindet, namentlich in der Wüste, so sind die Ginn daran schuld. Eine Ghul raubte das Söhnchen des Abu Usaid, indem sie sich für seine Wärterin ausgab; der berühmte Sinân b. Abi Haritha wurde als steinalter Mann von den Ginn entführt und in ihr Land gebracht; von dem Qaisaba b. Kulthum alSakûni glaubten seine Leute das selbe, er wurde freilich in Wahrheit von den Banu Amir gefangen gehalten[3]).

Für Alles, was nicht mit natürlichen Dingen zugeht, werden die Ginn verantwortlich gemacht. Sie sind im Spiel, wenn die zum Wasser getriebenen Rinder nicht saufen wollen (Ham. 416, 16), wenn der Mann impotent, die Frau unfruchtbar ist oder fehlgebiert[4]). Durch ihre Berührung (mass, lamam, saf'a) verursachen sie Scheintod, fallende Sucht, Hexenschuss, Fieber, Epidemien[5]); vor

---

theton der Ginn, oder einer besonderen Art derselben. Es ist rein appellativ und wechselt mit Çâih und Munâdi. Es bedeutet nicht geradezu Hallucination, sondern nur einen verirrten Laut ominösen Inhaltes.

[1]) BAthir 3, 11. Ähnlich die Fama von Qâdisija, von Çiffîn (in Gestalt einer weissen Taube; die Engel erscheinen so im Islam), und von der Tötung des Qutaiba (BA. 2, 376. 5, 13. Agh. 4, 105).

[2]) Agh. 8, 102. 12, 129.

[3]) Vaq. 67. Agh. 9, 151. 11, 130. 14, 72.

[4]) Agh. 11, 67. Buch. 1, 26. 2, 178. 3, 211. 252. 4, 92. Beim Vollzug der Ehe muss man vor allen Dingen sich gegen die Dämonen schützen. Vgl. Snouck, Mekka 2, 123.

[5]) Fieber heissen نيران السعالى Rasmussen add. 71, 19. Durch Wirkung der Dämonen bildete Muhammad sich ein, allerlei Dinge begangen zu haben, die er gar nicht begangen hatte (Buch. 2, 166. 178).

allem den Wahnsinn, daher der Name magnûn für den Wahnsinnigen. Man sagt istahvathu lginn oder istahâmathu oder istatârathu (Tab. 1, 881. Agh. 9, 151). Der Betroffene havia oder hâma (vgl. חמוֹמה) oder charifa oder chabila. Auch die wahnsinnige Leidenschaft, namentlich der Liebe, rührt von ihnen her. Der Wahnsinn ist die gewöhnliche Strafe für die Beleidigung der unsichtbaren Mächte; er hat oft Entrückung in die Wüste zur Folge.

Gewöhnlich greifen die Ginn störend in das menschliche Leben ein, von aussen her und anfallsweise. Es kommt aber auch vor, dass das Verhältnis innerlicher ist. Die heutigen Araber meinen, dass viele Ginn unerkannt in Menschengestalt herumlaufen. Davon zu unterscheiden ist die Vorstellung, dass ein einzelner ausserordentlicher Mensch ein Manhal, Wohnstätte eines höheren Wesens ist, geradeso wie sonst ein heiliger Baum oder eine geweihte Stätte Manhal genannt wird[1]). Diese Vorstellung findet sich schon in älterer Zeit; wenigstens ist es sehr ähnlich wenn die Begabung eines Sehers oder Dichters oder Musikers von einem ihm anhaftenden Ginn (Çâhib, Tâbi') abgeleitet wird. Auch zu der völligen Verallgemeinerung scheint es gekommen zu sein, dass jeder Mensch, auch wenn er völlig bei Sinnen und normal veranlagt ist, seinen Ginn hat. Ginn ist dann so viel wie der ägyptische Ka und der persische Farvar oder der lateinische Genius. Die Seele wird von dem Leibe getrennt und erscheint als der geheimnisvolle Doppelgänger des Menschen. In diesem Sinn wird Ginn vielleicht gebraucht in der Redensart ما نفرت جنى (ich geriet nicht in Angst) Ham. 182 v. 2[2]). So lässt sich auch der häufige poetische Ausdruck قرينتى, die an mich gekoppelte (Begleiterin), für Seele, verstehen[3]). Im Neuen Testament hat jedes Kind seinen Engel. Nach dem Quran stehen jedem Menschen zwei Engel zur Seite, die auf ihn Acht geben, ebenso nach den Rabbinen[4]).

---

[1]) Doughty 2, 190. 109.

[2]) Das Femininum und die Zusammenstellung mit طير (vgl. 189, 7) erlauben freilich kaum, جنّى hier singularisch zu verstehn.

[3]) Tab. 1 1248 اسرافيل قُرن برسول اللة.

[4]) Sur. 50, 16 (Buch. 1, 60. 63. 76. 3, 159). Wagenseil Sota p. 73.

Wenn die Menschenseele selber gelegentlich als Ginn gedacht wird, so könnte man vielleicht geneigt sein, das Umgekehrte für das Ursprüngliche zu halten, dass nemlich die Ginn Menschenseelen seien und zwar abgeschiedene Menschenseelen. Wir haben gesehen, dass sie in der Tat vielfach Totengeister sind; sie wohnen auf Kirchhöfen, in Ruinen, und in Gegenden, die jetzt verödet sind, einst aber bevölkert waren [1]). Dass sie tierische Leiber annehmen, spricht nicht dagegen; die Metempsychose gehört zum Inventar des Ginnglaubens [2]). Es ist das Beispiel angeführt, dass gewisse Nagetiere eigentlich tote Juden sind; sehr gewöhnlich gilt die Eule als Incarnation der Seele eines verstorbenen Menschen. Aber man darf doch nicht die ganze gemischte Gesellsehaft der Ginn aus diesem Ursprunge ableiten; der Monismus der Erklärung ist auf diesem phantastischen Gebiet sehr unnötig und sehr gefährlich. Die verborgenen Ursachen und Centren subjectiver oder objectiver Erscheinungen und Wirkungen werden personificirt, sie werden nach Analogie der menschlichen Seele vorgestellt, aber nicht allgemein und geradezu als menschliche Seelen. Dass diese geistige Belebung der Natur nicht consequent und systematisch, sondern launisch und irrational geschieht, braucht kaum erinnert zu werden; sonst würde man sich ja auch vor den Geistern nicht grauen.

Durch den Islam tritt der Geisterglaube in ein anderes Stadium. Die Götter werden abgesetzt und zu Dämonen erniedrigt. Diese letzteren verändern dadurch ihren Charakter; sie treten als irdisch-höllische Wesen in feindlichen Gegensatz zu Allah und dessen himmlischer Umgebung, den aus dem Judentum entlehnten Engeln; sie werden zu Schaitanen, ihr Fürst ist Iblîs der Oberste der Teufel [3]). Als Feinde Allahs haben sie eine besondere Ab-

---

[1]) Der Weissagung durch die Ginn kann man die Weissagung durch die Toten vergleichen; jedoch ist diese immer mit Zauberei verbunden, während die Ginn der arabischen Seher und Dichter nicht herauf beschworen werden, sondern von selber kommen.

[2]) Doughty 2, 41.

[3]) Der singularische Teufel (Iblîs) ist im Islam nicht so populär wie die pluralischen Teufel (Schaitane), welche völlig an die Stelle der Ginn treten, bis zu dem Grade, dass es auch harmlose und gute Teufel gibt. Dass Schaitan schon altarabisch sei, ist innerlich sehr unwahrscheinlich und wird durch die von Goldziher vorgebrachten Gründe nicht bewiesen; die Muslime haben be-

neigung gegen den muslimischen Cultus; sie suchen die Andächtigen dabei auf alle Weise zu stören und zu zerstreuen [1]). Der Ruf des Muaddhin ist dem Teufel unausstehlich, das Gebet vertreibt ihn; wer aber nicht daran teilnimmt, dem pisst er ins Ohr. Die fictive Begrenzung eines offenen Gebetsplatzes, die Sutra, scheint neben anderen Zwecken auch den zu haben, die Dämonen abzuhalten [2]). Ihretwegen geschehen alle Waschungen, Reinigungen und Räucherungen, denn sie lieben den Schmutz und das Unreine. Mit Rücksicht auf sie werden bei Einbruch der Nacht die Kinder eingehüllt [3]), die Gefässe bedeckt, die Schläuche zugebunden, die Lichter gelöscht [4]), die Türen geschlossen. Aus Furcht vor ihnen beobachtet man gewisse Vorsichtsmassregeln bei der Verrichtung der Notdurft; man spuckt nach links aus um sie fern zu halten und verrichtet niedrige Geschäfte mit der linken Hand, um ihnen seine Verachtung auszudrücken, denn sie stehen den Menschen zur Linken. Dieser ganze Bewehr ist nicht eigentlich arabisch, namentlich auch nicht sein Motiv, die religiöse Angst vor den Dämonen. Einige besonders charakteristische Bräuche finden sich bei den Essäern wieder, von den Essäern mögen sie auf die Sabier, von diesen auf die Muslime übergegangen sein. Die Essäer haben sich bekanntlich auch mit der Geisterlehre eifrig und eingehend beschäftigt. Andere Quellen der islamischen Dämonologie mögen bei den Aramäern, Babyloniern und Iraniern zu suchen sein, über deren Länder sich die arabischen Eroberer verbreiteten [5]). Dies Gebiet hat weder nationale noch religiöse Grenzen; es ist allen fremden Einflüssen offen und ausgesetzt. Im Ganzen hat der Islam

---

kanntlich die heidnische Tradition erfolgreich corrigirt und nicht bloss Allah, sondern auch Ginn und Schaitan an Stelle alter Götternamen gesetzt; ähnlich wie die Juden nicht bloss El, sondern auch Boschet an Stelle Baals.

1) Buch. 2, 178 ss. 1, 59 ss. 70 ss.

2) Der Speer Zubairs diente als Sutra (Vaq. 60. Buch. 3, 9. Tab. 3, 455. 1437).

3) Buch. 2, 179. 183 كفت, die Bedeutung ist mir nicht klar; vielleicht ist es binden عقد, wie im Aramäischen, denn der Gegensatz ist حل lösen.

4) Andrerseits zündet man auch ihretwegen Licht an, Doughty 2, 3. Eigentümlich kontrastirt dagegen die rationelle Motivirung des Verbots, nachts Licht zu brennen, durch Umar: damit nicht die Mäuse den brennenden Docht herauszögen und dadurch die aus Palmrippen bestehenden Dächer in Brand gerieten (BAthir 3, 44).

5) Vgl Snouck, Mekka 2, 118. 123.

die Bedeutung der Dämonen dadurch gesteigert, dass er sie mit den heidnischen Göttern zusammenwarf und zu Feinden Allahs und der Muslime machte.

Zauber und Gegenzauber.

Man kann die Dämonen citiren und auch bannen, ihre Kraft in Tätigkeit setzen und auch brechen und unschädlich machen. Der arabische Ausdruck für Zauber ist سحر [1]. Es gibt Leute, die ihn professionell betreiben, Männer und Weiber [2]. Die Hexen aber überwiegen. Sie scheinen sich auch bei den Arabern dadurch von den Zauberern zu unterscheiden, dass sie mehr passiv als activ sind, dass nicht die Dämonen ihnen dienen, sondern sie selber den Dämonen, als deren Incarnationen sie geradezu erscheinen. Zur Zeit des Ibn Munqidh ritten die Hexen nackt auf einem Stock zwischen den Gräbern des Kirchhofs von Schaizar herum [3]. Ähnlich reiten sie noch jetzt in Chaibar nachts auf Palmstecken durch die Lüfte, nachdem sie sich splinterfaselnackt ausgezogen, ihren Leib mit Kuhmilch bestrichen und durch eine Absageformel den Islam abgelegt haben; sie zwingen die ihnen begegnenden Männer bei ihnen zu liegen, saugen ihnen das Herzblut aus und machen sie schwach, oder verwandeln sie in Tiere und rauben ihnen den Verstand, wenn sie ihnen nicht zu Willen sind (Doughty 2, 106 s.). Nicht ganz so anschaulich treten sie uns in den Zeugnissen aus alter Zeit entgegen. Die Verfolger des Gâhiz b. ʿAus liessen durch den fernwirkenden Zauber eines alten Weibes seine Waffen behexen, er entkam ihnen aber durch schnelle Flucht, denn seine Beine waren nicht behext (Agh. 12, 51). Den Quraischiten ʿUmâra zogen die Hexen, denen er vom abessinischen König übergeben war, nackt aus und bliesen in die Öffnung seines Penis, worauf er verrückt wurde und in der Wüste irrte (Agh. 8, 53). Die Thaqif stellten zum Schutz gegen die belagernden Feinde eine Hexe auf die Mauer [4]) ihrer Burg, die jenen den

[1]) Hebräisch שחר Isa. 47, 11, vgl. Isr. u. jüd. Geschichte 1895 p. 101.

[2]) Vorzugsweise die Juden verstehn sich auf Zaubern und Behexen, aber auch die christlichen Mönche. Vaq. 294 s. Buch. 3, 190. Doughty 2, 103.

[3]) ed. Derenbourg p. 90 s.

[4]) Vaq. 369. BAthir 5, 253. Procop Pers. 1, 7.

blanken Hintern weisen musste. Ins Wasser geworfen gehen die Hexen nicht unter, sondern schwimmen oben auf. Um den Dichter alAhvaç von Medina zu ärgern, tauchte ein von ihm beleidigter Mann eine Palmrippe ins Wasser und liess dann seine Hand ab, so dass sie oben schwamm; dabei sagte er: ebenso schwimmen, bei Gott, deiner Mutter Schwestern, die Hexen (Agh. 4, 48). Der Chalif Valid I liess die Hexen von Kufa ins Wasser werfen; die oben schwammen, wurden getötet, die untergingen, wurden herausgezogen und am Leben gelassen[1]). Wie die Hexen, so wurden auch die Zauberer im Islam mit dem Tode bestraft, so z. B. der Gaukler in Kufa, der von hinten in einen Esel kroch und vorn durch das Maul wieder herauskam[2]).

Eine Geisterbeschwörung zum Zweck der Schatzgräberei, wobei ein schwarzer Hahn geopfert wird, wird von Doughty 2, 103 beschrieben. Der Zauberkreis, in dessen Mitte der Beschwörer sitzt, wird mit dem persischen Ausdruck mandal bezeichnet, der nach Doughty gegenwärtig auch für den Zauberer selber angewandt wird. Aus dem arabischen Altertum wird dergleichen nicht überliefert. Es sind nur die einfachen und überall verbreiteten Methoden „der Sympathie“, die in den beiden dem Quran angehängten Averruncationsformeln (Sur. 113. 114) erwähnt werden, das Blasen, Knoten oder Nestelknüpfen und Summen.

Weit mehr hören wir vom Gegenzauber; die Kunst, die Dämonen unschädlich zu machen und zu verscheuchen, ist wichtiger und allgemeiner unter den Menschen verbreitet, als sie zu schädlicher Wirkung anzureizen. Der Gegenzauber wird vor allem gegen die mannigfachen Krankheiten angewandt, die von den Ginn verursacht werden[3]); die Heilmittel sind fast immer Zaubermittel[4]).

---

[1]) Barhebr. Chron. Syr. Paris 1890 p. 115.

[2]) BAthir 3, 81. Das hinderte freilich nicht, dass unter den frommen Abbasiden alle Arten der Magie und der Zauberei mehr als jemals blühten und namentlich am Hofe selber betrieben wurden, vgl. Barhebr. 126.

[3]) Dass Krankheiten ansteckend sind und übertragen werden können, leugnet Muhammad.

[4]) Buch. 4, 7 ss. Nur die Pflege der Verwundeten ist rationeller; die Wunden werden sondirt, gereinigt, mit verbrannter Wolle und Öl behandelt, verbunden. Der Wundarzt ist العاص Agh. 12, 53, vielleicht aramäisch âsia; der Rossarzt hat griechischen Namen. Bei den Beduinen sind die geborenen Ärzte die Weiber, jetzt wie vor Alters (Doughty 1, 255).

Der Arzt heisst Tabîb, d. i. der weise Mann; er wird mit dem Goeten auf gleiche Linie gestellt, und das von dem Namen abgeleitete Verbum bedeutet einfach bezaubern[1]). „Du bist der Arzt, heisst es Agh. 10, 136, also blas mir in den Mund und besprich mich.“ Das Hauptwort für Heilzauber ist Ruqà. Es kommt her von einem Verbum, welches eigentlich beruhigen, stillen bedeutet[2]). Die Methoden des Heilzaubers sind zum Teil die selben wie die des Schadenzaubers. Das Streichen und Reiben kommt vor, am häufigsten aber ist das Knoten, das Spützen und Blasen. Man spuckt bei jeder Gelegenheit, z. B. auf ein Schloss, das sich nicht öffnen lassen will (Doughty 1, 527. 2, 164). Zu Allem kommt notwendig hinzu das Besprechen mit der Beschwörungsformel[3]). Seit der Zeit der Buchreligion wird dieselbe häufig aufgeschrieben und abgelesen; manchmal werden auch die aufgeschriebenen heiligen Worte abgewaschen und den Patienten zu trinken gegeben (D. 1, 314). Ein komisches Beispiel der Besprechung von Gliederreissen bei dem Chalifen Abdalmalik wird Agh. 14, 10s. erzählt. Der Sänger Budaih, der von seiner ostafrikanischen Mutter her mit solchen Dingen Bescheid wusste[4]), spie auf das ausgestreckte Bein des Chalifen und summte dazu eine Formel. Er geriet aber in grosse Verlegenheit, als Abdalmalik, dem die Kur gut anschlug, die Formel schwarz auf weiss zu haben wünschte; denn er hatte einfach ein paar Liebesverse des Nuçaib in den Bart gemurmelt. Mitunter hat die Heilung bedenklichere Folgen als die Krankheit. Sa'îd b. Châlid hatte alle Jahre einen Anfall von Scheintod; man wollte ihn heilen, aber eine Stimme (der weibliche Genius der Krankheit) redete aus ihm heraus: ich bin Karîma die Tochter Milhans des Fürsten der Ginn; wenn ihr ihn heilt, so tötet ihr ihn; hätte ich einen edleren als ihn gefunden, so hätte ich mich in den verliebt (Agh. 3, 119).

Auch das Brennen und Schröpfen, die Kräuter und Räuchermittel werden mit den Zaubermitteln auf eine Linie gestellt[5]). Je

---

1) Agh. 20, 154—156. Buch. 4, 92.

2) رقا (mit Hamza, vgl. aram. רקע) sedari, von Tränen und Blut (Buch. 2, 86. 125. Ham. 456 v. 2).

3) عزم, عزيمة (jetzt حجاب).

4) Herod. 2, 38: γόητες πάντες.

5) Buch. 4, 111. In gewissen Fällen scheint ein gesundes Kamel für das

ekelhafter und scheusslicher die Arzneien sind, desto wirksamer; was dem Gesunden verboten ist und schadet, das hilft dem Kranken und wird ihm nötigenfalls mit Gewalt eingeflösst[1]). For remedies the Arabs make no account of halâl and harâm; they will take of the unclean and even abominable, saying: dawâ, it is medicine. These Beduins give the sick to eat of the rakham or small white carrion eagle. Upon a day I found a poor woman of our menzil seething asses' dung in the pot; she would give the water to drink with milk to her sick brother: the Arabs think the ass unclean, but especially the excrement[2]).

Hundswut wird geheilt durch Königsblut, d. h. nicht bloss durch das Blut des regierenden Königs sondern durch das Blut des Geschlechts, aus dem die Fürsten genommen werden; die Dichter schmeicheln einem Quraischiten, indem sie sagen: dein Blut hilft gegen Hundswut[3]). Wenn einem Knaben Schwären auf der Lippe ausbrechen, so nimmt er ein Sieb auf den Kopf, geht damit durch die Zelte des Lagers und ruft: alGalâ; dann wird ihm hier eine Dattel, da ein Stück Fleisch in das Sieb geworfen, er aber schüttet das alles vor die Hunde und wenn die es gefressen haben, gehn die Schwären fort[4]). Wenn einer Mutter die Kinder bald nach der Geburt sterben, so muss sie auf die nackte Leiche eines durch Verrat gefallenen vornehmen Mannes treten, dann bleiben ihr die Kinder leben[5]). Wenn jemand wegen Seuchen-

---

kranke gebrannt zu werden (Nab. 17, 25. Maid. 22, 136). Das Hazâtkraut hilft gegen allerhand Krankheiten, die Agh. 17, 27 und Lisân 18, 259 aufgezählt werden; man räuchert auch damit Maid. 10, 14. Vgl. Snouck 2, 121. 123.

[1]) نُقْل Tab. 1, 1809. Buch. 4, 9.

[2]) Doughty 1, 255, vgl. Ibn Munqidh 8 s.

[3]) Agh. 13, 36. 14, 24. Ham. 372, 9. 725 v. 5. Versio Lat. 2, 583 s. Maid. 8, 53.

[4]) Rasm. Add. 72. Vgl. Snouck 2, 121: unter das Kopfkissen eines kranken Kindes legt die Mutter sieben Stück Brod, die sie den Hunden vorwirft, nachdem das Kind darauf geschlafen. Goldziher 1, 34: zur Pestzeit führen sie ein Kamel durch alle Stadtviertel, damit es die Krankheit aufnehme, erwürgen es dann an einem geweihten Orte und bilden sich ein, die Seuche mit einem Schlage vernichtet zu haben.

[5]) Ein von Gauhari angeführter Vers des Bischr b. Abi Châzim lautet: „die kinderlosen Weiber treten auf ihn den ganzen Tag, sie sprechen: soll nicht ein Schurz auf den Mann geworfen werden?“ — er liegt nämlich nackt da mit unverhüllter Scham.

gefahr sich fürchtet in eine Stadt einzutreten, so kriecht er auf allen Vieren, schreit zehn mal wie ein Esel und hält sich dann für sicher. Das ist das Ta'schîr. Der Beduine will der Seuche vormachen, er sei ein Esel, damit sie es für vergebliche Mühe hält sich an ihn zu wagen; der Esel, besonders der wilde Esel, gilt für ein überaus robustes, keiner Krankheit zugängliches Wesen[1]).

Gegen den Schmerz der Trauer über einen lieben Toten hilft es, dass man Staub von seinem Grabe in Wasser gemischt trinkt (Agh. 1, 128). Solche Beruhigungsmittel heissen salva oder sulvân; sie werden auch gegen Liebespein gebraucht (Ham. 572, 1). Der Verliebte gilt als besessen oder als bezaubert. Man kann natürlich durch Zauber auch die Geliebten aus einander bringen. Ein Mädchen, das in Kuthaijir verliebt war, suchte ihn an sich zu binden, indem sie Knoten in seine Peitsche machte, aber ihre Nebenbuhlerin löste die Knoten aus Eifersucht wieder auf (Agh. 8, 136s.). Die Muschel ra'ma (hebr. ראמות) zieht die Neigung auf ihre Trägerin[2]).

Das Niesen hat etwas zu bedeuten und kann leicht üble Folgen haben; um diese zu verhüten, wird dem Niesenden eine Art Prosit zugerufen: diese heidnische Sitte ist auch Muslimenpflicht[3]). Auch das Gähnen stammt wenigstens nach dem Glauben des Islams vom Teufel (Buch. 2, 180). Der Schlaf wird für heilig gehalten und darf nicht gestört werden[4]), es ist aber eigentlich ein dämonischer Zustand. Als Murra im Fieber eingeschlafen war, ward der Gânn seiner Herr (Maid. 6, 75). Der von der Schlange

---

1) Vgl. die Lexika unter تعشير. In Versen des Urva b. alVard (13, 1. 2) heisst es: Sie sagten: kriech und bräh, so wird dir Chaibar nichts schaden, aber das ist ja eine Torheit aus dem Glauben der Juden — bei meinem Leben, wenn ich aus Furcht vor dem Verderben zehn mal bräbe wie ein Esel, so besitze ich keinen Todesmut. In einem anderen Verse heisst es, das Ta'schîr helfe nichts, wenn das Verhängnis bestimmt sei. Vgl. Globus 1897 p. 30 s.

2) wahrscheinlich des Namens wegen, der von dem Verbum رئم abgeleitet wird.

3) Das تشميت (Prosit sagen) besteht vermutlich in der Formel: mögen sich deine Feinde nicht über dich freuen (شمت).

4) Doughty 1, 250. Nach Buch. 2, 141 ist es nicht erlaubt, jemand im Schlafe zu töten; man muss warten, bis er wach ist — vgl. BHischam 326, 16. 1. Sam. 19, 11. Agh. 13 120, 28.

Gebissene wird beständig wach gehalten, denn im Schlaf gewinnt der Dämon, der in der Schlange und in ihrem Gift steckt, über ihn Gewalt (Nab. 17, 11s.). Über den Schlafenden macht der Teufel drei Knoten, durch die Anrufung des Namens Gottes wird der Erwachende aus seinen Banden wieder gelöst (Buch. 1, 148). Vor und nach dem Schlafe werden darum vom Islam allerhand Vorsichtsmassregeln vorgeschrieben.

Sehr gebräuchlich sind die Palliative, wodurch man sich gegen Schaden und Gefahr zu feien sucht. Dem DhulBigâdain legte Muhammad Bast vom Samurabaum um den Arm um ihn unverletzlich zu machen; die gleiche Absicht scheinen die beiden Hudhailiten gehabt zu haben, die, angesichts der Gefahr in Feindes Hand zu fallen, Bast auf ihre Arme wanden[1]). Harz von der Samura wird als Amulet getragen. Ebenso Katzen- und Fuchszähne, und Hasenköpfe. Wer einen Hasenknöchel umhängt, dem nahen weder die Ginn des Lagers, noch die Hausgeister des Quartiers, noch der Satan der Hamâta- und der Gânn der Uschrastaude, noch die Ghul der Wüste, noch die Chavâfi; und er (der Hasenknöchel) löscht die Feuer (Fieber) der Dämonen[2]). Das Tanschîr, das Tragen der Nuschar (Lösemittel), schützt vor dem Zauber des Knotens und Nestelknüpfens. Tangîs (Besudelung) ist der Name eines Amulets, worin man Dreck, Totenbein und noch widerwärtigere Dinge trägt[3]). Die Kinder hängen sich Beeren, namentlich wolriechende (Urva 8, 3 schol.), als Schmuck und Amulet an.

Die beständig drohende Hauptgefahr ist der böse Blick, sowol des Neiders als des Bewunderers; er wird Agh. 3 80, 13 der Blick der Ginn genannt. Besonders hiegegen helfen die Amulete und Talismane, als eine Art Blitzableiter[4]). Alles was in die Augen

---

[1]) Vaq. 400. Hudh. 106, 4. Ähnlich bei den Juden die Phylakterien. Vgl. Tab. 1, 1060.

[2]) Rasmussen Add. 71. DMZ 1885 p. 329. Hudh. 180, 9. Maralq. 3, 2 s. Über den Namen Chavâfi s. p. 149.

[3]) نشر steht im Gegensatz zu عقد und bedeutet s. v. w. حلّ Buch. 4, 17. Das Tangîs erinnert an das syrische חננא, das allerdings von einem Heiligen herrühren muss.

[4]) Allgemeine Namen dafür sind عوذة und معاذة, حجاب (modern),

springt, dient sowol zur Zier als zum Schutz, so z. B. das Mal auf der Wange der Frau und die Tätowirung[1]). Jeder Schmuck, der den Blick auf sich zieht, wendet ihn von dem Träger ab; Schmuck und Amulet ist das selbe. Die Edelsteine heissen wegen ihrer feienden Kraft bei den Hebräern geweihte Steine, die Ohrringe bei den Aramäern Heiligtümer. Bei den Arabern sind besonders die Muscheln beliebt[2]). Es wird erzählt, dass jemand schwarze Muscheln wie einen Hosenbandorden an seinen schönen dicken Waden getragen habe, damit dieselben nicht vom schelen Auge getroffen würden (Agh. 20, 45). Den Pferden werden Silber- und Goldplättchen angehängt, den Kamelen bunte Lappen und dergleichen[3]). Auch tönender Schmuck[4]) kommt bei den Kamelen vor; ebenso wie bei Zach. 14, 20 die Rosse Schellen tragen. Das Geklirr soll wahrscheinlich die Dämonen vertreiben; wenigstens wird zu diesem Zweck der Fieberkranke mit rasselndem Gehänge angetan[5]).

Man trägt die Amulete als Gehänge, Ringe, Arm-, Fuss- und Halsbänder, Gürtel und Schnüre[6]). Eine Schnur, mit bunten Lappen oder dergleichen behangen, die um den Leib getragen wird,

---

حرز, نفرة, وضح. Sie يردّون البصر. Der Fascinirte heisst مسفوع. Nach Freytag bedeutet نفسته بنفس laesi eum oculo maligno.

[1]) Agh. 3 136, 11. Dass das Tätowiren (نوّر وشم) zum Schutz geschieht, wird wahrscheinlich aus dem was Snouck 2, 120 über die meschâli sagt.

[2]) جزع, ودع, خرز (nicht zu verwechseln mit حرز). Auch bunte Scherben, غضار. خضض Maid. 24, 105.

[3]) ثكن Alqama 1, 21. 13, 5. Agh. 14, 4. مشارات Abu Zaid 39.

[4]) جرس Buch. 139.

[5]) Um den Tod zu vertreiben, wird gesungen und gelärmt (Doughty 1, 424).

[6]) Gehänge Buch. 4, 11. Dazu gehören die Ohrringe, unter deren mannigfachen Namen ich نطفة hervorhebe, weil er an die טוטפות, die allerdings an Stirnbändern getragen wurden, erinnert; vgl. נטפות Isa. 3, 19 und aramäisch טופתא. Nasenringe sind zwar nach Doughty gegenwärtig in Gebrauch, waren es aber nicht im Altertum wie es scheint. Fingerringe waren wenigstens nicht gewöhnlich. Stirnbänder oder Haarschnüre finde ich nicht erwähnt.

heisst Barîm; sie kommt auch an Pferden vor[1]). Die um den Hals getragene Schnur heisst Tamîma. Gewöhnlich sind Muscheln, Steine oder andere zauberkräftige Sachen daran aufgehängt, es scheint aber nicht nötig zu sein[2]). Freytag hat die תמים des Hohenpriesters verglichen; indessen wenngleich die späteren Juden sich diese als einen Zauberschmuck des Hohenpriesters gedacht haben mögen, so scheinen sie doch ursprünglich wie die Urim zum Apparat des heiligen Losorakels gehört zu haben[3]). Gildemeister vermutet, dass Tamîma einfach Übersetzung des griechischen Telesma (Talisman) sei[4]). Man wird vielleicht gut tun bei der Etymologie auch das Wort tuma zu berücksichtigen, welches Ohrring bedeutet[5]).

Die Tamâim werden sehr oft erwähnt, indessen nur bei Frauen und Kindern. Wenn der Knabe erwachsen ist, so wird ihm die Tamima abgeschnitten, er ist zu gross für die Halsschnur[6]). Die Männer tragen sie nur ausnahmsweise[7]). Sie glauben überhaupt nicht recht an die Mittel des Schutzzaubers und sie schämen sich der Furcht (Urva 13, 2) vor den Gefahren, gegen die er feien soll; sie tragen auch keine Zierrate, abgesehen von den Waffen. Der Schmuck und der Zauber ist für die putzsüchtigen und abergläubischen Weiber. Die Männer tätowiren und schminken sich auch nicht, sondern nur die Frauen.

Der Islam hat zwar den Namen Tamâim fallen lassen, die Sache aber beibehalten, besonders in der Form, dass aufgeschriebene Quranverse als Talisman dienen. Chalid b. alValid hatte Haar vom Haupte des Propheten in seiner Feldmütze, Hasan und Husain

---

1) Alq. 1, 21. Ham. 744 v. 2. 556 v. 2 schol. Versio 1, 353. Doughty 2, 349. Es bedeutet einfach gedrehte Schnur und ist ursprünglich wol nicht identisch mit حقو, dem von Mann und Weib um den Gurt getragenen und niemals abgelegten Lederriemen (Doughty 1, 339).

2) Agh. 16 110, 28.

3) Sept. 1. Sam. 14, 41. Vatke, Bibl. Theologie p. 323.

4) DMZ 1884 p. 42.

5) Agh. 9, 170. Kamil 85, 11. 86, 9 s. Fränkel führt תומא an aus b. Baba m. 60b.

6) Kamil 405, 19. 406, 3. Maid. 22, 37.

7) z. B. in Krankheitsfällen Nab. 17, 12. Agh. 16, 110. Dem AbulAsvad, der auffallend schön war, gab der Chalif Muâvia den Rat sich doch eine Tamîma zuzulegen, damit ihm der böse Blick nicht schade (Agh. 11, 118).

trugen kleine Kissen, welche mit Flaum aus dem Gefieder des Engels Gabriel ausgestopft waren[1]). In Mekka werden jetzt die Amulette vorzugsweise von Kindern getragen; Snouck gibt eine Abbildung auf Tafel 40 No. 11.

Zum Schluss möge hier noch eine sonderbare Art des Regenzaubers (istisqâ) einen Platz finden, die in öfters citirten Versen des Umaija b. AbilÇalt erwähnt wird. „Ein schlimmes Jahr, das die Erwartungen der Menschen täuscht, in welchem man ein Knistern spürt in den Idâhbäumen; kein Stern der Regen brächte und kein Südwind, und man gewahrt kein Wölkchen. Und man treibt die ausgemagerten Rinder von der Ebene zu den Bergen . . . . . ., indem man Brände bindet an die Behänge ihrer Schwänze, um die (himmlischen) Meere zu erregen: die Brände von Sal'a- und 'Uschrabüschen sind etwas Peinigendes und sie peinigen denn auch wirklich die Rinder.“ Man treibt also bei anhaltender Dürre Rinder mit Bränden am Schwanz auf die Berge und erwartet, dass es dann Regen geben werde. Eine gewisse Ähnlichkeit hat die von Ovid (Fast. 4, 681ss.) erwähnte römische Sitte, an den Cerealien Füchse mit aufgebundenen Feuerbränden loszulassen. Vgl. Goldziher 1, 35.

Die Fitra.

Es gibt im Hadith einen merkwürdigen Begriff, den der Fitra d. h. der natürlichen Religion. Darunter wird zuweilen der Islam selber verstanden als die Religion wie sie aus Gottes Hand hervorgegangen ist, unberührt durch die Menschenfündlein und Zutaten der Juden, Christen und Magier. Aber es gibt noch eine andere Anwendung des Ausdruckes, wonach er gewisse unwillkürlich aus dem Arabismus auf den Islam übergegangene, als selbstverständlich betrachtete Bräuche bedeutet. „Zur Fitra gehören fünf Dinge, die Beschneidung, das Scheren der Pubes, das Auszupfen der Achselhaare, das Schneiden der Nägel, und das Stutzen des Schnurrbarts.“ Anderswo werden zehn solche Dinge aufgezählt und auf Abraham zurückgeführt, ähnlich wie die Juden die natürliche Religion auf Noah zurückführen[2]).

---

[1]) Vaq. 354. 429. Agh. 14, 163. Buch. 4, 33.

[2]) Buch. 4, 33. 81. Tab. 1, 311.

Alle diese Gebote scheinen nur für den Mann, nicht für das Weib zu gelten. Sie sollen nach dem Islam dem Zweck der Reinheit dienen. Es liegt auf der Hand, dass damit der wahre Grund z. B. der Beschneidung nicht erklärt wird. Unter dem Begriff der Reinheit werden alle Observanzen der Privatreligion, die im täglichen Leben jedes Einzelnen zu beobachten sind, zusammengefasst, Bräuche von eigentlich sehr verschiedener Herkunft und sehr verschiedener Bedeutung; sie müssen ihr heidnisches Wesen aufgeben und sich der Cultusmoral des Monotheismus fügen. Freilich, schon vor dem Islam waren die heidnischen Bräuche grossenteils verblasst und zu seelenlosen Übungen herabgesunken, so dass sich ihnen leicht ein fremdes Motiv unterschieben liess, welches für alle zusammen gelten konnte. Und schon die alten Araber kannten den Gegensatz von Rein und Unrein[1]), obgleich der von Profan und Heilig (halâl und harâm) oder Erlaubt und Verboten weit wichtiger war[2]).

Im Qurân (5, 89. 10, 60) ist davon die Rede, dass die heidnischen Araber sich allerlei nicht gönnten, was Gott ihnen beschert habe. Gewisse Kamele durften nicht geschlachtet und nur für den Gast gemolken werden; gewisse von den Haustieren geworfene Junge waren nur den Männern zu essen erlaubt, den Weibern verboten (5, 102. 6, 140). Aber das Verbotene oder nur beschränkt Erlaubte ist hier nicht etwa unrein, sondern was die Hebräer קדש nennen, der Gottheit geweiht. So auch in den Fällen, dass bei der Schlachtung das Blut aus der Halsader fliessen gelassen und nicht genossen wurde, dass bei den Guʿfi das Herz[3]), bei den Bali der Fettschwanz des Schafes zu essen verboten war. Den Unterschied von reinen und unreinen Speisen kannten die alten Araber nicht. Es gab aber allerlei, was zu essen nicht

[1]) aber nicht in der weiten Ausdehnung des islamischen Sprachgebrauchs. Statt טמא sagt man طمث, دنس, قذر und نجس (נגש, vgl. integer von tango); טהר ist auch arabisch.

[2]) Rein = profan und erlaubt; unrein = heilig und verboten. Aber andererseits ist sich heiligen (zum Opfer) s. v. a. sich reinigen. Rein, erlaubt heisst auch طيّب gut.

[3]) Die Hexen essen das Herz (Doughty 2, 187 s). Eine Spur von der Heiligkeit des גיד הנשה (גנשיא) findet sich Kamil 552, 13.

Mode war und nicht für schicklich galt; die Begriffe darüber wechselten in den verschiedenen Stämmen und Gegenden, was zu allerhand nachbarlichen Neckereien Anlass gab. Die Nomaden verspotteten die Bauern damit, dass sie Grünzeug assen; diese warfen hinwiederum ihnen vor, dass sie keinerlei Art von Fleisch verschmähten. Die Heuschrecken wurden von den Jamaniern gegessen, von den Hudhail aber nicht; heutzutage gelten die fetten als Leckerbissen, während die magern und dürren dem Gaste nicht vorgesetzt werden [1]). „Wenn bei uns zu Hause Frösche oder Schildkröten gegessen würden, so würde ich mich auch nicht davor scheuen" — dergleichen Aussprüche Muhammads und seiner Genossen [2]) finden sich im Hadith nicht selten. Nicht Rein und Unrein, sondern Gewohnt und Ungewohnt ist der Gegensatz; was man nicht kennt, widersteht einem [3]); zu essen, was nicht Sitte ist, ist schimpflich. Die Beduinen indessen waren oft gezwungen auch die von der Sitte gesteckten Grenzen zu überschreiten, der Hunger gestattete ihnen nicht wählerisch zu sein; je ärmer sie waren, desto weniger ekelten sie sich. Sie zapften in der Not den Kamelen Blut ab um eine Art Rotwurst daraus gerinnen zu lassen, sie assen gefallenes Vieh, Eidechsen und selbst Schlangen [4]). Sie machen es noch gegenwärtig ebenso. Mit Ausnahme des Gemüses essen sie Alles was ihnen vorkommt; eventuell heimlich, um nicht ins Gerede zu kommen. Wenn es etwas recht Abscheuliches ist, wie Wolfsfleisch und Aas, so sagen sie um sich zu entschuldigen, es sei besonders gesund — nach dem Grundsatze, dass das Ekelhafte Medicin ist [5]). Der Islam hat kaum etwas an den Verhältnissen geändert [6]). Das Verbot des Blutes und des unge-

---

1) Hudh. 57, 2. Doughty 1, 203. 336. Buch. 3, 256.

2) Buch. 4, 209. 220. 3, 256.

3) قذر, عاف.

4) BHischam 256, 7. Jaq. 3 793, 20. Sur. 6, 140. Besonders Tab. 1, 2241. Vgl. Goldziher 1, 164. Der Vorwurf des Kannibalismus ist gewöhnlich blosse Lästerung; vgl. jedoch p. 125 n. 6.

5) Reiche Erfahrungen in der arabischen Küche gibt Doughty zum Besten (1, 326 ss. 534. 561. 567 u. a.). Die menschenähnlichen Hände der Eidechse werden nicht gegessen, auch die sieben letzten Schwanzringe sind „Menschenfleisch". Vgl. Ibn Munqidh 8 s.

6) Buch. 3, 241 ss.

schlachteten Fleisches[1]) beruhte ohne Zweifel auf alter Grundlage; das des Weines[2]) und des Schweinefleisches hatte in Arabien wenig zu sagen. Im Übrigen hütete sich Muhammad, den Leuten Lasten aufzulegen, die sie nicht tragen konnten. Was ihm selber widerstand, untersagte er doch nicht den Anderen, wenigstens nicht schlechthin, wenngleich er wünschte, dass sie z. B. Zwiebeln und Knoblauch nicht grade vor dem Besuche des Gottesdienstes assen, um nicht durch ihren Athem die Luft zu verpesten.

Unreine Zustände des Menschen, die ihn von der Gemeinschaft, namentlich von der Sacralgemeinschaft ausschliessen[3]), waren auch den alten Arabern bekannt, allerdings weniger bei den Männern[4]), wie es scheint, als bei den Frauen. Die Menstrua durfte an Festen und Opfern nicht teilnehmen[5]), nur für sie sind die alten Ausdrücke für Rein und Unrein im vorislamischen Arabisch gebräuchlich[6]). Für die Wöchnerin wurde in einigen Gegenden eine kleine Hütte ausserhalb des Lagers errichtet, wo sie eine Weile abgesondert wohnen musste[7]). In eine solche Hütte musste

---

1) jedoch mit der sehr wichtigen Ausnahme des Wildprets, wozu die Araber gradezu alles rechnen. Vgl. Ibn Duraid 95 u.

2) Gersten- und Honigbier Buch. 3, 60. Was المقيّر والمزفّت (Geteertes und Gepichtes 2, 214) ist, weiss ich nicht.

3) Grade dies ist das eigentliche Kriterium der wirklichen Unreinheit.

4) Krankheiten wie der Aussatz, die den Patienten zum Feind der Gottheit, عدوّ الله, stempelten, mögen die Excommunication auch der Männer zur Folge gehabt haben.

5) Jaqut 1 236, 8. 4 651, 9. BHischam 15, 20. 966, 10. Prov. 1, 130. Buch. 1, 253. 258. Tab. 1 272, 1.

6) طهر und طمث (nicht طمى). Die Menstrua heisst حائض, دارس, عارك, طامث (Tab. 1 272), ميلاث (BH. 15); letzteren Ausdruck weiss ich nicht abzuleiten.

7) Diese Hütte heisst حفش (Tab. 1 1896, 5. BAthir 2 268, 10). Der Ritus der Reinigung wird für die Wöchnerin ähnlich gewesen sein, wie für die Witwe; vielleicht ist er erst von der Wöchnerin auf die Witwe übertragen, wenigstens spricht dafür das Alte Testament. Die Ähnlichkeit der Menstrua und der Puerpera zeigt sich darin, dass von beiden das Verbum نفس gebraucht wird, vgl. BH. 966, 10. Vielleicht ist ميلاث in Wahrheit puerpera, es wird auch ميلاث überliefert.

sich auch die Verwitwete eine Zeit lang zurückziehen. Darüber gibt es eine oft citirte Tradition der Umm Salama [1]). „Umm Salama erzählt, es sei eine Frau zum Propheten gekommen und habe ihn gefragt, ob ihre Tochter, deren Mann gestorben sei, sich wol die Augen, die ihr weh täten, mit Kuhl einreiben dürfe [2]); da habe er zwei oder dreimal gesagt: nein! sie braucht ja doch nur eine Trauerzeit von vier Monaten und zehn Tagen einzuhalten; sonst durfte euer eins erst nach einem Jahre den Kamelmist werfen. Nemlich, wenn einer Frau ihr Mann gestorben war, so zog sie sich in ein kleines Zelt zurück, legte die schlechtesten Kleider an und parfumirte sich nicht, bis ein Jahr vergangen war. Dann wurde ihr ein Tier gebracht, ein Esel oder Schaf oder ein Vogel, und sie berührte damit [3]) ihre Scham, und selten überlebte das Tier die Procedur. Darauf trat sie heraus, es wurde ihr ein Stück Kamelmist gebracht, das warf sie [4]), und nun durfte sie wieder Parfum und was sie sonst wollte gebrauchen. Ibn Muslim hat von den Higaziern folgenden Bescheid erhalten. Die verwitwete Frau wusch sich nicht, rührte nicht einmal an Wasser, schnitt sich die Nägel nicht, und zupfte sich kein Haar aus dem Gesicht; nach Verlauf eines Jahres kam sie hervor, abscheulich anzusehen; dann fuhr sie mit einem Vogel über ihre Scham und warf ihn halbtot fort.“ W. R. Smith hat Deut. 21, 120 verglichen [5]). Bei den Hebräern verunreinigte die Trauer überhaupt und schloss vom Gottesdienst aus; davon ist bei den Arabern sonst nichts zu merken. Nach muslimischem Grundsatz verunreinigt die Berührung der Leiche

---

[1]) Tâg und Lisân unter فضّ, Buch. 3, 235. 4, 10.

[2]) Das geschieht sonst zum Putz und ist darum für die Trauerzeit verboten.

[3]) mit dem Esel? es scheint allein an den Vogel gedacht zu werden, vgl. den folgenden Bericht des Ibn Muslim und Levit. 14, 6.

[4]) als das zunächst zur Hand liegende, was man werfen konnte; das Werfen accentuirt jede beliebige Handlung, in diesem Falle die Handlung des افتضاض: das wird eigentlich gesagt vom Brechen (des Siegels) der Jungferschaft, hier vom Brechen des Witwentums durch den symbolischen Akt.

[5]) Deut. 21 schert die Kriegsgefangene das (lange Zeit nicht gemachte und dadurch verfilzte) Haar und schneidet sich die (verwilderten) Nägel, wenn sie die Trauer aufgibt und ihren Herrn heiratet. Lev. 14 wird ein Vogel gebraucht bei der Reinigung des Aussätzigen.

nicht (Buch. 1, 162 u.); ob dieser Grundsatz alt ist, kann man bezweifeln, da nagisa (unrein sein) eigentlich נגש (berühren) ist.

Manche Gebräuche werden als religiöse Ceremonien angesehen, die uns wie blosse Anstandsregeln vorkommen. Es ist, wenigstens bei einigen, möglich, dass ihnen die religiöse Bedeutung erst nachträglich vom Islam verliehen ist, dass sie in der Tat nicht der Rücksicht auf Reinheit, sondern der Rücksicht auf Reinlichkeit entsprungen sind. Doch ist zu bedenken, dass die Gebiete im Altertum nicht so getrennt waren wie in der modernen Welt, und dass damals leicht zur Religion gerechnet wurde, was wir gute Sitte oder Fashion nennen. Waschwasser und Weihwasser gehn in einander über; man wäscht sich das Haupt um eine Verunreinigung wegzuschaffen, die gar nicht das Haupt betroffen hat. Den alten Arabern eigentümlich ist namentlich das Rasiren der Pubes [1]) und der Brust [2]), das Auszupfen der Achselhaare [3]), das Stutzen des Schnurrbartes [4]). Auch das Putzen der Zähne mit dem Sivâk, das Scheiteln und das Nägelschneiden [4]) ist vorislamisch, nicht aber das dreimalige Wasserziehen durch die Nase nach dem Erwachen [5]), das Mundspülen nach dem Essen, und das Verrichten der Waschungen vor der Beteiligung am Gottesdienst [4]).

Muhammad sah einen Beweis der theologischen Befähigung seines jungen Vetters Ibn Abbas darin, dass er ihm unaufgefordert Waschwasser auf den Abtritt setzte [6]). Es herrscht die Neigung, allen diesen Bräuchen eine polemische Spitze gegen die Dämonen zu geben; wer sie unterlässt, über den gewinnen die Dämonen Macht.

Die Schamhaftigkeit wird von den Muslimen sehr weit ge-

---

[1]) استحداد oder استعانة, besonders notwendig vor dem Tode, daher geübt von dem, der dem Kampfe oder der Hinrichtung entgegengeht.

[2]) Maid. 23, 491.

[3]) Tab. 1, 311. Das تنمّص der Weiber wird Buch. 3, 165. 4, 35 s. verboten, zugleich mit dem تفلج. Sie behandelten die Haut mit نورة (Kalk), um die Haare zu entfernen, bevor sie sich tätowirten.

[4]) Tab. 1, 311. Grade umgekehrt Plin. 6, 162: barba abraditur praeterquam in superiore labro. Nägelschneiden heisst تقليم الاظفار.

[5]) استنثار Buch. 2, 181 oder استنشاق.

[6]) Buch. 1, 26.

trieben[1]). Sie ist aber schon den heidnischen Arabern eigen, wie den Semiten und den alten Culturvölkern überhaupt; durch gelegentliche Beispiele der Frechheit Einzelner darf man sich darüber nicht täuschen lassen. Die Sunna schreibt vor, man solle sich nicht einmal vor sich selber entblössen und nicht nackt waschen — aus Scheu vor Gott und den Geistern; Hiob tat es und hatte es schwer zu büssen[2]). Wenn im arabischen Altertum Erwachsene sich nackt zeigen, so geschieht das nur bei ausserordentlichen Anlässen, um ausserordentliche Zwecke zu erreichen. Ihre Notdurft verrichteten die Krieger ausserhalb des Lagers, die Bürger ausserhalb der Stadt oder des Stadtquartiers[3]). Man setzte sich dabei hin und verhüllte das Haupt wie der Vogel Strauss[4]). Saʿd b. Ubâda und Sinân b. Abi Haritha wurden von den Ginn getötet, als sie diese Sitte nicht respectirten[5]); Muhammad soll sich allerdings ungestraft darüber hinweg gesetzt haben[6]).

Die natürlichen Epochen des Lebens werden durch feierliche Acte geweiht. Dem neugeborenen Kinde wird der Gaumen mit etwas Saft von gequetschten Datteln oder dergleichen bestrichen[7]), das heisst tahnîk. Ähnliche Sitten finden sich bei andern alten Völkern[8]). Bei den Hebräern wird das Kind mit Salz abgerieben[9]), aber das Verbum חנך, welches sich in der allgemeinen Bedeutung initiiren auch bei ihnen erhalten hat, beweist das Alter des arabischen Ritus; denn es ist von dem Worte für Gaumen abgeleitet. Ob das tahnîk die Susception des Kindes durch den Vater,

---

[1]) Verbot ungenügender Kleidung Vaq. 339. Tab. 1, 1728. Vgl. Buch. 3, 118 zu Sur. 11, 5.

[2]) Buch. 1, 41. 2, 196.

[3]) Buch. 1, 26. BHischam 733: wir hatten als echte Araber kein heimliches Gemach im Hause wie die Perser, denn davor ekelte uns; wir gingen auf einen freien Platz und die Frauen taten das nachts (Baladh. 9). Die Beduinen dagegen betragen sich in der ihnen fremden Stadt höchst unanständig (Sprenger 3, 307 s. Doughty 1, 557).

[4]) Buch. 1, 34 s. 3, 15 s. Daher Tab. 1, 1376 تقنع بالثوب in dem selben Sinn wie die Füsse bedecken im A. T.

[5]) Loth, Classenbuch p. 80. Agh. 9 151, 25.

[6]) Buch. 2, 59: بال قائما فى سباطة قوم.

[7]) Agh. 4, 154. Maid. 15, 33. An letzterer Stelle heisst der Saft ضبيبة.

[8]) Bochart (Lugd. 1712) 1, 630: Einflössen von Honig, vor der Milch.

[9]) Ezech. 16, 4. Vgl. Augustins Confessionen 1, 11: condiebar eius sale.

als den Ernährer, bedeutet, lässt sich bezweifeln; denn es braucht gar nicht von seiten des Vaters zu geschehen. Mit Vorliebe brachten die Mediner ihre Neugeborenen zu Muhammad, damit der heilige Mann den heiligen Act vollzöge; er spie ihnen in den Mund, so dass sein Speichel das erste war was ihnen in den Bauch kam, und flösste ihnen dann gekaute Datteln ein [1]). Auch mit der Namengebung steht das Tahnik nicht in regelmässiger Verbindung. Die Namengebung tritt in älterer Zeit nicht besonders hervor und beruht oft auf sehr zufälligen Gründen. Sie scheint ursprünglich mehr Sache der Mutter und der ihr beistehenden Frauen gewesen zu sein als des Vaters [2]).

Für die Geburt eines männlichen Kindes wird nach einiger Zeit, etwa nach sieben Tagen, ein Opfer dargebracht, das gewöhnlich in einem Schafe besteht. Wie bei jedem Opfer die Haarschur statt findet, so werden auch bei diesem Opfer dem Kinde die ersten Haare mit denen es geboren ist abgeschnitten, ausserdem der Kopf mit Opferblut benetzt. Daher der Name ʿAqîqa. Die Aqiqa ist vom Islam übernommen, sie ist nach Doughty noch jetzt eine der häufigsten Opfergelegenheiten in Arabien, findet aber nur bei der Geburt eines Knaben, niemals bei der Geburt eines Mädchens statt [3]).

Die Beschneidung herrschte seit Alters in ganz Arabien. Iudaeorum circumcisionem Arabicae gentes aliaeque plurimae ad ministerium suae impietatis — d. h. für ihren Gottesdienst — imitati sunt (Clem. Rec. 8, 53). Unbeschnitten zu sein galt für eine grosse Schmach (Agh. 6, 94). Als nach der Schlacht von Hunain unter den gefallenen Thaqîf zufällig ein Unbeschnittener — es war ein christlicher Knecht — gesehen wurde, deckte alMughîra mehrere Leichen der Thaqîf auf, damit sich nicht die Rede verbreite, sie seien unbeschnitten; so wichtig nahm er die Sache (BHischam 850). Die Römer verboten die Beschneidung

---

[1]) Buch. 2, 270. 1, 198. 4, 25. 67. Musailima wollte es nachmachen, hatte aber schlechten Erfolg (Tab. 1, 1935).

[2]) Für „ich heisse" sagt man hergebrachter weise „meine Mutter nannte mich", aber nicht „mein Vater nannte mich".

[3]) Buch. 3, 252 s. Tag. 9, 223. W. R. Smith, Kinship 152; Religion 329. DMZ 1886 p. 184. Doughty 1, 452: when a man child is born, the father will slay an ewe, but the female birth is welcomed in by no sacrifice.

den Arabern im Reich[1]). Die Muslime übernahmen sie stillschweigend; doch gestattete Umar II nicht, sie den übergetretenen Mavâli aufzunötigen (Tab. 2, 1354). Sie wird nach islamischem Brauch[2]) als grosses Familienfest gefeiert und schon im kindlichen Alter vollzogen. Aber nach Gen. 17 war Ismael dreizehn Jahr als er beschnitten wurde, und nach Buch. 4, 81 beschnitt man ehedem den Mann nicht eher als bis er erwachsen war[3]). Ursprünglich war die Beschneidung, wie es scheint, eine Art barbarischer Reifeprüfung, die der Jüngling bestehen musste, bevor er heiraten durfte. In der Etymologie von ختن tritt ein Zusammenhang zwischen Beschneidung und Bräutigam bez. Eidam deutlich hervor; dieser Zusammenhang wird auch in Gen. 34 vorausgesetzt und namentlich in Exod. 4: Sippora beschneidet ihr Söhnlein statt ihres Gemals und berührt mit der blutigen Vorhaut des ersteren die Scham des letzteren — um anzudeuten, dass die Beschneidung des Knäblein ein gemildertes Äquivalent ist für die ursprüngliche Beschneidung der jungen Männer vor der Hochzeit[4]). Sagenhafte Reminiscenzen an diese alte Zeit und Bedeutung der Beschneidung finden sich noch bei den heutigen Beduinen[5]).

Die Mädchen wurden ebenfalls beschnitten, und zwar war das ebenso gut ein Fest wie die Knabenbeschneidung[6]). Die

---

[1]) Curetons Spic. Syr. 19. Frgm. Hist. Graec. ed. Müller V 2 p. 91.

[2]) Doughty 1, 340. 342 (purification). 391. Reland, Relig. Muh. 75. 268.

[3]) Ibn Abbas wurde gefragt, wie alt er beim Tode des Propheten gewesen sei. Er antwortete: ich war eben beschnitten. Er war damals dreizehn Jahr alt.

[4]) Prolegomena zur Geschichte Israels 1895 p. 345.

[5]) Doughty 1, 128 s. 2, 41. Es wurde Doughty als Sitte der Harb erzählt: the male is not circumcised in childhood, bud when he is of age to take a wife; then his friends send for surgery and the young man is pilled from the pubes: the maiden also looking on, and if her lad shrink or cast a sigh, she will disdain him for a husband. Als er aber später die Harb darnach fragte, waren sie sehr entrüstet und sagten, das werde von den Kahtan erzählt — das ist, wie er bemerkt, of a further nation and always far off. Vgl. Niebuhr, Beschreibung von Arabien 19. 269; Fresnel, R. d. Deux Mondes 1839 XVII 254 ss; Ritter XII 192 s. Nach Burton (Pilgrimage, erste Ausgabe, 3, 80 note) heisst die Operation سلخ d. i. Schindung. Man könnte an einen Zusammenhang mit dem استكحال denken.

[6]) Agh. 16, 14. Nab. 10, 28. Ebenso bei den Ägyptern, vgl. Reland a. O.

Mutter des Sibâ' b. Abdal'uzza war eine Mädchenbeschneiderin zu Mekka (BH. 563, 18). Der Hudhailit Chalid b. Vathila findet es über den Spass, dass er, in fremdem Lande weilend, einheiraten soll in ein Geschlecht von Leuten, die ihre Weiber nicht beschneiden und bei denen das Heuschreckenessen nicht für abgeschmackt gilt (Hudh. 147). Châlid alQasri, der bekannte Statthalter Hischâms, liess seine Mutter noch in ihrem Alter beschneiden, um nicht „Sohn der Unbeschnittenen“ geschimpft zu werden. Sie war nämlich eine Christin; die Griechinnen werden als unbeschnitten gescholten[1]). Bei alle dem ist die Beschneidung der Mädchen doch wol nicht so allgemein gewesen als die der Knaben. Jedenfalls darf sie mit derselben nicht auf gleiche Linie gestellt werden; sie hat eher eine natürliche Veranlassung und einen medicinischen Nutzen gehabt. Circumcisio religiosa, sagt Reland mit Recht, solorum est marium.

Auch die Ehe scheint schon im arabischen Heidentum, soweit sie überhaupt vorhanden war, der religiösen Weihe nicht ganz entbehrt zu haben[2]). Das wird sowol in Sur. 4,25 als auch in der Festrede Muhammads bei der Abschiedswallfahrt vorausgesetzt: die Weiber stehen zu euch wie Kriegsgefangene und haben über sich selbst keine Gewalt, ihr habt sie aber nur gegen ein heiliges Versprechen empfangen und unter heiligen Formeln die Ehe mit ihnen vollzogen (BHischam 969, 6). Wie die Formeln etwa gelautet haben, erfahren wir aus der lesenswerten Geschichte, wie der alte 'Aqil b. Ullafa, der auch im Islam schlecht und recht an den väterlichen Sitten festhielt, seine Tochter dem Chalifen Jazid I. oder einem anderen vornehmen Quraischiten antraute[3]). Die Hochzeit wird mit einem Mahle gefeiert, das vielleicht der Rest eines Opfers ist; die Ceremonien werden beschrieben bei der Heirat Muhammads mit Âischa[4]). Die Frau, die geboren hatte, bekam eine besondere Speise zu essen; die Not muss auf den Gipfel gestiegen sein, „wenn

---

p. 75 und Lane, Manners (1836) p. 311. Daher الختانان = beide Geschlechter (Buch. 1, 42).

1) Agh. 19, 59. 6, 103. Vgl. Tab. 2, 1456.

2) Vgl. Göttinger Gel. Nachrichten 1893 p. 431 ss.

3) Agh. 11, 90.

4) Buch. 2, 266 s. 3, 210. أولم und أعذر (Beschneidungsfest und Hochzeit) werden zuweilen synonym gebraucht.

die Wöchnerin bei der Erstgeburt eines Knaben nicht ihren Wochenbrei bekommt, und wenn das entwöhnte Kind nicht mit Honig gestillt wird[1])."

Der wichtigste Abschnitt des Menschenlebens, der Tod, wird auch am feierlichsten begangen. Es ist am besten, darüber in einem eigenen Paragraphen zu handeln.

Leichenfeier[2]).

Die Kunde von einem Todesfall verbreitet sich alsbald durch das Wehgeschrei der Überlebenden. Man streut Staub auf sein Haupt[3]) und ruft jammernd den Namen des Toten: wâ Zaidâ, indem man den Wunsch hinzufügt: sei nicht ferne! Ist der Tod im Felde, auf der Reise, oder heimlich erfolgt, so wird er durch Trauerboten angesagt (na'à), mit lauten Rufen von weit her. Als der Jude Abu Râfi' in Chaibar nachts von einem Muslim meuchlings ermordet war, trat, beim ersten Hahnenschrei und dann noch einmal bei Tagesanbruch, der Nâ'ia auf die Mauer seines Schlosses und rief: ich verkünde den Tod des Abu Râfi', des grössten Handelsmannes im Higâz (Buch. 3, 15s.). Als Amir b. alTufail im Lande der Salul gestorben war, brachte eine schlanke Salulitin, die sich halb nackt ausgezogen hatte, den Seinen die Nachricht in kurzen Reimen; da begann ein allgemeines Weinen (Agh. 15,139). Das Kamel, welches ohne seinen Herrn zurückgekommen ist, wird mit leerem Sattel im Lager herumgeführt (Agh. 11, 148).

Die Feuerbestattung ist unbekannt; den Muslimen gilt sie als furchtbare Strafe, nicht viel weniger schlimm als Verbrennung bei lebendigem Leibe[4]). Es kommt indessen vor, dass dem Verstorbenen zu Ehren wolriechendes Holz verbrannt wird; diese Sitte

---

1) Hudh. 25, 4. BAthir 3 366, 21. Jaqut 4 217, 16.

2) Buch. 1, 161—182. Tab. 1, 1830 ss. Goldziher 1, 229—263. Nach einer freundlichen Mitteilung Goldzihers findet sich im Divan des Abu Dhuaib (Abschrift im Besitz des Grafen Landberg) ein Gedicht, worin eine Bestattung ausführlich beschrieben wird.

3) نقع Agh. 8, 67. 16, 134. Vaq. 74 (52: Erde auf den entblössten Hintern) Buch. 1, 167.

4) Buch. 2, 207. 211 s. BAthir 3, 300. 329.

ist aber nicht für die alte Zeit und nicht für das eigentliche Arabien bezeugt[1]). Die alte und allgemeine Sitte ist das Begraben; das gemeinsemitische technische Wort dafür wird auch im Arabischen gebraucht[2]). Die Leiche wird zum Begräbnis „ausgestattet" (gahâz). Sie wird von den nächsten Verwandten und Freunden gewaschen; man mischt das Wasser zuweilen mit Sidrblättern, mit Salz oder mit Kampher[3]). Häufig wird sie auch balsamirt; nach muslimischem Recht hat das zu geschehen von dem gesamten Vermögen und nötigenfalls auf Schulden. Wer in den Tod geht, balsamirt sich selber[4]). Das Balsamiren besteht jedoch nur darin, dass Spezereien oder duftende Kräuter in die Leichentücher getan werden. Der Tote wird in die Kleider gehüllt, die er im Leben trug; vor Allem muss der Kopf bedeckt werden, die Füsse können eher zu kurz kommen[5]). Dies Alles geschieht sofort nach dem Tode; man hat Eile, die Leiche unter die Erde zu bringen.

Särge gibt es nicht. Die eingehüllte Leiche (ganâza) wird auf einer „höckrigen" Bahre zu Grabe getragen; die Träger dürfen sich auf dem Wege nicht aufhalten[6]). Alle Männer des Geschlechts haben die heilige Pflicht an dem Gefolge sich zu beteiligen; die Weiber haben wenigstens das Recht[7]). Die ansässigen Araber bestatten in älterer Zeit in ihren Häusern oder dicht dabei; später auf gemeinsamen Begräbnisstellen, wo die Geschlechtsgenossen zu-

---

[1]) Agh. 5, 159 (Verse aus der Zeit des Chalifen Omar II). Diese Art von Totenbrand hat sich in Portugal lange erhalten, vgl. die Stuttgarter Ztschr. für Allg. Geschichte 1887 p. 765.

[2]) قبّر, daneben دفن. Das Grab heisst auch جدث Hudh. 2, 1. 16, 4.

[3]) Vaq. 222. 283. Die Gefallenen werden nicht gewaschen; auch die muslimischen „Märtyrer" werden in ihrem Blut bestattet; nach der Verordnung Muhammads in der Schlacht am Uhud.

[4]) تحنّط = sich dem Tode weihen; sehr oft. Ibn alZubair ging in den Tod, nachdem er vorher stark duftende Essenzen eingenommen hatte, damit seine Leiche nicht stänke. Einen ähnlichen Grund hat der Brauch, vor dem Kampfe nichts zu essen, um die Gedärme nicht zu füllen.

[5]) Buch. 1, 180 s. 165.

[6]) Vaq. 222. In Medina wurde die Leiche mitunter aufgebahrt (Buch. 2, 237 s. 4, 218), die Bahre gehörte der Familie Nubait (Vaq. 223. 414).

[7]) Buch. 1, 114. 161. Im Islam folgen die Weiber in der Regel nicht (Buch. 1, 45. 165); vgl. aber Antara 21, 31 und die بنات نعش.

sammen ruhen[1]). Die Beduinen, die keine festen Wohnplätze haben, mögen schon ehedem, wie gegenwärtig, ihre Stammfriedhöfe gehabt haben[2]). Oft genug kommen aber auch einzelne und allein liegende Gräber vor; sie werden gern auf Hügeln und besonders an viel begangenen Wegen angelegt[3]).

In Petra und Egra finden wir die in den Fels gehauene Familiengrabkammern, die bei den späteren Juden Sitte waren. Die christlichen Garm wurden in navâvîs bestattet, das sind die von Doughty beschriebenen navâmîs, kleine Gewölbe aus Steinen ohne Mörtel[4]). Aber das alte Erdgrab hat die künstlicheren Neuerungen wieder völlig verdrängt. Es gibt einfach senkrechte Gräber und solche, die eine Nische in der Seite haben, worin die Leiche beigesetzt wird. Der erste Typus herrschte in Mekka, der andere beliebtere, der sich wol aus Nachahmung der Felsengräber erklärt, in Medina[5]). Die Leiche wird so zurecht gelegt, dass der Arm unter dem Kopfe zu liegen kommt[6]). Zu dem Zweck steigen die nächsten Verwandte und Freunde in die Grube; dieser letzte Liebesdienst wird bei angesehenen Personen zu einem eifersüchtig

---

[1]) Die Mutter des Qais b. alChatîm verhehlte ihm, dass sein Vater und sein Grossvater in der Fremde ermordet waren, sie machte vor ihrer Haustür zwei Erdhügel und sagte, das seien die Gräber der beiden (Agh. 2, 160). Der Islam untersagte, die Häuser zu Grabstätten zu machen (Buch. 1, 154). Aber Muhammad selber wurde in seinem Hause begraben, neben ihm seine ersten Nachfolger. In Kufa begrub man anfangs in den Wohnstätten oder wenigstens innerhalb der Stadt; Chabbâb b. Aratt liess sich zuerst draussen begraben und die Menschen folgten seinem Beispiele (BAthir 3, 271). Bekannt sind die جبّانات der Stämme in Kufa und Baçra, der Baqîʿ alGharqad in Medina.

[2]) Doughty 1, 305. 349. 440; vgl. Urva b. alVard 3, 4, wo offenbar von einem Kirchhof die Rede ist.

[3]) على قارعة الطريق oder على الطريق الواضح Agh. 14, 32. 103. Buch. 1, 173. 2, 200. Tab. 3, 253. Auf dem Hügel Agh. 16, 127.

[4]) Agh. 14, 109. Maid. 14, 87. Doughty 1, 386. 411. 2, 102. 206. Zu Grunde liegt das griechische Naos.

[5]) ضريح (hebräisch צריח) und لحد Buch. 1, 174. Tab. 1, 1832. Ham. 439 v. 4. Freytag, Einl. 222.

[6]) توسيد Ham. 439, 23. 459 v. 2. Wahrscheinlich machte auch der Schlafende häufig den Arm zu seinem Kopfkissen.

gewahrten Recht, und häufig entsteht Streit und Gedränge darum. Dann wird das Grab zugeschüttet, indem die Umstehenden Hände voll Erde darauf werfen [1]), und ein Hügel gehäuft [2]). Oben darauf werden Steinplatten geschichtet, oder kleinere Steine zu einem Haufen zusammengeworfen, der später durch gelegentliche Beiträge Vorübergehender immer mehr anschwillt; daneben kommen aufgerichtete Denkmale (cippi) vor [3]). Es findet sich auch, dass frische Zweige auf das Grab gesteckt werden [4]). Dass mehrere Leichen in ein und das selbe Grab kommen, schickt sich nicht. Nach der Schlacht am Uhud bekamen der Vater und der Oheim Gabirs b. Abdallah ein gemeinsames Grab; ihm war das aber so peinlich, dass er nach sechs Monaten seinen Vater ausgrub und besonders bestattete [5]).

Spuren von der in aller Welt weit verbreiteten Sitte, dem Toten allerlei Dinge, die er im Leben nötig hatte, ins Grab mitzugeben, lassen sich auch bei den Arabern erkennen. Zwar der Brauch, ihm einen Groschen in den Mund zu stecken, ist persischen Ursprungs (Maid. 23, 486). Aber es kommt vor, dass Kessel und Schüssel des Mannes über dem Grabe zerbrochen werden (Ham. 17, 12), ebenso auch die Waffen [6]). Vor Allem bekommt er sein Reittier mit, ohne das wäre er ganz unvollständig. „Die Heiden glaubten, dass er sonst bei der Auferstehung zu Fuss gehen müsste“, sagen die muslimischen Altertumsforscher; ganz richtig, wenn man die Auferstehung abzieht. Bisweilen wird sein Kamel mit dem

---

[1]) Ham. 423 v. 3. 477 v. 6. Damit hängt wol die vielleicht ältere Sitte zusammen, auf den Toten selbst, schon ehe er im Grabe liegt, Erde zu streuen (Ham. 423 v. 3).

[2]) تسنيم Buch. 1, 181.

[3]) Die Platten heissen صفائح, die Steinhaufen رجام (Maid. 14, 30. Ham. 410 s. Doughty Register unter rijjûm), die Denksteine اروم, آيات, انصاب (Goldziher 1, 232 s.).

[4]) Buch. 1, 176. 177. 4, 48.

[5]) Buch. 1, 174. 175.

[6]) Buch. 2, 126 s. wird das Beispiel Muhammads als Argument dafür angeführt, dass das Zerbrechen der Waffen beim Tode nicht erlaubt sei. Goldziher (1, 11) will daraus nicht gefolgert wissen, dass eine solche Sitte bestanden habe. Aber was sollen dann die Worte überhaupt bedeuten? Darin hat er allerdings Recht, dass die Sitte in der uns bekannten Zeit nicht gewöhnlich war.

Sattel und allem Gepäck verbrannt (Agh. 16, 49). Oder es wird in einer Grube neben dem Grabe seines Herrn angebunden und dort ohne Atzung und Börnung gelassen, bis es stirbt[1]). Gewöhnlich aber werden ihm die Sehnen der Hinterbeine verhauen, so dass es nicht weglaufen kann; diese Sitte ist durch sehr zahlreiche Beispiele belegt und hat sich bis in den Islam hinein erhalten, zuletzt freilich bloss als dichterische Redensart[2]). Statt des Kamels wird in einem vereinzelten Falle aus späterer Zeit das Leibross am Grabe verhauen (Tab. 2, 1822); daraus sieht man, dass es sich nicht etwa um ein Opfer handelt, denn das Pferd ist kein Opfertier.

Die Klage überdauert das Begräbnis; sieben Tage scheint eine anständige Frist gewesen zu sein (Agh. 16, 49). Sie ist Sache der weiblichen Anverwandten, die damit vom frühen Morgen bis zum späten Abend im Ma'tam sich zu tun machen[3]). Sie zerreissen den Busen ihres Gewandes und stehn halb entblösst (havâsir), sie klatschen in die Hände und schwenken dunkelblaue Tücher, sie zerkratzen Gesicht und Brust und schlagen sich mit Schuhen die Haut wund[4]). Vor Allem schneiden sie sich das Haar ab (BAthir 1 437, 7), daher die Fluchformel: möge sie ihr Haar scheren! d. h. ihrer Kinder und Angehörigen beraubt werden[5]). Die Männer nehmen sich mehr zusammen, zumal wenn ihnen der Todesfall die Pflicht der Rache auflegt (Vaq. 74); aber auch bei ihnen kommt es vor, dass sie sich das Gewand kürzen, das Haar scheren oder Haar und Bart ausreissen[6]). Der Vater des Ga'far b. 'Ulba tötete

---

[1]) Labid Muall. 76, alHarith Muall. 14. Rasm. Add. 69, 22. Lexica unter بليّة (= Unglückstier; so wird das betreffende Kamel, die عقيرة, genannt).

[2]) Agh. 1, 128. 168. 11, 144. 14, 103.

[3]) مأتم ist die Versammlung des نوح, der klagenden Weiber des Stammes. Stammfremde Weiber nehmen nicht daran Teil; selbst die Gattin des Verstorbenen kann zurückgewiesen werden, wenn sie nicht einheimisch ist.

[4]) Agh. 14, 101. 15, 139. 16, 28. Labid 17, 47. 21, 1—4. BHischam 891, 4—7. Hudh. 139, 3. Buch. 1, 168. 2, 216. Bemerkenswert ist der Ausdruck ندب (Einschnitte machen?) für deflevit mortuum.

[5]) Hudh. 29, 2. Daher حلاقِ Agh. 4, 148 und das häufige عقرى حلقى oder عقرى حلقى خمشى (Maid. 18, 179) für miserrima; auch حُلق orbitas post amissum filium.

[6]) BAthir 1 390, 12. Agh. 17 90, 19. Doughty 1, 450.

bei der Nachricht vom Tode seines Sohnes allen Tieren seiner Heerden ihre Jungen, so dass das Brüllen des Viehs sich mischte mit dem Gezeter der Menschen (Agh. 11, 151). Aus den hergebrachten kurzen mit gellender Stimme immer wiederholten Klagereimen ist das Klagelied ein veredeltes Produkt; diese Art der Poesie wird gleichfalls von Frauen gepflegt, die Schwester besingt den Bruder, die Mutter den Sohn, die Tochter den Vater. Von den lauten demonstrativen Äusserungen der Trauer kann man die stille Trauer unterscheiden, die in allerhand Abstinenzen besteht und vorzugsweise die Witwen betrifft. Sie dürfen keine bunten Kleider tragen und sich weder schminken noch parfumiren[1]). Muhammad bestimmte die Zeit dafür für Witwen auf vier Monat und zehn Tage, für die andern weiblichen Hinterbliebenen auf drei Tage. Das war eine starke Herabsetzung der früher üblichen Frist. Er war überhaupt bestrebt, die weitgehenden heidnischen Schmerzbezeugungen einzuschränken[2]), hatte damit aber zunächst wenig Erfolg. Nur fünf Weiber von denen, die ihm bei ihrem Übertritt zum Islam gelobt hatten das laute Gezeter zu unterlassen, hielten nachmals Wort[3]).

Das Abschneiden des Haares oder gewisser Haarlocken in der Trauer mag ursprünglich nur eine Milderung des Haarraufens in der Leidenschaft des Schmerzes sein, bekommt dann freilich den Charakter eines Opfers für den Toten, das auf seinem Grabe dargebracht wird. Als Chalid b. alValid gestorben war, blieb keine Frau von seinem Geschlechte übrig, die nicht ihre Locken auf seinem Grabe niederlegte (Agh. 15, 12). Wenn die Chârigiten aus Mosul ins Feld zogen, schuren sie sich vorher das Haar beim Grabe des Çâlih, ihres verstorbenen Parteihauptes (BQutaiba 209). Am häufigsten sind flüssige Spenden auf das Grab. Denn die abgeschiedene Seele ist durstig, vielleicht ursprünglich nach Blut, dann aber auch nach Wasser und Wein (Tarafa 4, 61s.). Es ist ein regelmässiger Segenswunsch für den Toten, dass der Himmel regnen möge auf sein Grab. Muhammad goss Wasser auf das

---

[1]) Buch. 1, 45. Dies heisst حدّ oder احداد; die Wartezeit عدّة. Vgl. oben p. 171.

[2]) Er perhorrescirte الصالقة والحالقة والشاقّة Buch. 1, 168. Vgl. Goldziher 1, 251 ss.

[3]) Buch. 1, 170.

Grab seines Söhnchens Ibrahim. Der alte alAsvad weinte und trank an einer Stelle des Weges, den sein in der Fremde gefallener Sohn Zamʿa zuletzt gezogen war. Die Geschlechtsgenossen alAʿschas tranken an seinem Grabe und schütteten den Rest im Becher darüber aus (Agh. 8, 86). Wenn einer der Zecher von Râvend abgeschieden war, so tranken die Anderen an seinem Grabe weiter und gossen den Becher aus, so oft die Reihe an den Verstorbenen kam (Baladh. 325). Indessen auch diese Spenden brauchen nicht als eigentliche Opfer betrachtet zu werden. Sie erklären sich aus der Scheu, die Lücke einfach zu schliessen und den Toten sogleich als nicht zugehörig zu betrachten: „sei nicht ferne!“ Man gibt ihm also seinen Anteil weiter, bei den alten Hebräern von der Speise[1]), bei den Arabern vom Tranke. Noch in anderer Weise setzen die Verwandten und Freunde die Gemeinschaft mit dem Verstorbenen fort. Sie besuchen sein Grab und halten sich lange dort auf, sie lassen sich ein Zelt darüber aufschlagen und können sich nicht von der Stelle losreissen[2]). Wer am Grabe eines Bekannten vorüberkommt, ruft ihn bei Namen und grüsst ihn. Der Tote hört das χαῖρε und antwortet καὶ σύ[3]). Der achialitischen Laila flog aus dem Grabe ihres Geliebten eine Eule in das Gesicht, als sie ihren Zweifel ausdrückte, ob derselbe wirklich, wie er in einem Verse behauptet hatte, aus dem Grabe heraus ihren Gruss erwidern würde, und sie starb daran[4]).

Gegenwärtig bringen die Beduinen nach Doughty den Toten, bis in die dritte Generation, richtige Schlachtopfer dar[5]). Nach Burckhardt fassen sie das grosse islamische Opferfest als ein Totenfest auf, jede Familie schlachtet daran so viel Kamele, als sie im vergangenen Jahre erwachsene Mitglieder durch den Tod verloren hat[6]). Dergleichen lässt sich nun zwar bei den alten Arabern nicht als Sitte nachweisen[7]), aber zu leugnen ist doch

---

1) Deut. 26, 14. Sirac. 30, 18. Tobit 4, 17. Über die epulae apud sepulcra martyrum redet Augustin conf. 6, 2.

2) Agh. 11, 144. 15, 121. 19, 108. Vaq. 143 s. Hudh. 165. Tab. 2, 1107. Buch. 1, 166. 172.

3) Ham. 409 v. 3. 437 v. 2. 489 v. 3. 5. 576 v. 4. 5. Vaq. 144.

4) Agh. 10, 82. Ham. 576.

5) Doughty 1, 240 s. 450 s., doch without sprinkling of blood.

6) Goldziher 1, 240.

7) Vom Totenmahl, dem Reste des Totenopfers, ist niemals die Rede.

nicht, dass sich auch bei ihnen Spuren von eigentlichem Totencultus, von Ahnen- und Heroendienst finden. Dass die Gräber nicht verletzt und aufgewühlt werden dürfen[1]), besagt ja nicht viel; sie sind aber auch Asyle. Das Grab Marwâns war die Zuflucht 'Uqaibils vor der Verfolgung des Haggâg; der geächtete Kumait floh vor dem Zorn des Chalifen Hischâm zu dem Grabe seines Sohnes Muâvia und wurde begnadigt[2]). Farazdaq nahm sich eines jeden an, der zu dem Grabe seines Vaters flüchtete, und fühlte sich verpflichtet, dessen Sache so zu führen als wäre es seine eigene Sache[3]). Garîr nennt sich in einem bekannten Verse einen Schützling am Grabe Tamims. Und gewisse Gräber sind geradezu Heiligtümer. So das eben erwähnte Grab Tamims in Marr alTzahrân; denn Tamim war der Heros Eponymus eines grossen Stammes. Es liegt da vermutlich ein Beispiel vor, dass eine alte Cultusstätte zu einem Grabe geworden ist[4]); das ist aber nur möglich, wenn beide Begriffe nahe verwandt sind und einer leicht in den andern übergehen kann. Auf Ahnendienst der Ghassaniden „am Grabe ihres Vaters" scheint in einem Verse Hassans b. Thabit angespielt zu werden[5]). Die Verehrung der Gräber ergibt sich von selbst aus der Verehrung der Väter; Muhammad verbietet sie zu Heiligtümern zu machen und dort lange zu verweilen, ebenso wie er verbietet, bei den Vätern zu schwören[6]). Beachtenswert ist namentlich, dass die Kennzeichen der Cultusstätte, das Hima (Temenos) und die Ançâb (heilige Steine), sich auch bei einzelnen Gräbern finden. Um das Grab Hâtims standen Ançâb einander gegenüber wie klagende Weiber; um das des Ibn Tufail war durch Ançâb ein Hima von einer Quadratmeile abgesteckt, wo weder das Vieh weiden noch Menschen reiten oder gehen durften[7]). Das Haarschneiden und das Steinwerfen geschieht sowol an Gräbern wie an Opferstätten. Es scheint endlich, dass in einzelnen Fällen das Verhauen eines Kamels am Grabe nicht nur einmal, mit dem Reittier des Verstorbenen selbst, vor-

---

1) Agh. 12, 30. 14, 130. Vaq. 126.

2) Baladh. ed. Ahlwardt 40, 5. Agh. 15, 115. 117. 121. Vgl. Tab. 2 1504, 2.

3) Agh. 19, 36. 41 s. 50.

4) wie in dem Falle der Gharîjan von Kufa.

5) ed. Tunis 72, 14, vgl. Nab. 1, 6.

6) Buch. 2, 257.

7) Agh. 16, 101. 15, 139.

genommen, sondern später öfters wiederholt wurde, mit beliebigen anderen Kamelen, so dass aus der Wiederholung der ʿAqîra eine Art Opfer entstand. Ein Fihrit entschuldigt sich Agh. 14, 131, dass er am Grabe Rabîas, des Helden von Kinâna, vorüberreite ohne sein Kamel dort zu verhauen; er brauche es eben notwendig zu einer vorhabenden weiten Reise.

Wir kommen schliesslich zu der Frage, wie die heidnischen Vorstellungen über den Zustand nach dem Tode beschaffen waren. In den alten Liedern wird der Gedanke nach allen Richtungen variirt, dass mit dem Tode alles aus sei. Das Memento mori wird als Motiv benutzt, das bisschen Leben das man hat zu geniessen. Kein Schimmer der Hoffnung leuchtet dem Verzweifelten über das Diesseits hinaus. Als Trostgrund dient es, dass der Tod allgemein ist und auch das flüchtigste, vorsichtigste Wild diesem Jäger nicht entrinnt. Der Zuruf: sei nicht ferne! helfe nichts, sei eine nutzlose Redensart wie andere Wünsche auch. Aber das ist offenbar der Widerspruch eines fortgeschrittenen Standpunktes gegen den ursprünglichen Sinn dieses Zurufs. Wenn gleich die vorislamischen Araber wie der Quran zeigt nicht an die Auferstehung glauben und den Gedanken an ein wirkliches zweites Leben für reinen Aberwitz ansehen [1]), so halten sie doch den Zusammenhang mit dem Toten auf alle Weise fest. Sie statten ihn für die Reise ins unbekannte Land aus, geben ihm noch Anteil an den Mitteln des Lebens, grüssen und besuchen ihn, schwören bei ihm [2]). Irgendwie existirt er also noch fort; er hat auch noch allerlei Affecte und Bedürfnisse, z. B. Durst. Die Geister der Verstorbenen erscheinen als Vögel, namentlich als Eulen, und klagen einander in dieser Gestalt auf den Grabsteinen ihr Leid [3]). Sie hausen auch als Ginn in Kirchhöfen und verödeten Gegenden. Der Islam hat diese Vorstellung

---

1) Ähnlich noch jetzt die Beduinen. With difficulty they imagine any future life; they pray and they fast as main duties in religion, looking for the present life's blessing. Doughty 1, 240.

2) sogar bei seinem Leben (Hudh. 2, 1. Ham. 352 v. 7). Gewöhnlich ist der Schwur bei den Vätern. Indessen وجدّك bedeutet bei deinem Glück (trotz Goldziher 1, 229), wie Hudh. 24, 2 und die entsprechende syrische Eidesformel beweisen.

3) Urva 3, 3. 4. Die Totengeister heissen صدى (Widerhall, Echo) und هامة (Schädel); natürlich auch نفس und روح (Tab. 2 387, 11).

einer geisterhaften Fortdauer nach dem Tode beibehalten und nach jüdischem Vorgang weiter ausgebildet. Während der Verstorbene zu Grabe getragen wird, tut er Äusserungen, die alle Tiere vernehmen, nur der Mensch nicht. Er hört das Klappern der Schuhe des Gefolges und versteht was man ihm zuruft. Er hat zu leiden unter dem Wehgeschrei der Seinen. Wenn das Geleit sich entfernt hat, so kommen zwei Engel und stellen eine Prüfung mit dem Begrabenen an, auf deren Ergebnis viel ankommt; fällt sie ungünstig aus, so wird er sofort im Grabe gezüchtigt. Das sind lauter Ideen, die mit der Auferstehung nichts zu tun haben und ihr sogar einigermassen vorgreifen, aber zu dem alten Volksglauben passen und daran anknüpfen.

Sacrale Rechtsmittel und Rechtsformen.

Den stärksten Einfluss, den die Religion überhaupt auf das Handeln der Menschen hatte, übte sie aus durch den Eid[1]). Die alten Araber schwören bei Gott und den Göttern, bei ihrem Leben, beim Leben ihrer Väter, und bei sehr vielen andern Dingen, nur nicht bei ihrem Barte. Sie spicken ihre Rede mit Beteuerungen, die aber weiter keine Bedeutung haben. Bei ernsthaften Eiden wird der Satz, der beschworen werden soll, mehrmals wiederholt, sogar siebzig mal; daher vielleicht שבועה. Auch werden dabei seltenere und feierlichere Formeln gebraucht[2]). Sie werden noch verstärkt durch Riten und Gesten[3]). Am üblichsten, jedoch immerhin feierlich, ist das Geben der Hand (muçâfaha); daher hat der Schwur selber den Namen jamîn d. i. die Rechte. Gleichwertig damit ist das gegenseitige Streicheln (tamâsuh); beides findet sich namentlich bei der Huldigung, d. h. dem Treueid, den Führer und Untergebene einander schwören[4]). Eigentümlich ist der Brauch,

[1]) Buch. 4, 121 ss.

[2]) Öfters abgekürzt والذى احلف به, بمحلوفى. Seltsam والذى اعدو بطيره Agh. 18, 211. Bei Doughty 1, 267 والعود والربّ المعبود. Über die Eide der Seher s. p. 135.

[3]) Über das Eid-tauchen beim Opfer s. p. 128 s.

[4]) Sur. 48, 10: die Hand Gottes ist über ihren Händen. Vgl. Gen. 24, 2.

dass der Schwörende Peitsche, Schuh und Bogen fortwirft[1]). Auf den Wortlaut des Schwures scheint mehr Gewicht gelegt zu sein als auf den Sinn. Meineid wird als Religionsverbrechen bezeichnet[2]).

Die vom Richter den Parteien auferlegte Beschwörung einer Aussage über Tatsächliches heisst Qasâma[3]). Die Qasâma ersetzt den Beweis und wird angewandt, wo dieser nicht erbracht werden kann. Im Islam drang der Grundsatz durch, dass nur der Verklagte zu seiner Reinigung schwören dürfe, dem Ankläger dagegen der Beweis obliege; oder wenigstens, dass auf eine nur durch Qasâma beglaubigte Anklage nicht zur Talio, sondern nur zu Geldbusse verurteilt werden könne. Aber noch Gaʿfar b. Ulba wurde auf die Qasâma seiner Ankläger hin zum Tode verurteilt (Agh. 11, 148. Ham. 25). Auch Abdalmalik liess einen Mann hinrichten auf eine Anklage hin, die nur auf Qasâma und nicht auf Beweis gestützt war, bedauerte das freilich hinterher (Buch. 4, 157).

Manchmal, aber keineswegs notwendig und immer, wird die Qasâma nicht allein von dem Kläger oder dem Angeklagten abgelegt, sondern ihre Angehörigen, in bestimmter auf beiden Seiten gleicher Zahl, leisten ihnen Eideshilfe, auch ohne selber Zeugen des Factums gewesen zu sein, welches sie beschwören[4]). Niemand kann sich dieser Verwandtenpflicht entziehen, es sei denn dass er sich löse oder einen Vertreter stelle. Zwei legendarische Beispiele veranschaulichen die Sache am besten. Ein Haschimit, der von

---

[1]) Buch. 2, 159. Dies geschieht hier nicht im symbolischen Sinn, wie die Mediner ihre Turbane von sich abwerfen, um sich von Jazid I. loszusagen; sondern nur um die eigentliche Handlung zu accentuiren oder um sie als vollendet zu bezeichnen. Dem gleichen Zweck dient beim Kauf die منابذة und ملامسة. Bei Barhebr. H. D. 222 wird zur Bekräftigung des Eides ein Stück von der Fingerspitze abgehauen.

[2]) حنث = חנף.

[3]) Daher يمين صبر erzwungener Eid (Buch. 2, 259).

[4]) Noch neuerdings hat man die Eideshilfe für etwas besonders Germanisches ausgegeben und durch ihr Vorkommen auf der Inschrift von Gortyna die Urverwandtschaft von Griechen und Germanen bestätigt gefunden. Es hätte längst bekannt sein können, dass Recht Religion und Cultur ganz andere Grenzen haben als die Sprachverwandtschaft. Vgl. Nab. 1, 5 (zweite Vershälfte).

einem anderen Quraischiten als Treiber gemietet war, gab einem Verwandten auf dessen Bitte den Strick eines der ihm anvertrauten Kamele. In Folge dessen konnte dies Kamel nun nicht mehr angebunden werden und entlief nachts. Darüber wurde der Mietsknecht von dem erzürnten Eigentümer so geprügelt, dass er starb. Vorher konnte er aber noch einem Jamanier den Auftrag geben, die Sache in Mekka zu erzählen. Der Jamanier tat das, und nun stellte Abu Talib, als Oberhaupt der Haschimiten, dem Angeschuldigten folgende Bedingungen: entweder du bezahlst hundert Kamele als Sühngeld für unsern Geschlechtsgenossen, oder es müssen funfzig Mann aus deiner Sippe schwören, dass du ihn nicht getötet habest — sonst töten wir dich für ihn. Die Sippe erbot sich zum Schwur; nur der Sohn einer haschimitischen Frau wurde von Abu Talib entbunden, und ein anderer Mann kaufte sich los durch Zahlung von zwei Kamelen als der auf ihn fallenden Rate des Sühnpreises. Es leisteten also nur achtundvierzig Männer den Eid: von diesen war nach Jahresfrist keiner mehr am Leben — sagt Ibn Abbâs (Buch. 2, 258s.). Die Hudhailiten verklagten vor dem Chalifen Omar einen Jamanier, der einen von ihnen bei einem Einbruch ertappt und erschlagen hatte. Der Jamanier behauptete, sie hätten weder Pflicht noch Recht den Erschlagenen zu reclamiren, denn sie hätten sich öffentlich von ihm losgesagt. Sie leugneten das und stellten nun, auf Omars Geheiss, funfzig Schwörer; für einen, der sich mit tausend Dirham löste, trat ein anderer ein. Daraufhin wurde der Verklagte verurteilt und dem Bruder des Erschlagenen zur Vollstreckung der Rache übergeben, der ihn an seinen Arm koppelte und mitschleppte. Aber auf dem Heimwege kamen die Hudhailiten durch den Einsturz einer Höhle um, in die sie sich vor einem Unwetter geflüchtet hatten; nur der Jamanier konnte sich retten[1].

Unter den geschichtlichen Beispielen ist am bekanntesten die Qasâma, die Muhammad auferlegen wollte, als ein Mann von Medina getötet im Gebiet der Juden von Chaibar gefunden wurde. Er sagte zu den Angehörigen des Ermordeten: es sollen euch funfzig Juden funfzig Eide schwören, dass sie ihn nicht getötet haben, oder ihr müsst zu funfzig schwören, dass sie ihn getötet

[1] Buch. 4, 154. W. R. Smith (Kinship 263) hat die Erzählung nicht ganz richtig verstanden.

haben[1]). Es kam freilich in diesem Falle nicht zum Schwur, wol aber in einem anderen, der ebenfalls vor Muhammad zum Austrage kam. Tamim alDari und ʿAdî b. Baddâ gingen mit einem Sahmiten auf Reisen. Unterwegs starb der Sahmit, die beiden Gefährten überbrachten seinen Nachlass den Erben. Diese vermissten einen silbernen Becher und beschuldigten sie, ihn unterschlagen zu haben. Sie mussten schwören, dass sie es nicht getan hätten. Hernach kam der Becher aber in Mekka zum Vorschein, bei Leuten, die behaupteten, ihn von Tamim und Adi erstanden zu haben. Darauf setzten nun zwei von den Klägern ihren Eid gegen den Eid der beiden Angeklagten und schwuren, ihre Aussage sei wahrer (Buch. 2, 110 zu Sur. 5, 105).

Zu dem Eide kann noch eine Probe der Wahrhaftigkeit hinzukommen. „Nach Abu Ubaida hatte jedes Volk im Heidentum ein Feuer, bei welchem Priester waren; und wenn ein Streit war zwischen zwei Männern, so kam er (der, dem der Eid zugeschoben wurde) an das Feuer und schwur bei demselben, und die Priester warfen unvermerkt Salz in das Feuer, um den Schwörenden dadurch zu schrecken. Aus b. Hagar sagt: wenn die Sonne ihm gegenüber steht, wendet er sich mit seinem Gesichte ab, wie ein Schwörender sich abwendet von dem Feuer des Schreckenden[2]). Kumait sagt: (sie beabsichtigten uns einen Schrecken einzujagen), wie Schreck vor dem (Feuer), welches die Eidaufleger angezündet haben bei dem Schwörenden; aber sie haben keinen Schrecken eingejagt." Dass die Feuerprobe irgendwie bei den alten Arabern in Übung gewesen ist, wissen wir auch sonst. In Jaman gab es ein rechtsprechendes Feuer, welches den verzehrte der im Unrecht war, und den der Recht hatte unverletzt liess (BHischam 17). Die Wasserprobe wurde im Islam bei den Hexen angewandt; wenn sie unschuldig waren, schwammen sie oben auf.

---

[1]) Vaq. 294. Buch. 2, 165. 4, 60, 156 s. 199. Zu rasch hat W. R. Smith a. O. aus diesem Beispiel gefolgert, dass its proper application was when a man was found slain; then the people of the place had to swear that they were not the murderers; exactly as in Deut. 21. Im Islam war es Regel, dass der Staat das Wergeld für den von unbekannter Hand Erschlagenen (مفرج) auf die öffentliche Kasse übernahm. Es gab schon früher hier und da solche Kassen zur Bezahlung gewisser Sühngelder.

[2]) Daher نار الهولة Schreckfeuer.

Ein Weib, das in Verdacht der Untreue steht, muss auf einem Kamel zwischen zwei Säcken voll Mist zum Heiligtum reiten und dort siebzig mal den Eid leisten, dass der Verdacht auf Verleumdung beruhe (Agh. 1, 156). Die Vorschrift des Qurans lautet etwas anders. Bezichtet ein Mann sein Weib der Untreue, so muss er viermal schwören, dass er die Wahrheit sage, und zuletzt sich den Fluch Gottes an den Hals wünschen, wenn er lüge. Die Frau kann dem dadurch begegnen, dass sie viermal schwört er lüge, und zuletzt den Zorn Gottes auf sich herabruft, wenn er die Wahrheit sage (Sur. 24, 6—9).

Die Qasâma, der Anklage- und Reinigungseid vor Gericht, ist verhältnismässig selten. Weit verbreiteter ist der promissorische Eid. Die Verträge sind darauf gegründet, in ganz anderem Maasse als bei uns. Die Begriffe Vertrag (oder Bund) und Schwur gehn in einander über; das einfache Handelsgeschäft wird mit dem selben Namen benannt, wie der Treuschwur bei der Huldigung.

Über die Gelübde, die ja auch promissorische Eide sind, ist schon bei früherer Gelegenheit einmal die Rede gewesen. Jedes Opfer ist ein Gelübde, auch die Rache wird so angesehen. Die Araber geloben aber nicht in eventum: wenn der und der Fall eintritt, so will ich das tun; sondern sie übernehmen durch das Gelübde eine absolut bindende Pflicht[1]). Sie treiben sich zur Erfüllung an durch Abstinenzen die sie sich auferlegen: so lange ich das Opfer nicht gebracht, die Rache nicht genommen habe, will ich mich weder waschen noch kämmen und mich der Weiber und des Weins enthalten. Oder sie setzen den Fluch darauf, wenn sie das Gelobte nicht tun. An Stelle der göttlichen Strafe treten zuweilen praktische Conventionalstrafen: wenn ich das und das nicht tue, so will ich mich von meinen Frauen scheiden und meine Sclaven freilassen und auf meinen Besitz verzichten. Der Bruch des Eides wird dann gesühnt durch die von vornherein für diesen Fall bestimmte Busse. Aber diese Sitte scheint nicht alt oder wenigstens in alter Zeit nicht sehr verbreitet zu sein.

Wenn jemand gestorben ist, ohne sein Gelübde ausgeführt zu haben, so tritt sein Erbe in die Pflicht; er muss zum Beispiel die

[1]) Daher قضى نحبه = er starb; denn der Tod ist eine notwendige Obliegenheit für jedermann.

Darbringung eines Opfers fhr ihn übernehmen[1]). Der Sterbende kann auch, so lange er noch lebt, durch seinen letzten Willen die Überlebenden verpflichten. Dies ist das arabische Testament; es handelt sich dabei weit weniger um die Verteilung des Nachlasses, als um Befehle und Anordnungen[2]), die die Erben bei Vermeidung des Fluchs ausführen müssen — sie sind nicht bloss Erben von Rechten, sondern immer auch, und gewöhnlich weit mehr, Erben von Pflichten. Der Vater befiehlt seinen Söhnen; der gefallene Anführer ernennt in der Todesstunde seinen Nachfolger und bindet dadurch das Heer. Die zwingende Kraft des letzten Willens liegt in der Scheu vor dem Schwur, d. h. dem Fluch, des Sterbenden.

Jedoch auch sonst ist der Fall häufig, dass jemand etwas gelobt, damit Andere es ausführen. Er legt ihnen seinen Eid auf, er beschwört sie[3]). Der Führer beschwört seine Krieger, der Herrscher seine Untergebenen, die Eltern ihre Kinder; es ist ihre ultima ratio[4]). Zuweilen wird der Beschwörung noch durch ausserordentliche Mittel nachgeholfen. Ein Häuptling pflanzt sein Schwert in den Boden und droht sich hineinzustürzen, wenn sein Rat nicht befolgt werde. Eine Mutter droht ihrem Sohne sich nackt auszuziehen, wenn er nicht vom Rosse steige; eine andere zieht ihre Brust hervor und beschwört ihr Kind bei dieser[5]). Als der Machzumit Aijâsch von Mekka nach Medina zu Muhammad ausgewandert war, schwur seine Mutter keinen Kamm auf ihren Kopf zu bringen und sich nicht vor der Sonne zu schützen, bis er wiederkäme: er tat ihr den Willen, obwol man ihm sagte, sie würde sich schon kämmen und Schatten aufsuchen, wenn das Ungeziefer und die Hitze es ihr zu arg machten (BHischam 319). Das Lösen des Schwörenden von einem Eid, den er selber nicht erfüllen kann — auch wenn er ihn nicht von vornherein Anderen auferlegt hat —, ist heilige Verwandten- und auch Muslimenpflicht; Gott selber kommt ihr nach gegenüber auserwählten Frommen[6]).

---

1) Buch. 2, 107.

2) وصى, hebr. צוה 2. Sam. 17, 23. Isa. 38, 1; وصية צִוָּאָה.

3) عزم على, اقسم على, نشد. Vgl. Doughty 1, 576. لا تنشد.

4) Beschwörung eines Lōwen Tab. 2, 103.

5) BHischam 841. BAthir 3, 305. Tab. 2, 894. Agh. 13, 96.

6) Buch. 2, 55. 94. BAthir 2, 427. Der Terminus für die Erfüllung des

Am häufigsten wird die Beschwörung angewandt, um gestohlenes oder verlorenes Gut wieder herbeizuschaffen. Wer etwas vermisst, ruft den vermissten Gegenstand laut aus, auf allen Versammlungen, Märkten und Festen, mit einer an jeden den es angeht gerichteten Beschwörung, ihm auf die Spur zu helfen oder das Gestohlene herauszugeben[1]). Sehr gewöhnlich werden verlorene Kamele oder andere Tiere auf diese Weise gesucht. Der König Zuhair b. Gadhîma hoffte dadurch seinen verschwundenen Sohn Schâs wieder zu finden. Umm Hakam, vor Schmerz über die Ermordung ihrer beiden Knaben durch Busr b. Artât wahnsinnig geworden, rief die vermissten Lieblinge auf allen Messen unter Beschwörung aus. Hubâsch b. Qais reklamirte auf diese Weise nach der Schlacht am Jarmuk seinen abgehauenen Fuss. Desgleichen Abubekr das verlorene Halsband seiner Schwester; als es nicht half, jammerte er beweglich über die Schlechtigkeit der Zeit[2]). Im Alten Testament haben wir das Beispiel der Mutter Michas, die durch einen Fluch den Dieb ihres Schatzes, ihren eigenen Sohn, bewog sich selber anzuzeigen. Ferner das nicht ganz gleichartige des Königs Ahab, bei der Suche nach dem Propheten Elias.

Bei den Arabern heisst dies Verfahren beschwören, bei den Hebräern einen Fluch auflegen (Zach. 5, 3). Das hebräische Wort dafür selber (אלה) bedeutet im Arabischen den Eid. So heisst denn auch die Qasâma, womit nach der Verordnung des Qurans die Eheleute gegen einander schwören, in der muslimischen Rechtssprache das Talâ'un oder Li'ân, weil sie am Schluss den Fluch auf sich herabrufen[3]). Der Eid ist ein eventueller Fluch, sei es dass man sich selbst verflucht, oder, wie bei der Beschwö-

---

Eides oder Gelöbnisses eines Anderen ist أبرار. Beispiele Tab. 2, 224. 324. 788. Agh. 13, 2. 18, 205.

1) Das Ausrufen heisst عرّف (wird auch vom Finder, der das Gefundene ausruft, gesagt), das Beschwören نشد. Die eigentliche Formel lautet نشدتُ اللهَ رجلا = ich beschwöre bei Gott einen jeden Mann, der es weiss, dass er es sage (BAthir 3, 348); dann wird نشد aber auch mit dem Accusativ der verlorenen Sache construirt.

2) Agh. 10, 9. 15, 47. Baladh. 137. BHischam 816. Doughty 1, 267. 2, 476.

3) Buch. 3, 135. 224. 230 ss. 4, 151. 195. Ein Beispiel einer anderen Art des Talâ'un finden sich Tab. 2, 339.

rung, Andere. Daher ist er im Hebräischen und ähnlich auch im Arabischen ein Bedingungssatz, dessen Apodosis ausgelassen wird, weil sie immer den gleichen selbstverständlichen Inhalt hat: wenn ich das getan habe! wenn du das nicht tust! scil. so möge Gott mich (dich) strafen [1]).

Aus der abergläubischen Furcht vor der Wirkung des feierlich gesprochenen Wortes und namentlich des Fluches erklärt sich die Heilighaltung des Eides bei den alten Arabern. Muhammad nahm ihn leichter, obwol er andrerseits dem ewigen Anwenden der blossen Redensart „bei Gott“ u. a. zu steuern suchte. Er erregte Anstoss damit, dass er einst zudringlichen Beduinen zunächst mit einem ärgerlichen Schwur ihre Bitte abschlug und sie dann doch gewährte, nachdem nemlich die Umstände sich so geändert hatten, dass er sie gewähren konnte (Buch. 3, 68). Er wollte aus dem Wortlaut des Gelübdes keinen Strick für den Gelobenden gedreht wissen, sondern gestattete Rücksichten zu nehmen; wenn man es nicht erfüllen konnte, so bestimmte er eine Busse oder Sühne, die Kaffâra oder das Takfîr, um die schädlichen Folgen abzuwenden [2]).

Das arabische Leben ist voll bedeutsamer Gesten und sacramentaler Zeichen. Es finden sich, ausser dem Eide, noch manche andere Formeln und Akte, durch welche sehr heilig gehaltene Rechtsverhältnisse gestiftet werden, namentlich auf dem Gebiete der Igâra und der Idâfa, des Schutz- und Gastrechtes. Das arabische Gemeinwesen beruht auf einer natürlichen Grundlage; die Familie, das Geschlecht, der Stamm, das Volk sind Stufen derselben, die sich nur graduell unterscheiden. Die Angehörigen sind in erster Linie durch das Blut verbunden. In zweiter Linie aber auch dadurch, dass sie zusammen essen und trinken, wohnen und wandern; denn ohne das würde das Blut seine Kraft bald verlieren. Die secundären, in Wahrheit freilich sehr wichtigen Bindemittel gewähren nun die Möglichkeit, auch Fremde zeitweilig oder dauernd zu nostrificiren und dadurch die ausschliessende Strenge

[1]) Bei den Arabern kommt dies nicht beim einfachen Eide, sondern nur bei der Beschwörung vor, die mit إلّا oder لمّا (cum perfecto) eingeleitet wird.

[2]) Sur. 2, 225. 5, 91. 66, 2. Buch. 4, 121 ss. Agh. 17, 124. Nach Agh. 16, 125. 131 wäre das Takfîr schon vor dem Islam vorgekommen; das ist aber unwahrscheinlich. Der Name ist sicher jüdisch und wird im Hadith angewandt für ungeschehen machen.

der Blutsgemeinschaft zu mildern. „Dein Schatten hat mich beschattet und deine Speise hat mich genährt, deine Kleider sind auf meinem Rücken und dein Essen ist in meinem Bauche“, — also hast du mich als dir zugehörig zu betrachten und mir die Pflichten der übertragenen Verwandtschaft, der Clientel, zu leisten[1]). Die gehetzte Hyäne, die sich in ein Zelt verkriecht, ist dort sicher vor ihren Verfolgern (Maid. 22, 61). Der Petent zwingt den Willen dessen, den er um Aufnahme und Schutz bittet, durch sacramentale Mittel; gelingt es ihm sie anzuwenden, so verwandelt er auch den Blutfeind, der ihn sonst töten würde und müsste, wenigstens zeitweilig in seinen Patron; und die obligaten Worte, die er dabei äussert „ich bin dein Schützling, dein Gast“ werden zur Zauberformel[2]). Er braucht gar nicht in den Schatten des Zeltes einzutreten und am Mahle teilzunehmen; es genügt, dass er bis zu den an Pflöcke gespannten Zeltseilen vordringt und darauf tritt, dass er seinen Eimer an den Eimer des Anderen hängt, dass er den Saum seines Kleides von hinten berührt, dass er sein Söhnchen an der Hand oder um den Leib fasst[3]). Durch Berührung dessen, was dem Patron heilig ist, schleicht er sich in seine Gemeinschaft ein (taqarrub) und macht sich unverletzlich (taharrum). Mit Vorliebe werden von dem Schutzflehenden die Weiber und Kinder des Hauses angegangen, die weichherziger sind und die Folgen weniger vorsichtig erwägen; sie nehmen ihn ins Zelt auf und verpflichten dadurch den Mann zu seinem Schutz[4]). Eine Mutter veranlasst ihre Knaben, flüchtige Feinde bei der Hand zu fassen und ins Haus zu führen, damit sie dadurch Fürsten würden (Agh. 19, 79): denn die Igâra legt die gefährliche Pflicht der Verteidigung des Flüchtigen gegen alle Welt auf, bringt aber auch den Erfüller dieser Pflicht zu hohen Ehren. Wenn der Patron selber die Ini-

---

[1]) Agh. 10, 34. Tab. 2, 445.

[2]) Solche Formeln machen die Handlung erst giltig. Zur Rache genügt es nicht, dass man den Feind erschlägt; man muss auch dabei sagen: stirb zur Rache für den und den!

[3]) Tab. 2, 786. Agh. 10, 22. 26 s. 35 (Tab. 1, 1743). „Das Binden seines Seils an das des Andern“ ist poetische Redensart (BHischam 652, 4), die aber vielleicht auf einem veralteten Brauch beruht. Vgl. Doughty 1, 268: the suppliant who may bind a certain knot in the others kerchief has saved himself.

[4]) Agh. 19, 79 s. 20, 159. Vaq. 323 s.

tiative ergreift, um jemand unter seine Fittiche zu nehmen, so wirft er ihm seinen Mantel über; das ist der Ritus, wodurch man etwas für sich reklamirt und gegen Ansprüche Anderer verteidigt[1]).

Kleider, Haar, Name.

Mit den Kleidern[2]) wird allerhand Zauber getrieben, auf den es sich lohnt einzugehen; einige Wiederholungen müssen dabei in den Kauf genommen werden. Wir haben gesehen, dass Nacktheit Schande und sehr gegen die Sitte ist; wer schimpflich zur Schau gestellt werden soll, dem werden die Kleider ausgezogen (taschhîr). Aber nackt verrichtet man den Umlauf und nackt zaubert man. Und nackt zieht man sich aus und lässt alle Rücksichten fahren, um die höchste Not drastisch anzuzeigen. So entblössen die Weiber in der Trauer nicht bloss Gesicht und Busen, sondern zerreissen gelegentlich auch die letzte Hülle (Agh. 14, 138). Der Bote, der eine drohende Gefahr meldet, schneidet seinem Kamele Ohren und Nase ab, legt den Sattel verkehrt auf und zerreisst sein Gewand. Oder er zieht sich ganz und gar aus und ruft: ich bin der nackte Warner. In späterer Zeit ist der Brauch selber abgekommen und nur die unverstandene Redensart „der nackte Warner" übrig geblieben[3]). Junge Mädchen entblössen sich vor dem zum Angriff schreitenden Heere, schwerlich bloss um ihre Reize zu zeigen. Eine Mutter will das selbe tun, um eine Pression auf ihren Sohn auszuüben. Ein Mann, dem die Rache versagt wird und der seine Verzweiflung darüber ausdrücken und zugleich seinen Patron blamiren will, entblösst seinen Hinteren und streut Erde auf sein Haupt. Ähnlich macht es Baihas, als er sieht, dass eine Frau seines Geschlechts an einen Mann verheiratet wird, der

[1]) Abulf. I adn. 66. Ham. 366 v. 3. Agh. 5, 115. 12, 27. 14, 135. 18, 207. 20, 120. 159. Vaq. 291. 336. Buch. 2, 124.

[2]) Über die Tracht im Allgemeinen s. p. 122 n. 2. Buch. 1, 52 ss. Für ازار und رداء sagt man auch شعار (2. Reg. 1, 8?) und دثار. Nîemals fehlt der Ledergurt حقو Doughty 2, 349, gewöhnlich im Dual, der aber zunächst nicht den Gurt, sondern die betreffende Stelle des Leibes, nicht Weste, sondern waist hezeichnet (Hudh. 32. Agh. 10, 26 s. Tab. 1, 1743).

[3]) BHischam 430. Tab. 2, 718. Agh. 15, 99. Maid. 1, 186. Buch. 4, 104. 210.

seinen Bruder getötet hat: er hebt das Kleid hinten auf und bedeckt damit sein Haupt[1]).

Die Verhüllung des Hauptes geschieht auch bei der Verrichtung der Notdurft, desgleichen bei dem Toten. Von einigen auffallend schönen Männern wird berichtet, dass sie ihr Gesicht, besonders auf Festen und Märkten, zu verhüllen pflegten, um sich vor dem bösen Blicke zu schützen[2]). Dadurch wird die Vermutung rege, dass auch die Verschleierung der Frauen ursprünglich diesen Grund hatte. Die Sitte ist nicht erst durch Muhammad eingeführt[3]), sondern alt und echt arabisch. „Arabiae feminae ethnicae non caput sed faciem quoque ita totam tegunt, ut uno oculo liberato contentae sint dimidiam frui lucem quam totam faciem prostituere", sagt Tertullian de virg. vel. 17. Die Märtyrin von Nagrân hatte niemals ihr Gesicht gezeigt, bis zu dem Tage wo sie mit entblösstem Haupte auf öffentlichem Markte Zeugnis ablegte. Der Schleier heisst chimâr und barqa'. Gegenwärtig tragen die Beduinenfrauen ihn nicht, ausser in den Gegenden wo die Vahhabiten herrschen (Doughty 1, 568). Ob er auch in alter Zeit vorzugsweise von der ansässigen Bevölkerung getragen wurde, sei dahingestellt.

Von dem Wechseln der Kleider beim heiligen Umlauf ist schon die Rede gewesen. Wer in dem Rock eines Anderen steckt, participirt an dessen Wesen. Muhammad wird um sein Hemd gebeten, damit ein Verstorbener darin begraben werde[4]). Die Kleider sind mit der Person verwachsen, sie werden nicht für etwas Äusserliches angesehen. Sie sind ein Gleichnis für inhärente Eigenschaften; man sagt: das Kleid der Untreue, der Rock der Gerechtigkeit. Das Überwerfen des Ridâ ist indessen bloss ein symbolischer Rechtsakt und hat nicht die Bedeutung, wie das Übertragen des Mantels von Elias auf Elisa.

Noch ein eigentümlicher Brauch gehört hieher, nemlich das Umkehren der Kleider. „Wenn jemand in der Wüste sich verirrt hat, so kehrt er seine Kleider um, hält sein Kamel an, klatscht in die Hände und ruft ihm allerlei auf die zu nehmende Richtung

---

[1]) Ham. 354. Agh. 20, 144. 21, 190. Vaq. ed. Kremer 59, 19.

[2]) Agh. 6, 33. 11, 28. 13, 137. 15, 157. BAthir 2, 254. Buch. 3, 75. 4, 22.

[3]) S. dagegen Snouck Hurgronje, Bijdragen tot de Taalkunde etc. van Nederlandsch Indie 5, 1.

[4]) Buch. 1, 163—165. 175.

bezügliche Rufe zu, als wendete er sich an einen Menschen; darauf setzt er es in Bewegung und kommt nun auf den richtigen Weg. Daher der Vers: wer in Angst ist (sich verirrt zu haben), lässt ein Klatschen erschallen, weiss aber nicht, von welcher Seite die Antwort darauf erfolgen wird.“ Das ist das Taçfîq[1]). Der Brauch, das Zeug verkehrt anzuziehen, kommt auch beim Regengebet (istisqâ) vor. Der Mann Gottes, der es verrichtet, in einer öffentlichen Versammlung unter freiem Himmel, wendet dabei seinen Mantel um[2]). Bei der Regenprocession von Manubia nach der grossen Olivenmoschee in Tunis am 17. März 1896 drehten alle Teilnehmer das Innere des Burnus nach aussen.

In Bezug auf die Haartracht sagt Plinius H. N. 6, 162, die Araber trügen entweder einen Kopfbund oder sie liessen sich das Haar lang wachsen, den Bart rasirten sie meistens, nur nicht über der Lippe. Diese Angaben stimmen nicht ganz mit dem Bilde, das wir uns nach der alten arabischen Literatur machen müssen. Der Turban ist nichts Gewöhnliches, sondern immer etwas Auszeichnendes; auf den Denkmälern sieht man zuweilen eine Kappe (Doughty 1, 160. 562). Die Frisur ist bei verschiedenen Stämmen verschieden und dient als Abzeichen, jedoch unbeschadet eines gemeinsamen Grundzuges. Das Haar wird lang getragen, in Locken oder Strähnen, die geflochten werden[3]). Am bekanntesten sind die Schläfenlocken und die Stirnlocke; es werden auch noch andere genannt[4]). Der Bart wird im Allgemeinen nicht rasirt, aber grade über der Lippe wird er gestutzt: also das genaue Gegenteil von dem, was Plinius sagt. Das Scheren von Haar und Bart ist eine entehrende Strafe.

---

[1]) Rasmussen Add. 70.

[2]) Buch. 1, 131—134. 4, 87. Muhammad unterliess einmal das Istisqâ, um zu zeigen, dass auch ohne das Regen käme.

[3]) ضفيرة, عقيصة. Muhammad trug sein Haar auf der Mekkafahrt a. 8 in vier Flechten (Vaq. 349). Die Locken heissen Hörner.

[4]) Die Stirnlocke heisst ناصية, die Schläfenlocken ذوابتان, auch فودان (Tab. 1, 1372). Die Lexika machen keinen rechten Unterschied zwischen ذوابة, غديرة und رغيدة (BHischam 933), عقيصة (BH. 934), ضفيرة. Ausserdem werden genannt قصّة und قفا (Buch. 4, 34 unten). Der Islam verbot das قزع (Buch. 4, 34) und das عقص am Hinterkopf (Tab. 1, 1728).

Die Stirnlocke ist das Zeichen des Freien, sie wird dem Kriegsgefangenen abgeschnitten, der Sklave hat seine Glatze auf der Stirn. Die Schläfenlocken, die bis auf die Brust herabfallen (Lisân 6, 313), sind das characteristische Merkmal des Jünglings, sie werden sehr oft zur Altersbestimmung in diesem Sinne benutzt. Ältere Männer verzichten auf diesen Schmuck, doch kommen Ausnahmen vor (Agh. 14, 2. Nab. 27, 17). Auf die Frage Doughtys (1, 469), warum er „die Hörner" nicht trage, antwortete ein Beduine: I have done with such young men's vanities, since my horn upon this side was shot away, and a second ball cropt the horn on my other. Es ist indessen möglich, dass die Schläfenlocken ursprünglich in einem besonderen Akte gestutzt wurden und dass das gleichsam eine Wiederholung der ʿAqîqa beim Eintritt der Mannbarkeit war. Denn die Araber heissen bei Jeremias und Herodot קצוצי פאה, περιξυροῦντες τοὺς κροτάφους, im Gegensatz dazu lassen sich die frommen Juden die beiden פאות lang wachsen.

Die Sitte, dass die Jünglinge zu einer bestimmten Zeit ihre Locken abschneiden, findet sich auch bei den Syrern in Hierapolis. Οἱ νεηνίαι τῶν γενείων ἀπάρχονται, τοῖσι δὲ νέοισι πλοκάμους ἱεροὺς ἐκ γενετῆς ἀπιᾶσι, τοὺς ἐπεὰν ἐν τῷ ἱρῷ γένωνται τάμνουσί τε καὶ ἐς ἄγγεα καταθέντες οἱ μὲν ἀργύρεα πολλοὶ δὲ χρύσεα ἐν τῷ νηῷ προσηλώσαντες ἀπίασιν ἐπιγράψαντες ἕκαστοι τὰ οὐνόματα. τοῦτο καὶ ἐγὼ νέος ἔτι ὢν ἐπετέλεσα καὶ ἔτι μευ ἐν τῷ ἱρῷ καὶ ὁ πλόκαμος καὶ τὸ οὔνομα[1]).

Wenn es richtig ist, dass die Schläfenlocken bei dem Eintritt in das Mannesalter ursprünglich abgeschnitten und nicht einfach allmählich vernachlässigt wurden, so war das ohne Zweifel ein Opferakt. Sehr wahrscheinlich ist es, dass die Haarschur nach vollbrachtem Gelübde, die bei jedem Opfer stattfand, eigentlich selber mit zu dem Opfer gehörte. Auch das Abschneiden des Haars für den Toten kann als Opfer aufgefasst werden. Wer freiwillig in den Tod geht, wer gelobt zu siegen oder zu fallen (mustamît, mustabsil), schneidet sich das Haar ab, gleichsam um sich selbst

[1]) Dea Syria § 60. Τοῖσι δὲ νέοισι heisst: so lange die Jünglinge noch Kinder sind. Die in den Ausgaben recipirte Conjectur τῇσι δὲ παρθένοισι ist völlig gedankenlos; denn der Verfasser sagt am Schluss von sich selber, er habe seine Locken im Heiligtum niedergelegt, er redet aber von sich im Masculinum, ist also ein Jüngling und keine Jungfrau gewesen. Vgl. W. R. Smith, Religion 325.

das Totenopfer zu bringen. So taten die Bakr im Kampf gegen die Taghlib an dem berühmten Tage der Lockenschur, die Kinditen unter alAsch'ath bei der Belagerung von Nugair durch die Muslime (Tab. 1, 2007), die Chavârig, und nach ihrem Beispiel die Getreuen des Musa b. Châzim (Tab. 2, 1147).

Von einer besonderen Heiligkeit ist das Haar der Frauen. Der Schleier soll viel weniger ihr Gesicht, als ihr Haar bedecken. Wenn sie den Schleier abnehmen und das Haar fallen lassen oder auflösen, so ist das fast ebenso stark, als wenn sie sich nackt ausziehen (Agh. 15, 71. 18, 137). Frauen mit aufgelöstem Haar sehen Männern gleich und werden dafür gehalten (Tab. 1, 1951).

Mit Kleidern und Haar hat der Name die Ähnlichkeit, dass auch er nichts Äusserliches ist. Er deckt sich mit dem Wesen und färbt ab auf den Träger. Wenn einer Grobian Sohn Eseleins heisst, so kann er nicht dafür, wenn er sich grob und eselhaft beträgt (BHischam 902). Muhammad gab sehr viel auf das Omen, das im Namen liegt, er verwandelte nicht bloss heidnische Namen in muslimische, sondern auch hässliche in liebliche. Per antiphrasin nennt man den von der Schlange Gebissenen den Gesunden, (salîm), die linke Seite die glückliche (aisar, wie εὐώνυμος), und den Aussatz die gesegnete Krankheit (mubâraka); auch den Löwen nennt man nicht beim rechten Namen, sondern redet ihn etwa als Fuchs an (Tab. 2, 103). Immer liegt dabei die Hoffnung zu Grunde, durch den Namen das Wesen der Sache zu ändern.

Fâtima bint Husain b. Ali war ernst, weil sie den Namen ihrer muslimischen Grossmutter, der Tochter Muhammads, führte; dagegen ihre Schwester Sukaina war lustig und ausgelassen, weil sie nach ihrer heidnischen Grossmutter genannt war (Agh. 14, 164). Über die Wahl der Namen für die Kinder sagt Doughty 1, 329: in all the Arabic countries there is a strange superstition of parents, that if any child seems to be sickly, of infirm understanding, or his brethren have died before, they will put upon him a wild beast's name — that their human fragility may take on as it were a temper of the kind of those animals [1]). Nach dem selben Princip schreit man wie ein Esel und kriecht auf allen Vieren, um sich

[1]) Vgl. 2, 667: a weakly Beduin child is sometimes named Solubby, that if it pleased Allah he might not die. Die Solubbi galten für sehr gesund und kräftig.

vor dem Fieber zu schützen; die schädlichen Mächte sollen durch den Namen zu dem Glauben geführt werden, sie hätten ein seuchenfestes Tier vor sich; oder was der Name besagt, soll auf das Wesen übergehen. Die alten Araber nannten ihre Knaben mit Vorliebe nach widerwärtigen Tieren und nach stachligen bitteren Pflanzen [1]). Dadurch sollte bewirkt werden, dass sich niemand an ihnen vergriff. Die Sklaven dagegen trugen schöne Namen, zum Nutzen ihrer Herren. Die Fähigkeit zu nützen kommt den Anderen zu gut, die Fähigkeit zu schaden einem selber. Der schöne Name lockt an, der abschreckende feit den Träger und ist ihm ein Panzer; man will lieber dornig sein, als von den Ziegen gefressen werden.

Der verbreitete Glaube, dass die Kenntnis des Namens dem Zauberer Gewalt über die Person verleihe, dass der Zauber durch den Namen, ebenso wie durch das Abbild, zurückwirke auf die Person, lässt sich bei den alten Arabern nicht nachweisen. Wenn sie ihr Geschlecht — nach ihrem Namen werden sie selten gefragt — nicht immer gern angeben, so hat das andere und reellere Gründe. In Mekka pflegt man gegenwärtig den Namen einer Schönen zu ändern, damit etwaiger Zauber sein Ziel verfehle (Snouck, Mekka 2, 122).

Teratologie.

Die Divination ist dem Zauber verwandt [2]), auch insofern als sie keine theoretischen, sondern praktische Zwecke verfolgt. Sie befriedigt nicht die Neugier und den Wissensdrang, sondern sie zeigt den Weg, den man einschlagen muss, um zum Ziel zu kommen. Man will eine höhere Weisung haben, um der eigenen Willkür zu entgehen, denn man traut sich selber nicht. Wer nicht in Aporie sich befindet, hat keinen Anlass Omina zu suchen; er soll, wie die Hebräer sich ausdrücken, Gott nicht versuchen. „Wer mutwillig die Raben scheucht, obwol es ihm gut geht, stürzt ohne Zweifel in Ungemach“, sagt Alqama 13,35. Man will erkennen was gut und böse ist, d. h. was frommt und schadet,

[1]) Nöldeke, DMZ 1886 p. 160.

[2]) נחש bedeutet sowol diviniren als zaubern, לחשים Isa. 3, 20 ein Amulet.

zum Guten oder zum Bösen führt, und zwar nie im Allgemeinen, sondern immer in Bezug auf einen bestimmten vorliegenden Fall, in Bezug auf das was man im Augenblicke vor hat. Die Omina sind entweder fausta oder infausta, sie raten ab oder raten zu[1]. Doch haben sie eine starke Neigung nach der negativen Seite zu, sie raten tausendmal ab, ehe sie einmal zuraten, die Ahnungen, die sie erwecken, sind gewöhnlich schlimme Ahnungen[2]. Sie sind von solchem Einfluss, dass ein Heer wegen ungünstiger Vorzeichen den Kampf abbricht (BAthir 1, 460). Ungesuchte Omina sind die besten (Tab. 2, 220); doch sehr oft sucht man sie, und es gibt Leute, die dazu besonders geschickt sind, wie Bileam und Naqîd (BAthir 1, 459).

Die Reihe der Zeichen ist sehr bunt. Trotzdem zeigt sich dabei eine Übereinstimmung bei den verschiedenen Völkern; es ist als ob auch auf diesem Gebiete phantastischer Willkür psychologische Gesetze die unendliche Möglichkeit beschränkten. Am häufigsten sind die Weisungen durch Tiere. Zum Teil geht es dabei mit leidlich vernünftigen Dingen zu. Man lässt eine Kamelin freilaufen um zum Wasser geführt zu werden, man lässt sich überhaupt gern in Zweifelsfällen von der unbeirrten Sicherheit des Tieres leiten[3]. Denn das Tier ist mamûr, handelt auf höheren Befehl, hat offene Augen, wenn die des Menschen verschlossen sind[4]. Ein Hund leitete die Seldschuken, ein Kamel die Taiji in ihre spätere Heimat[5]. Durch die Suche nach verlorenen Tieren wird man seiner Bestimmung zugeführt[6]. Als der Dichter alKumait auf seiner berühmten Flucht von Kufa nachts mit seinen Begleitern rastete, kam ein Wolf angelaufen; er merkte was ihn hertrieb und gab ihm zu fressen und zu saufen. Wie sie nun aufbrachen, heulte der Wolf; alKumait verstand seine Absicht und änderte die Richtung des Weges; da war der Wolf stille (Agh. 15, 115).

---

1) Die arab. Correlate sind سعد und ناكس.

2) Daher erklärt es sich, dass ناكس, ursprünglich nur omen, zum omen infaustum wird. Ähnlich طيرة = شؤم Buch. 2, 120. 4, 16.

3) Agh. 13, 111. 1. Sam. 6, 7. Azraqi 27. BHischam 335 s.

4) wie die Eselin Bileams und der Elephant der Abessinier vor Mekka.

5) Agh. 15, 97. 123. Barhebr. Chr. ed. Bedjan 219.

6) Agh. 1, 133. 19, 3 ss. 1. Sam. 9.

Meistens dienen begegnende Tiere als Omen, z. B. der Hase oder der Fuchs (Ibn Sa'd § 102). Für das Anlaufen, von der glücklichen und von der unglücklichen Seite, hat man die Ausdrücke سنح und برح. Die Grundbedeutung liegt nicht klar, برح entspricht hebräischem ברח (fliehen), سنح heisst BAthir 3 328, 11 einfach begegnen, Buch. 1 71, 16 dagegen stören. Über den Sprachgebrauch widersprechen sich die Angaben. Einvernehmen herrscht nur darüber, dass das سانح ein gutes und das بارح ein schlechtes Vorzeichen gibt, nicht aber darüber, von welcher Seite das eine und das andere kommt. Dem Junas b. Habib hat Ruba auf Befragen gesagt: das Tier, das (von links kommend) dir die rechte Seite bietet, ist سانح, und das Tier, das (von rechts kommend) dir die linke Seite bietet, ist بارح (Agh. 9, 159). Dagegen dem Abu Ubaida hat der selbe Ruba gesagt: was von links kommt und dir die rechte Seite bietet, ist بارح, und was von rechts kommt und dir die linke Seite bietet, ist سانح (Agh. 9, 164. 10, 3). Das Letztere ist das Natürlichere: von rechts kommt das günstige, von links das ungünstige Omen. Diese Bedeutung von Rechts und Links steht bei den Arabern so fest wie bei irgend einem anderen Volke; اشام heisst gar nicht mehr links, sondern nur noch unglücklich [1]).

Bei den Vögeln scheint es festzustehen, dass die سوانح rechts, die بوارح links vom Wege sind [2]). Die Vögel sind auch bei den Arabern die am meisten vorbedeutenden und schicksalsverkündenden Wesen. Die von ihnen hergenommenen Omina überwiegen so, dass sie die allgemeine Bezeichnung geworden sind, unter der auch die anderen Vorzeichen allesamt einbegriffen werden. Das alte Wort 'Auf (עוף Vogel) hat seinen ursprünglichen Sinn ganz eingebüsst und bedeutet Schicksal; das davon abgeleitete Verbum wird allerdings noch immer von der Vogelschau, indessen auch von jeder beliebigen anderen Wahrschau gesagt [3]). Auch

---

[1]) Arabia felix hält man für misverständliche Auffassung von Jaman. Die rechte Seite ist hier in Wahrheit nicht die glückliche, sondern die südliche. Richtig Matth. 12, 42.

[2]) Maid. 24, 409. Agh. 11, 45.

[3]) Maid. 25, 5. Bei Freytag fehlt der fünfte und der achte Stamm, die beide häufig genug sind.

Tair und Tira werden ganz indifferent für alle Vorzeichen gebraucht[1]).

Alles was die Vögel tun, ist ominös für den, der in der nötigen Stimmung ist und zu interpretiren versteht: ihr Erscheinen auf der rechten oder linken Seite, ihr Auf- und Niederflug, ihr Federrupfen, ihr Geschrei, und was es auch sei. Schnatternde Gänse verkündeten den Tod Alis (BAthir 3, 326). „Sein Rabe fliegt auf“ (Agh. 19, 48) besagt: er stirbt; aber auch „sein Vogel setzt sich“ (Ham. 182 v. 2) bedeutet nichts Gutes. Sehr oft wird gesagt: „es ist als ob der Vogel über seinem Haupte schwebt“ d. i. er wagt sich nicht zu rühren noch zu regen; vielleicht bringt auch in dieser Redensart der Vogel ein Omen, auf dessen Ausfall man in gespannter Passivität wartet. Gewisse Vögel sind bedeutsamer als andere, z. B. der Wiedehopf, der Grünspecht, der Staar. Am meisten der Rabe; er ist der Unglücksvogel in Sonderheit. Er kündet Tod an, namentlich aber Trennung von Freunden und von der Geliebten; in diesem Sinne krächzt er bis zum Überdruss in allen Liedern. Eine ausführliche Rabengeschichte findet sich Agh. 11, 45. Ham. 103: ein der Haft entsprungener Räuber kommt an einem Raben vorbei, der auf einem Bânabusche links vom Wege sitzt und krächzend sich Federn ausrupft; er fragt einen Hirten nach der Bedeutung des Omens und erhält betrübenden Bescheid. In diesen und vielen anderen Beispielen begegnen die Vögel ungesucht. Man scheucht sie aber auch auf, um aus dem Fluge zu auguriren. Und zwar geschieht das bei allen Vögeln mit Ausnahme des Racham, einer Geierart[2]). Am meisten wiederum bei den Raben, für das Vogelscheuchen sagt man oft gradezu Rabenscheuchen[3]). Die Banu Lihb von Hudhail verstanden sich vorzüglich auf diese Kunst.

Die Divination beschränkt sich natürlich nicht auf den „ânegane“ von Tieren und Vögeln. Jeder Zufall ist Fingerzeig einer höheren Hand. „Ich will sehen, ob Jahve mir begegnet“, sagt

[1]) Bemerkenswert ist die bereits angeführte Schwurformel (p. 186 n. 2) والذى اعدو بطيره. Wie تعيّف und اعتاف wird auch تطيّر gesagt, gewöhnlich im schlechten Sinn, entgegengesetzt dem تيسّر.

[2]) Maid. 12, 25. 13, 127. 128. 25, 21. Scheuchen = زجر.

[3]) Nab. 10, 7. Antara 13, 1 ss. Alq. 13, 35.

Bileam, indem er auf Omina ausgeht. Was immer begegnet und auffällt, alle möglichen Erscheinungen und Vorkommnisse können dem zur Weisung dienen, der Arg daraus hat[1]) Wenn einem das Schwert aus der Scheide fällt, wenn man aus Versehen den Panzer verkehrt anzieht, so traut man sich nicht in den Kampf zu gehen. Wenn der Sattelgurt reisst, so wäre es vermessen die Reise fortzusetzen. Besonders das Straucheln ist ein sehr böses Vorzeichen; als Averruncatio dient ein Fluch, den man gegen irgend jemand ausspricht[2]). Auch das Niesen ist eine Mahnung für den der es hört. Ein Hudhailit rühmt sich, dass er sich durch niesende Weiber nicht habe irren machen lassen in der Fortsetzung seines Fehderittes durch die Wüste[3]). Sturm und Unwetter künden den Tod eines hervorragenden Mannes an[4]). Auf Himmelszeichen wird weniger geachtet, die eigentliche Astrologie war den Arabern fremd, doch reden sie von glücklichen und unglücklichen Gestirnen[5]).

Rinder sind dem Beduinen unter allen Umständen ein übles Vorzeichen[6]). Geschlachtete Kamele bedeuten nichts Gutes (Tab. 2, 1983). Ebenso mit Fehl behaftete Tiere und Menschen aller Art. Der Erste, der dem Ali huldigte, hatte eine lahme Hand; da erkannte Habib b. Dhuâb: aus dieser Sache wird nichts (BAthir 3, 153). Das Muttermal unter dem Nabel der Nâila bint Umâra war der Grund, weshalb Muâvia sie nicht heiratete, denn Maisun erkannte daraus, dass das Haupt ihres Gemahls in ihren Schoss fallen werde (BAthir 4, 6. 7). Unter den Executoren, die Muâvia an die gefangenen Rädelsführer des von Hugr b. Adî erregten Aufstandes sandte, befand sich ein Einäugiger; sofort sagte einer derselben: die Hälfte von uns wird getötet, die andere Hälfte entrinnt (Tab. 2, 140). Der muslimische Antichrist ist durch Ein-

[1]) Daher vielleicht עונן von عنّ. Es könnte allerdings auch von עין als Polel abgeleitet sein und dem arabischen عيان entsprechen, aber dagegen spricht das aramäische ענן im Targum. Mit ענן Wolke hat es sicher nichts zu tun.

[2]) BHischam 733, 10. Buch. 2, 86. 3, 12.

[3]) Hudh. 131, 15. Schwarzlose, Waffen p. 111.

[4]) z. B. Tab. 2, 163 unten.

[5]) Daher طلق الاسعد Nöldeke .Delectus 109, 18.

[6]) Vaq. 104. Buch. 2, 229. Ham. 285 v. 1 schol.

äugigkeit als Unglücksmensch gezeichnet. Es gibt Personen, die ein für alle mal als asch'am oder masch'ûm (sinister) gelten, die in der besten Absicht immer zum Unheil raten und Unheil anrichten; andere, die immer Segen haben und Segen bringen. So auch Kamele und Rosse, die einen immer ins Unglück reiten, und hinwiederum andere, mit denen man überall Glück hat[1]).

Ungemein häufig ist das فأل. Es scheint etymologisch dem hebräischen und aramäischen פלא zu entsprechen, wird aber im Arabischen für das Omen angewandt, das nicht in der Sache, sondern im Namen liegt[2]). Auch zufällige Äusserungen, die man hört, sind unter Umständen ominös (Tab. 2, 220); man kann sie jedoch durch schlagfertige Antwort auf der Stelle unschädlich machen, wie das Beispiel bei BAthîr 1, 459 lehrt. Man sieht aus diesem Beispiel auch, dass es nicht darauf ankommt, ob man die Omina wirklich hört und sieht. Es kann ebenso gut im Traume geschehen. Die Visionen und Hallucinationen haben sogar die grössere Gewähr höheren Ursprungs und geheimnisvoller Bedeutung. Als Jazid I. im Zweifel war, durch wen er die aufständischen Mediner bekämpfen solle, sah Muslim b. Uqba im Traum einen Gharqadbusch, welcher rief: durch Muslim! und er erhielt vom Chalifen den Auftrag. Abdalmalik schickte alHaggâg gegen Ibn Zubair, weil demselben geträumt hatte, er ziehe dem Gegenchalifen die Haut ab[3]). Der Hatif kann ein von einem wirklichen Menschen herrührender verlorener Ruf sein, aber auch eine Stimme, die kein Anderer vernimmt als derjenige für den sie bestimmt ist, die von den Ginn herrührt. Wie die Stimme in 1. Sam. 3, so ruft auch der Hatif Agh. 7, 131. Maid. 25, 106 drei mal, und erst das dritte mal explicirt er sich deutlicher. Es ist übrigens ein Irrtum zu glauben, dass die Beduinen zu Sinnestäuschungen dieser Art geneigt seien. Der einsame Ritt durch die Wüste, der dazu disponiren soll, gehört zu den grössten Seltenheiten. Wenn er aber vorkommt, so sind seine Schrecken, wie sie in der Poesie

---

1) Buch. 2, 120. 3, 201. 4, 16.

2) Beispiele Tab. 2, 557. 601. 1293. 1534. BAthir 3, 226. 270. 4, 328. 5, 98. 247. Maid. 27, 51. 68. 28, 87. 93. In dem ursprünglichen allgemeineren Sinne steht فال BHischam 301, 7; قال ist Druckfehler.

3) Agh. 1, 14. Tab. 2, 829.

beschrieben werden, immer sehr real. Die Beduinen sehen und hören nicht leicht mehr als zu sehen und zu hören ist. Das Flimmern der Luftspiegelung, ein sonderbarer Busch, der aus der Ferne wie ein lauernder Mensch aussieht, das Huschen und Wispern bei Anbruch der Nacht beunruhigen sie wol; aber das alles sind keine Visionen oder Hallucinationen. Sie hören die Ginn schwirren und pfeifen, aber nicht vernehmlich rufen. Der Hatif kommt in den alten Liedern und Erzählungen selten genug vor. Dagegen im Islam bei den städtischen Arabern in den altaramäischen Culturländern spielt der Hatif, als Nachfolger der בת קול, eine grosse Rolle; man schreibt über ihn Bücher und Abhandlungen [1]).

Die Teratologie hat sich auch bei den Arabern teilweise zu einer methodischen Kunst ausgebildet. Eigentümlich ist namentlich die Qiâfa, die Kunst aus der Spur zu lesen [2]). Der Qâif erkennt aus den Fussstapfen den Mann, dem sie angehören, ja sogar aus den Füssen des Kindes den Vater [3]). Er scheint aber nicht bloss zu entdecken, sondern auch zu bannen. Die Chath'am hatten von den räuberischen Besuchen Taabbatas zu leiden, da sagte der Kahin zu ihnen: zeigt mir seine Spur, so will ich ihn euch fassen. Sie deckten eine Schüssel über seine Fussstapfen und sandten zum Kahin, dass er sie sähe; als er sie aber sich besehen hatte, sprach er: der Mann, dem diese Spur gehört, kann nicht gegriffen werden (Agh. 18, 217). Gegenwärtig befassen sich die heruntergekommenen Reste der Quraisch in der Gegend von Tâif mit der Qiâfa. Sie sehen es einem Weibe an den Fussstapfen an, ob sie Jungfer ist; wenn einer von ihnen eine Kamelstute mit Füllen verloren hat, so erkennt er nach Jahren das inzwischen ausgewachsene Füllen an den Abdrücken der Hufe (Doughty 2, 525). Eine andere Art von antikem Detective ist der 'Arrâf, der indessen wesentlich Be-

---

1) Sprenger, Leben Muhammads 3 p. LVII, Mas'udi 3, 323 ss.

2) قيافة und عيافة werden zusammengestellt Maid. 20, 31. Agh. 2, 94. Der Qaif heisst auch حازر Agh. 10, 38.

3) Buch. 3, 206: viele Männer liessen sich allesamt mit einer Frau ein, indem sie sich keinem weigern durfte, der zu ihr kam; wenn dann ein Kind geboren wurde, so kamen alle zusammen und riefen die Spürer (قافة) herbei, welche nach ihrem Ermessen das Kind einem Vater zuwiesen. Vgl. Gött. Nachrichten 1893 p. 462. Wilamowitz zu Aeschyl. Choephoren 205 p. 171 (Berlin 1896).

schwörer ist[1]). Es heisst im Sprichwort Maid. 24, 494: was der Dieb zurücklässt, nimmt der Arrâf; er wird dafür bezahlt, dass er den Dieb entdecken soll. Sein Verfahren dabei wird Maid. 18, 103 beschrieben. Er stellt die Leute, unter denen er den Dieb vermutet, in einen Kreis, nimmt einen Krug zwischen die beiden Zeigefinger, bläst und spricht eine Formel, und geht mit dem Kruge Reihe um: wenn er an den Dieb kommt, fängt der Krug von selber an sich zu drehen. Man wird an das Tischrücken erinnert[2]). Eine andere Weise, den Dieb zu beschwören, schildert Doughty 2, 188. Um sich zu vergewissern, ob die Gattin ihm während seiner Abwesenheit treu sei oder nicht, bindet der Mann vor der Reise zwei Zweige zusammen; haben dieselben bei seiner Rückkehr sich gelöst, so hat sie die Ehe gebrochen[3]).

Vielfach liegt der profanen Wahrsagekunst, ebenso wie dem rituellen Istiqsâm, das Princip der Lotterie und des Kartenlegens zu Grunde: das Einteilen in verschiedene Möglichkeiten und das Treffen einer derselben als der richtigen, durch irgend ein Mittel. Der Übergang von da zum Spiel liegt nahe. Das Istiqsâm kehrt wieder beim Maisirspiel, wo Fleischstücke durch Pfeile verlost werden. Tarafa (4, 5) beschreibt, wie der Wahrsagung Suchende im Sande Linien zieht und Felder abteilt[4]); ein Scholion bemerkt dazu, dass die Kinder in einem bekannten Spiele es grade so machen. So verändern sich die Bräuche der Alten und erhalten sich doch bei den Kindern.

---

1) عرّاف = ناشد, wie عرّف = نشد.

2) Die ʿArrâfe, d. h. Beschwörer, scheinen unter den christlichen Arabern des Nordwestens häufig gewesen zu sein; sie werden Agh. 7, 101 mit Einsiedlern in einer Reihe aufgeführt. Die Namen des ʿArrâf von Jaman und des von Hagar werden Agh. 20, 154. 156 genannt.

3) Gauhari unter رتم, Maid. 24, 429, Rasmussen Additamenta 73. Von der Rhabdomantie finde ich sonst keine Spuren, wenn es nicht einfach das Loswerfen ist.

4) Dies heisst خطّ und رمل, auch تمبيز (Doughty 1, 162. 258); vgl. die Lexika unter ابنا عيان. Eine andere Kunst der Wahrsagung ist das طرق = ضرب بالحصى (Agh. 14, 99), wol identisch mit ترجيم, woher sich erklärt, dass dies zu der Bedeutung „vermuten“ kommt (Alq. 13, 13). Vielleicht hängt damit auch תרגם zusammen: enträtseln, dann dolmetschen.

Religionsgeschichtliches.

Die Natur der Götter.

Im Widerspruch gegen Renans Lehre von dem monotheistischen Instinct der Semiten ist die Behauptung aufgestellt worden, es sei im Gegenteil der sexuelle Dualismus, mit dem daraus entspringenden Process des Zeugens und des Gebärens, das wichtigste Merkmal ihres Gottesbegriffes. Allerdings gibt es Gottheiten männlichen und weiblichen Geschlechts, aber sie gehören nicht paarweise zu einander, sondern jede für sich ist selbständig und keine ergänzungsbedürftige Hälfte. Die Einrichtung der Ehe ist verhältnismässig jung, und der Cultus des Sexuellen führt nicht mit Notwendigkeit auf den Dualismus des Gottesbegriffs. Wenn Baal und Astarte bei den Nordsemiten ein Paar bilden, so fliesst doch die Bedeutung der Astarte nicht aus diesem Verhältnis, denn bei den Südsemiten ist sie männlich. Bei den Arabern werden Allah und alLât, Isâf und Nâila zusammengebracht. Aber ursprünglich und durchschnittlich werden die Götter doch niemals paarweise, sondern immer nur einzeln verehrt; alLât in Tâif ist mehr als das Weib Allahs und etwas ganz Anderes; wenn sie in einer nicht rein arabischen, sondern arabisch-syrischen Gegend die Mutter der Götter heisst, so erscheint doch nirgend ein Vater der Götter als ihr Gatte. Es ist muslimische Erfindung, dass Hubal nach dem Glauben der Mekkaner den Winter bei alUzza in Nachla, den Sommer bei alLât in Tâif zugebracht habe. Vielmehr gaben die Mekkaner diese Göttinnen für Töchter Allahs aus. Das taten sie indessen auch nicht nach einem hergebrachten Credo, sondern bedrängt durch eine Frage Muhammads, die sie sich selber niemals vorgelegt hatten. Sie dachten dabei schwerlich an eine Geburt der Göttinnen aus Allah oder aus einem Weibe Allahs, sondern wollten nur sagen, es seien ihm nah verwandte und zugleich ihm untergeordnete Wesen. Von Empfangen und Gebären der weiblichen Gottheiten ist überhaupt niemals die Rede. Es mag übrigens zugegeben werden, dass der sexuelle Charakter bei ihnen mehr hervortritt als bei den männlichen; nur überwiegt derselbe durchaus nicht und ist nicht das constituirende Merkmal ihres Begriffs. Man hat zu berücksichtigen, dass die Herrschaft, das Hauptattribut der Gottheit, keine männliche Prärogative bei den ältesten Arabern war, dass die Mutter einstmals die Familie vorzugsweise zusammenhielt, und dass die Begriffe Herrschaft und Mutterschaft nahe bei einander liegen: die Herrscherin der Sterne, die ihren Lauf leitet, heisst ihre Mutter[1]). Und ferner fällt ins Gewicht, dass die unsichtbaren Mächte, die in der Welt und in der Seele wirken, von der Sprache als weiblich aufgefasst werden[2]).

Mit grösserem Recht darf man sagen, dass auch bei den Semiten die Götter, im Gegensatz zu den Dämonen, himmlisch sind. Ihr Haupt ist der Herr des Himmels, und eine Königin des Himmels steht ihm zur Seite. Bei den Hebräern erscheint Jahve im Gewitter; von der Wolke getragen fährt er auf den Fittichen des Windes, brüllt mit Donnerstimme, schiesst Hagel und Blitze. Der Himmelsbogen ist die Waffe des pfeilschiessenden Gottes; wenn er ausgetobt hat, so legt er ihn aus seiner Hand in die Wolken[3]). Die gleiche mythologische Betrachtungsweise der Iris als göttlichen Kriegsbogens hat auch bei den Arabern einmal geherrscht. Die Iris heisst der Bogen Quzahs, Quzah schiesst Pfeile von seinem Bogen und hängt ihn dann in den Wolken auf. Indessen lebendig ist diese Betrachtungsweise bei ihnen nicht mehr; in der Zeit, wo wir sie näher kennen lernen, verspüren sie in dem Gewitter nicht das Rauschen der Gottheit. Sie fassen die grossartige Erscheinung mit meteorologischer Genauigkeit und dichterischer Sehkraft auf, sie geniessen freudig den Segen vorweg, der daraus entspringen wird; religiöse Schauer aber regen sich ganz und gar nicht.

Die Verehrung des himmlischen Lichtes lag den Semiten so nahe, dass sie auch für die monotheistischen Hebräer immer eine grosse Versuchung blieb, der gegenüber Stand gehalten zu haben Hiob sich zum Ruhme anrechnet: wenn ich das Licht strahlen sah, den Mond prächtig dahinziehn, liess mein Herz sich nicht insgeheim

[1]) Die Hieroglyphe für König ist bei Ägyptern und Babyloniern die Bienenmutter.

[2]) Namentlich in der bekannten und überaus häufigen etymologischen Figur جرت جوار بالسعد والنحس, doch auch ausserhalb derselben سوق المنا والجوالب Hudh. 2, 2, und singularisch Sur. 69, 1. 4. 101, 1. Daher die Schicksalsmächte = die Töchter des Geschicks Agh. 16 164, 31. 165, 5. 14. BAthir 1 501, 23.

[3]) Prolegomena 1895 p. 317.

verlocken und ich warf ihnen keine Kusshand zu. Für die Araber lässt sich nachweisen der Dienst der Sonne, die stellenweise schlechthin die Göttin heisst, der Venus, welche in gewissen Gegenden der Uzza heilig ist, und des Merkurs, der unter dem Namen Utârid bei den Tamîm angebetet sein soll[1]). Dass der Mond angebetet wurde, lässt sich wol erschliessen, wird aber nicht ausdrücklich bezeugt, wenigstens nicht für die uns näher bekannte Zeit[2]). Der Islam protestirt nicht sowol gegen eigentlichen Gestirndienst, als gegen den Glauben, dass die Sterne das Wetter machen, Hitze und Kälte, Donner und Blitz, und vorzugsweise Regen bewirken. Dieser Glaube war bei den Arabern verbreitet; angama „es sternt" bedeutet: das Wetter ändert sich[3]). Gewisse Sternbilder bestimmen durch ihren Wechsel den Wechsel der Jahreszeit und somit des Wetters[4]). Sie dienen als eine Art Naturkalender, der um so

---

[1]) Nasr ist sabäisch, vielleicht auch die Farqadân, denen Gadhîma Trankopfer gebracht haben soll.

[2]) Nach dem Dual alQamarân (die beiden Monde = Sonne und Mond) zu schliessen, steht der Mond im Range vor der Sonne.

[3]) Hudh. 7, 7. Tab. 2 675, 8 (منَاجم = wetterwendisch). Vgl. Tab. 1 2152, 9.

[4]) Die Anvâ (Sing. nau) erscheinen, in bestimmter Reihenfolge abwechselnd, mit der aufgehenden Sonne am östlichen Horizont, während gleichzeitig gegenüber am westlichen Horizont ein ihnen entsprechendes Gegengestirn (raqîb) untergeht: اذا لاح نَاجم غار نَاجم يراقبه (Agh. 4, 176 Achtal 54, 2). Nach Gauhari und den Philologen (DMZ 1849 p. 37 ss.) sind es die achtundzwanzig Mondhäuser, die in Fristen von je dreizehn, einmal vierzehn, Tagen am Himmel wechseln (13 . 27 + 14 = 365 Tage). Das ist jedoch weiter nichts als das alte System der Chaldäer (Diodor 2, 30), und man sieht an diesem Beispiel einmal die Schranke der arabischen Philologen, die hier einfach bei der gelehrten Astronomie sich Rats erholt haben. Die Beduinen wissen, trotz Sur. 10, 5. 25, 62, nichts von Mondhäusern; und selbst bei gebildeten Arabern erregt es Verwunderung, wenn einer einmal theoretische Kenntnisse in der Astronomie hat (Agh. 4, 130. 10, 60). Die alten echten arabischen Anvâ sind andere Gestirne als die Mondhäuser und weit wenigere; sie umfassen ein jedes weit mehr als dreizehn Tage (BHischam 624, 14 schol.), sie lassen sich ihrer sachlichen Bedeutung nach eher mit den Zeichen des Zodiakus vergleichen. Es gibt überhaupt nur eine ziemlich beschränkte Anzahl echt arabischer Sternnamen; die weitaus überwiegende Mehrzahl der auf der Sternkarte vorkommenden ist gelehrten Ursprungs. An diesem Tatbestand ändert Hommel (DMZ 1891 p. 592 ss.) nichts, so sehr er sich auch bemüht, den Unterschied zwischen volkstümlicher und wissenschaftlicher Astronomie zu ver-

dringenderes Bedürfnis war, je weniger der conventionelle Kalender taugte. In dem gleichen Sinne wie wir das Wetter vom Mondwechsel abhängen lassen, nur mit ungleich besserem Rechte, machen es die Araber abhängig vom Frühaufgange der Thuraija, der Gauzâ, des Simâk u. s. w. Das ist aber durchaus keine Verehrung der Sterne; es kommt ja gar nicht so sehr auf sie selber an, als auf ihren Wechsel im Frühaufgang. Dass Muhammad es als heidnischen Unglauben bezeichnete zu sagen: wir haben Regen bekommen in Folge dieses oder jenes Gestirnwechsels, das war bloss sein übertriebener Puritanismus; er verbot es ja auch, Guten Morgen zu sagen.

Astronomie und Astrologie sind den alten Arabern überhaupt fremd und haben vor allem mit ihrer Religion nichts zu tun. Es ist zwar möglich, dass der Chaldaismus durch Vermittlung der Sabäer oder der Syrer auf sie eingewirkt hat, und dass sie dem ihre Schicksalsgottheiten, Manât und Sa'd, verdanken. Aber diese Abstracta sind bei ihnen sehr concret geworden und haben von Fatalismus und Astrologie nichts mehr an sich.

Sa'd hat sich für die Araber aus einem Stern in einen Stein verwandelt. Das ist übrigens nichts Singuläres. Die himmlischen Götter sind immer alle an einer bestimmten Stätte auf Erden localisirt. Die allgemeine Tatsache dieser Localisirung ist höchst beachtenswert; sie erklärt sich nicht aus der himmlischen, sondern aus einer ursprünglich irdischen Natur der Götter. Denn sie sind nicht bloss durch Convention ihrer Anbeter, zum Zweck des Cultus, an die bestimmte Stelle gesetzt, sondern sie wohnen da von Natur und werden deshalb dort verehrt. Dann sind sie also ursprünglich die Genien der Stätten, an denen sie haften. Dadurch treten sie auf eine Linie mit den Dämonen[1]).

Es ist zwar nicht richtig, dass die Araber zwischen Göttern und Dämonen überhaupt nicht unterschieden hätten. Dies ist die Ansicht Sprengers. Er meint, es gehe aus dem Quran unwider-

---

wischen, auf dessen Feststellung es mir ankommt. Nur darin mag er Recht haben, dass der gelehrte Ursprung der Sternnamen nicht grade gleichbedeutend ist mit griechischem Ursprung.

[1]) Vgl. oben p. 106. Prolegomena 1895 p. 30 s. Isr. und Jüd. Geschichte 1895 p. 93. Es soll natürlich nicht geleugnet werden, dass in späterer Zeit gar manche Tempel an Stellen gegründet wurden, die vorher profan waren und erst durch den dort gestifteten Cultus geheiligt wurden.

sprechlich hervor, dass die Ginnanbetung den Kern des arabischen Polytheismus bildete (1, 252). Grade so unwidersprechlich geht es aus den Kirchenschriftstellern hervor, dass die Griechen, Römer, Germanen u. s. w. die Dämonen und unsauberen Geister verehrten, oder aus dem Leviticus und der biblischen Chronik, dass auf den altisraelitischen Höhen den Satyrn und Feldteufeln geopfert wurde. In Wahrheit sind die Götter erst durch den Islam zu Dämonen herabgesetzt. Aber allerdings wie sie zuletzt zu Dämonen heruntergesunken sind, so sind sie zu Anfang aus Dämonen emporgestiegen. Die Dämonen sind Bne Elohim, sie gehören zur Familie der Götter. Beide fallen unter eine Art und haben gleiche Natur: im Gegensatz zu den lebendigen Menschen, die Fleisch sind und ihre Seele im Blut haben, sind sie Geist; sie gleichen dadurch den abgeschiedenen Seelen der Toten, die im Alten Testament gradezu Elohim heissen. Und in den Heiligtümern wohnen sowol die Dämonen als die Götter, zuerst jene, dann diese. Das Hima ist dämonisch, d. h. generell heilig und von Schauer umwoben; dann die Cultusstätte eines bestimmten Gottes. Die Bäume, Höhlen, Quellen sind Sitze der Ginn; dann werden sie einer Gottheit geweiht. Die Schlange ist die Verkörperung eines Gânn oder Schaitân, dann die Gestalt der Gottheit. Eine Beziehung der Ançâb, der heiligen Steine, zu den Ginn ist allerdings nicht nachzuweisen, wol aber eine Beziehung derselben zu den Toten, wie denn auch die Sitte des Steinwerfens nicht bloss bei den Cultusstätten, sondern auch bei den Gräbern vorkommt.

Also die Götter sind den Dämonen artverwandt, und sofern sie an einer bestimmten Stelle und an einem bestimmten Gegenstande auf Erden haften, sind sie aus Dämonen erwachsen, aus den Genien des Orts, des Baumes, der Quelle, der Schlange[1]). Die Himmlischen haben als solche keinen festen Platz auf Erden, sie können ihn nur durch Übertragung von einem irdischen genius loci bekommen haben. Die Theokrasie ist überall in der Religionsgeschichte wirksam, nicht bloss am Ende, sondern auch am Anfang. Im Wasser von Aphaka hauste ursprünglich etwa eine Nixe,

[1]) Über die irdischen Dämonen hinaus können wir nicht weiter vordringen; sie sind die einfachste Projicirung, Äusserung im eigentlichen Wortverstande, der Empfindung des Göttlichen. Diese Empfindung selber ist natürlich unerklärlich; wir können nur verfolgen, wie sie sich fortschreitend adäquateren Ausdruck verschafft.

aber die Venus, der Morgenstern, fiel vom Himmel hinein und wurde dann dort verehrt. Diese ätiologische Sage empfindet ganz richtig, dass die im Sterne wohnende Göttin eigentlich nicht zugleich in der Quelle wohnen kann; sie löst die Schwierigkeit durch Erdichtung eines Ereignisses.

Wie der Cultus, durch seine Localisirung, den ursprünglichen Zusammenhang der Götter mit den Dämonen beweist, so bildet andererseits grade der Cultus, wenigstens der öffentliche an freien Stätten, den entscheidenden Unterschied zwischen ihnen beiden. Die Dämonen wohnen nur an der heiligen Stätte, man scheut sich sie zu stören, aber man verehrt sie nicht. Sobald man sich ihnen dort nähert und ihnen dient, vollzieht sich ihr Übergang zu Göttern, auf gleicher Linie mit dem Übergange des gefeiten Hages zur Cultusstätte. Damit treten sie auch aus dem Dunkel der blossen Gattung heraus und werden Individuen. Die Dämonen sind im Allgemeinen anonym; für die Götter ist der Name von allerhöchster Wichtigkeit. Wollen sie, dass die Menschen ihren Wohnort zu einer Cultusstätte machen, so erscheinen sie daselbst und offenbaren sich ihnen dadurch, dass sie ihren Namen nennen; der Name ist der ganze Inhalt ihrer Offenbarung, die keinen theologischen, sondern lediglich praktischen Interessen dient. Denn nur wenn man ihren Namen kennt, kann man auf sie wirken und sie anbeten; das Rufen des Namens der Gottheit bezeichnet den Cultus schlechthin und ist in der Tat dessen Fundament; nur darin besteht das Hallel und das Dhikr. Der unbenamte Gott ist der unbekannte Gott, dem nicht gedient werden kann. Der Cultus ist der Gegensatz zu Occultismus und Zauber[1]).

Die Götter treten durch den Cultus mit den Menschen in

[1]) Bezeichnender Weise ist nicht bloss der Name der Gottheit vielfach zum Namen des Ortes geworden, sondern manchmal auch umgekehrt der Name des Orts zum Namen der Gottheit, wie in den mit Baal und Dhu componirten Gottesnamen der Kanaaniten und Sabäer. — Es gibt allerdings auch Namen von Dämonen, aber sie sind ein Geheimnis Weniger, die darin das Mittel haben die Träger sich dienstbar zu machen: ach wie gut, dass niemand weiss, dass ich Rumpelstilzchen heiss. Es gibt auch einen Dienst der Dämonen, aber er ist völlig privat und erhebt sich kaum über den Zauber: von da geht kein Fortschritt aus. Familiengötter unterscheiden sich jedoch von Stamm- und Volksgöttern nicht wesentlich; die Volksgötter scheinen öfters aus Familiengöttern der Fürsten und Priester hervorgegangen zu sein.

Bund, um den Alttestamentlichen Ausdruck zu gebrauchen. Das Opfer stiftet eine Blutverbrüderung zwischen ihnen und ihrer Gemeinde, d. h. dem Geschlecht oder dem Stamm ihrer Anbeter, denn die Sacralgemeinschaft deckt sich mit der Stammgemeinschaft. Sie treten als Patrone oder gar als Ahnherrn an die Spitze eines geschlossenen menschlichen Kreises, nehmen Teil an dessen Leben und heiligen die Kräfte, durch welche er zusammengehalten wird. Dadurch verändern sie ihre eigene Art, sie werden menschlich und moralisch. Jedoch immer in historischer, nationaler Form; sie haben historische Eigennamen, die den Namen ihrer Völker entsprechen und zum Teil damit identisch sind. Über ihrer Beziehung zu den Menschen, durch den Cultus, tritt nun ihre Beziehung zu den Elementen zurück. Für die Dryaden und die Naiaden haben die Elemente, nach denen sie benamt sind, eine ganz andere Bedeutung als für die Götter. Jeder beliebigen Gottheit kann ein Baum oder eine Quelle geweiht sein, und jede beliebige Gottheit wird symbolisirt durch die Schlange. Alles dies wird schliesslich zum blossen Emblem der heiligen Stätte und scheint nur dem Bedürfnis zu dienen, das Göttliche zu Cultuszwecken zu fixiren. Zu diesem Zweck werden die toten Steine und Holzpfähle vorgezogen, deren eigene Natur am wenigsten Verwandtschaft mit der Natur der Götter erkennen lässt.

Nachdem auf solche Weise die Cultusgötter von den Elementen, die ursprünglich ihren Cultus an einer bestimmten Stelle veranlassten, sich gelöst haben, steht nichts im Wege, sie mit den himmlischen Erscheinungen zu combiniren. Ihr Wesen deckt sich doch nicht mit der Idee der von ihnen patronisirten Gemeinschaft; es muss als übermenschlich vorgestellt werden. Dass nun die Empfindung des Göttlichen nicht mehr an beliebige irdische Wesen sich heftet, sondern an den überweltlichen lichten und bewegten Himmel, ist ein grosser Fortschritt. Zu Naturwesen werden die Götter darum doch nicht wieder; die Göttin der Sonne ist nicht die Sonne selber und der Gott des Himmels nicht der Himmel selber. Für den Begriff der Gottheit macht es nicht viel aus, ob ihr die Sonne oder der Mond oder ein Stern heilig ist; das wechselt und wird confundirt, hat auch auf die Form des Cultus geringen Einfluss. Ihre Beziehung zu ihrer Gemeinde bleibt das Wichtigste; sie behält ihren socialen, historischen Charakter.

Der Polytheismus und seine Auflösung.

Aus dem Ethnicismus der Cultusreligion, aus dem Separatverhältnis der Gottheit zu der Gemeinde ihrer Anbeter, einem durch natürliche Bande zusammengehaltenen, geschlossenen Kreise, entspringt mit Notwendigkeit der Polytheismus; er herrscht überall, wo die Götter Eigennamen haben. Quot gentes tot dii; die grosse Menge arabischer Gottesnamen, von denen wir sicher nur den kleinsten Teil kennen, bezeugt es. Ebenso legen die vielen theophoren Volksnamen Zeugnis ab von der Verbindung der Götter mit den Stämmen und Geschlechtern. In der Zeit jedoch, wo wir die Araber kennen lernen, ist diese Verbindung, wenngleich sie immer wieder neu durch den Cultus entsteht, doch im Allgemeinen nicht mehr recht kräftig und lebensvoll. Volk und Gott decken sich bei ihnen nicht so, wie einst bei den Assyrern, den Moabiten, oder den Israeliten. Das israelitische Land heisst im Alten Testament das Land Jahves, die Volksversammlung der Qahal Jahves, der König der Gesalbte Jahves, die Kriege Israels die Kriege Jahves; die Araber kennen diesen Sprachgebrauch nicht. Das Band der Gemeinschaft ist bei ihnen lediglich das Blut. Über die beschränkten Grenzen der Blutgemeinschaft hinaus ist es zu keinem dauernden Verbande gekommen. Die Religion ist nicht der feste Punkt geworden, um den sich das Volk im Gegensatz zu Geschlechtern und Sippen geeinigt hat. Es kommt oft genug vor, dass sich die Geschlechter nach anderen Göttern nennen als der Stamm, und die Individuen nach anderen als das Geschlecht, so dass schliesslich die theophoren Namen nur noch leere Namen sind und gar keine wirklichen Beziehungen ihrer Träger zu den betreffenden Gottheiten beweisen. Die selbe Gottheit wird von den verschiedensten Stämmen verehrt.

Namentlich in Folge der Wanderung und Mischung der Stämme hat eine Übertragung der Culte stattgefunden. Ich habe früher einmal darauf aufmerksam gemacht, dass manche Priesterfamilien nicht zu dem Stamme gehören, in dessen Gebiet dermalen die Cultusstätte liegt an der sie amtiren, sondern zu einem anderen, der vermutlich oder nachweislich in vergangenen Zeiten dort gewohnt hat. Während die Lade Jahves mit den Israeliten wandert, haben die arabischen Götter feste Sitze, und werden in der Regel dort belassen, wenn der Stamm fortzieht oder ausgetrieben wird. Rückt ein anderer an seine Stelle, so übernimmt er nicht bloss das Land, sondern auch den Gott und das Heiligtum des Vorgängers, gibt aber darum seinen früheren Gott nicht auf und wandert auch aus der Ferne zu dessen Stätte, bei Gelegenheit der Opferfeier, die ja nur ein oder zwei mal im Jahre begangen wird.

Bezeichnend sind die Wallfahrten der verschiedensten arabischen Stämme nach gewissen Heiligtümern, die eine allgemeine Anziehungskraft ausüben. Die Religion hat ihren bestimmten ethnischen Charakter mehr und mehr eingebüsst und einen syncretistischen angenommen. Sie hat auf diese Weise einen grossen und segensreichen Einfluss ausgeübt. In dem tumultuarischen Wirrwarr, der die Wüste füllt, bilden die Feste, zu Anfang jedes Semesters, den einzigen erfreulichen Ruhepunkt. Ein nicht kurz bemessener Gottesfriede unterbricht dann die ewige Fehde. Die verschiedensten Stämme, die sonst einander nicht über den Weg trauen, wallfahren unbesorgt, durch Freundes oder Feindes Land, gemeinschaftlich zu der selben heiligen Stätte. Der Handel wagt sich heraus, und es entsteht ein lebhafter, allgemeiner Verkehr. Man atmet auf und fühlt sich eine Zeit lang frei von den Schranken, die sonst jeden Stamm einschliessen und von anderen trennen; man lernt sich kennen: alle hervorragenden Männer, auch wenn sie durch weiteste Entfernungen getrennt wohnen, wissen von einander und haben sich in der Regel auch gesehen. Die Feststätten werden zu Messen und Märkten; in Ukâtz gibt sich ganz Arabien ein jährliches Stelldichein. Dem Austausch der Waaren folgt der geistige Austausch; er erstreckt sich auch auf die Poesie und die Tradition. Eine Gemeinschaft geistiger Interessen entsteht, die ganz Arabien umfasst: eine allerdings illiterate Literatur, eine über den Dialekten stehende Sprache, eine gewisse allgemeine Bildung und Anschauungsweise. Über der Zersplitterung der Stämme erheben sich die inneren Grundlagen der Nationalität, bestehend in dem Gesamtbesitz der geistigen Güter, welche dem Leben eines Volkes höhere Art und Würde verleihen. Allerdings hat diese Entwicklung die Fühlung mit der Religion einigermassen verloren. Man dachte wenig daran, dass die heiligen Monate dem Cultus dienen sollten; man hielt sie für bestimmt, um darin Geschäfte zu besorgen, Reisen zu machen und Handel zu treiben. Die Messe zu Ukatz hatte ein recht profanes Aussehen. Trotzdem hat hier überall der

Einfluss der Religion, lange vor dem Islam, mitgewirkt, um ein geistig gleichartiges und geeinigtes Arabien zu schaffen.

Der Syncretismus, den man gewöhnlich als den eigentlichen Polytheismus ansieht, ist in Wahrheit eine Auflösung des Polytheismus, wenigstens des ethnischen Particularismus der Religion, der ihm zu Grunde liegt. Aber er ist ein Fortschritt, denn er bildet den Übergang zum Monotheismus. Zwar ist derselbe nicht immer so entstanden; bei den Hebräern hat der Volksgott die Fülle der Göttlichkeit aufgesogen, ohne sein Wesen als Volksgott und ohne seinen historischen Eigennamen, Jahve, aufzugeben. Aber bei den Arabern ist Allah allerdings aus dem Verfall des religiösen Ethnicismus hervorgegangen; daraus, dass die verschiedenen Götter den wichtigsten Grund ihrer Verschiedenheit, nemlich ihre Verehrung seitens verschiedener Völker, verloren und tatsächlich zu Synonymen herabsanken, in denen nur der allgemeine Begriff der Gottheit noch Bedeutung hatte.

Schon auf den Inschriften finden wir Allâh häufig. Im sechsten und siebenten Jahrhundert unserer Ära ist er den Göttern völlig über den Kopf gewachsen. Das geht auf das deutlichste aus dem Quran hervor. Wenn es Ernst wird, in höchster Gefahr und Not, wenden sich die Heiden immer an Allah und nicht an die Götzen — sagt Muhammad. Er kann von Zugestandenem aus argumentiren, wenn er den Götzendienst als einen Widerspruch gegen das Wesen Allahs erweist. Auch für die Heiden ist Allah der eigentliche Inhaber der Göttlichkeit, Muhammad braucht nur dagegen zu polemisiren, dass sie die Götzen überhaupt an dem göttlichen Wesen teil nehmnn lassen [1]).

In der alten Poesie findet sich sehr selten einmal ein Götze erwähnt, und nur, wenn es sich um eine Cultusstätte handelt, oder bei Schwüren. Man hat sich darüber gewundert und angenommen, die heidnischen Namen seien islamischer Correctur zum Opfer gefallen. Aber wenn auch in dem ursprünglichen Text der Lieder einige Götzen mehr vorgekommen sind, so wird dadurch doch die Hauptsache, das unverhältnismässige Vorwiegen Allahs, nicht geändert. In den religiösen Redensarten der gewöhnlichen Sprache wäre es Pedanterie gewesen, den Namen eines Götzen an-

---

[1]) Vgl. Tab. 1, 1723.

zuwenden, wo nicht ein besonderer Anlass vorliegt[1]). Auch bei Schwüren überwiegt Allah weitaus. Die nicht selten vorkommende heidnische Formel „bei dem, bei dem ich schwöre“ erweckt den Verdacht, als wolle es der Schwörende vermeiden, seinen Gott mit Namen zu nennen.

Die Sprache ist es wol überhaupt gewesen, die Allah zunächst geschaffen hat, ich meine nicht bloss das Wort, sondern den Gott selber. Wie ein König in seinem Lande der König heisst und nicht Wilhelm, wie Vater und Mutter, Herr und Frau in ihrem Hause nicht Hans und Grete heissen, sondern der Vater und die Mutter, der Herr und die Frau, so wird der arabische Stammgott von den Seinen nicht bei seinem Eigennamen genannt, sondern bei seinem Titel. In der Anrede sagt man stets Rabbi, Rabbunâ, mein Herr, unser Herr; sonst daneben auch Ilâhi, mein Gott, und dem entsprechend dein Herr, deines Vaters Herr, dein Gott, beziehungsweise „der Herr der Banu lBarschâ“, „der Gott der Quraisch“. Für unser Herr kann man aber auch sagen der Herr: „der Herr wohnt im Sommer bei alLât und im Winter bei alUzza“. Die Lât hiess bei den Thaqîf nie anders als die Herrin, der Titel hatte den Eigennamen völlig verdrängt. Ganz in dem selben Sinne nun wird Allâh ursprünglich gesagt und verstanden sein, nicht im Gegensatz gegen den besonders benannten Stammgott, sondern als appellatives Attribut desselben[2]). Allah war also zunächst innerhalb jedes einzelnen Stammes der gewöhnlich statt des Eigennamens gebrauchte Titel des Stammgottes; alle sagten sie Allah und jeder verstand seinen Gott. Aber der Ausdruck „der Gott“, der im sprachlichen Verkehr fast die Alleinherrschaft bekam, bildete nun den Übergang zu dem Gedanken eines identischen, allen Stämmen gemeinsamen, einen und allgemeinen Gottes. Allah steckte nun nicht mehr, als genereller Begriff, in jedem göttlichen Eigennamen; er unterschied sich durch

[1]) Man sagt ايم الله, والله, تالله, لا ها الله, لله درّك, حاشى لله, لك الله, بحمد ا", جعلنى ا" فداك, جزى ا", لحا ا" u. s. w. Auch أرض الله gehört hieher = die Erde (nicht: das Land Allahs).

[2]) Also wie alLât, welches freilich umgekehrt sich zum Eigennamen verdichtet hat. Eigentlich aber war es ein Titel, der an Stelle von Schams getreten war, wie er später selber in Tâif dem Titel alRabba weichen musste.

seine Allgemeinheit von den Einzelgöttern und kam über sie zu stehen; er wurde ein Wesen sui generis. Die Sprache hatte wie so oft dem Denken vorgearbeitet, durch Darbietung eines allgemeinen Begriffes, der nun personificirt wurde[1]).

Bemerkenswert ist, dass die Araber nie „die Götter" sagen im Sinne des griechischen οἱ θεοί oder des lateinischen dii. Sie haben nicht die sämtlichen Einzelgötter in einen Plural zusammengepackt, sondern das Genuswort im Singular, die Idee, zur Hypostase erhoben. Das würde für den monotheistischen Instinkt des Semiten sprechen, wenn nicht auf der anderen Seite das hebräische Elohim und der Pluralis majestaticus dagegen spräche.

Wie sind nun die Provinzen an Allah und die Götzen verteilt? Natürlich ist an keine Antithese, auch an keine scharfe und reinliche, sondern nur an eine ungefähre Scheidung zu denken. Den Götzen verbleibt der Cultus, an dessen Stätten ihre Namen haften. Nur sie treten in solidarische Beziehung zu einer bestimmten Gruppe, nur sie lassen sich in eine Interessengemeinschaft mit ihren Anbetern hineinziehen; und das ist doch eben der Zweck des Cultus, der immer partikularistisch bleibt, solange er natürlich ist[2]). Allah ist zu allgemein, zu neutral, zu unparteiisch. Ihm kommt, für seine Person, auf den Cultus nicht viel an, er hat keinen Nutzen davon; geschweige dass seine Existenz davon abhinge, sowie die der Götzen, welche mit den Cultusstätten verwachsen und mit ihrer Vernichtung selber vernichtet werden.

Der Cultus ist zu Anfang die Religion; in der Zeit wo der Islam entstand war er es aber längst nicht mehr. Er begann in Verfall und Misachtung zu geraten. „Wärest du der Beleidigte und dein Alter der Begrabene, so würdest du nicht trügerischer Weise verbieten, die Feinde zu töten", musste sich Dhu lChalaça

---

[1]) Aus dieser Entwicklung würde es sich auch erklären, warum Allah zur Zeit Muhammads die männlichen Götter so ziemlich obsolet gemacht hatte, aber nicht die Göttinnen.

[2]) Der Quran redet von einem auf gegenseitigen Nutzen gegründeten, speciellen Freundschaftsverhältnis (Sur. 29, 24) der Götzen zu ihren Dienern, und nennt sie Patrone und Geschäftsgenossen derselben; am jüngsten Tage werde freilich die Solidarität nicht die Probe bestehen. Die Götzen heissen zwar auch شركاء Allahs, aber nicht minder, nach einem andern Gesichtspunkte, شركاء (= شفعاء) ihrer Anbeter.

sagen lassen, als er, um seine Meinung wegen eines Rachezuges befragt, durch sein Orakel davon abriet. Der alte Abu Uhaiha von Mekka weinte auf seinem Todbette, weil er fürchtete, dass die Uzza vernachlässigt werden würde, wenn er nicht mehr da sei; er konnte erst ruhig sterben, nachdem ihn Abu Lahab über diesen Punkt getröstet hatte. Ähnliche Anekdoten gibt es eine Menge. Seine Hauptanziehungskraft hat der Cultus an den Wallfahrtsstätten durch die Märkte und Messen, die damit verbunden sind; er hat einen durchaus heiteren Charakter, man vergnügt sich mit Scherz und Spiel, mit Weib, Wein und Gesang; auch Juden und Christen sind von dem Commercium und dem Amusement nicht ausgeschlossen [1]). Die Furcht, dass sie sonst ihren Handel und ihre Kundschaft verlören, ist ein Hauptgrund, weshalb die Mekkaner an ihrem Götzendienst festhalten. Im übrigen hängen die Männer nicht so sehr daran als die Weiber und Kinder, die ja überhaupt abergläubischer sind und auch auf Zauber und Wahrsagung weit mehr geben. Aus Rücksicht auf ihre Weiber und Kinder und auf den törichten Haufen baten die thaqifitischen Unterhändler den Propheten, er möge ihnen für die ausbedungene Zerstörung der Lât noch eine Übergangsfrist gewähren. Gelegentlich hat man den Eindruck, dass der Götze einfach zum Lokalnamen der Cultusstätte geworden ist und von der anonymen Gottheit, welcher die Anbetung eigentlich gilt, unterschieden wird. So in dem Schwur „bei dem, welchem die Menschen um alUqaiçir herum Preis und Festjubel darbringen“, und vielleicht auch in dem Schwur „bei dem Herrn der Uzza“ [2]).

Wie wenig den Arabern ihr Cultus an das Herz gewachsen war, sieht man namentlich bei dem Untergange des Heidentums in Folge der Massenbekehrung zum Islam. Nirgend hat dieser Untergang etwas Tragisches, vielfach eher etwas Skurriles. Der Übertritt zum Islam ist weit mehr Sache der Politik, als der Religion. Die Fürsten kommen im Jahre 9 nach Medina, unterhandeln mit Muhammad und schliessen ab im Namen der Ihrigen. Die Stämme folgen ohne weiteres und in corpore; es geht alles

[1]) Die starke Änderung, die in dieser Hinsicht durch den Islam eintrat, wird in dem Abschiedsliede an Wadd beklagt: „mit dem Götzendienst ist es aus, Scherz und Spiel ist nicht mehr erlaubt, denn die Religion ist jetzt Ernst geworden“.

[2]) Vgl. oben p. 62 s. 35 n. 1.

ganz glatt, selbst da wo man Schwierigkeiten befürchtet, wie in Tâif[1]). Der Abfall, nach Muhammads Tode, hat lediglich politische Motive; es ist kein Rückfall in das Heidentum, zu ihren alten Göttern wollen die Abtrünnigen keineswegs zurückkehren. Das Heidentum ist Superstition, im eigentlichen Sinne des lateinischen Wortes. Wenn es noch Kraft hat, so liegt dieselbe in der Pietät, d. h. in dem Gemeinschaftsgefühl, welches die Mitglieder des Geschlechtes nicht bloss mit einander, sondern auch mit den Vätern verbindet. Man scheut sich den landesüblichen Brauch aufzugeben, den schon die Väter heilig gehalten haben, man ärgert sich über Lästerungen gegen den alten und allgemeinen Glauben. Einzelne bekehren sich nicht gerne, auch wenn sie vom Islam überzeugt sind; das Geschlecht muss mitgehen. Der Anhang Muhammads besteht grossenteils aus geschlechts- und heimatlosen Leuten, ja sogar aus geächteten und stammflüchtigen Individuen. Auf der anderen Seite zeigt es sich auch, dass wenn ein Einzelner für sich zu der neuen Religion übergetreten ist, das heidnisch gebliebene Geschlecht dennoch, wenn er angefochten wird, für ihn Partei nimmt und die Rücksicht auf die Blutsgemeinschaft höher stellt, heiliger nimmt als die Rücksicht auf die Verschiedenheit der Religion.

Mit dem Verfall des Cultus bildet sich das, was wir im Gegensatz zu Cultus eigentlich unter Religion verstehen, und zwar in Anknüpfung an Allah. Es gibt kein Heiligtum, welches nach Allah benannt und ihm gewidmet wäre. Ursprünglich hat er also gewiss keinen Teil am Cultus, obwol einzelne Spuren beweisen, dass er auch in dies Gebiet einzudringen begann. Wie wir gesehen haben, kommt es vor, dass Festfeiernde um alUqaiçir herumtanzen aber Allah meinen. Ähnlich gilt Allah, doch wol schon vor Muhammad, als Herr der Ka'ba, während es wenn nicht sicher so doch sehr wahrscheinlich ist, dass das Heiligtum eigentlich dem Hubal zugehörte, dessen Bild darin aufgerichtet stand[2]). Jedenfalls sind dies aber Ausnahmen, die den Satz nicht umstossen, dass die

[1]) Vgl. BHischam p. 253. 944. 303s. 335. Ibn Sa'd in meinen Skizzen und Vorarbeiten 4, 87 ss.

[2]) Lehrreich ist der innere Widerspruch im Hadith, dass Abdalmuttalib dem Allah das Opfer bei der Ka'ba bringen will, aber den Hubal befragt, welches Opfer er haben will.

Bedeutung Allahs mit dem Verfall des Cultus steigt, also nicht in dem Cultus liegt.

„In der Not wenden sie sich an Allah, darnach wenn er ihnen Gnade erwiesen hat, vergessen sie ihn und setzen ihm Nebenbuhler, von denen sie freilich vorgeben, sie sollten sie nur bei Allah in Empfehlung bringen. Und auch wenn man sie fragt, wer die Welt geschaffen habe, so antworten sie: Allah.“ So heisst es in der neununddreissigsten Sure des Qurans. Allahs Haus ist im Himmel, er hat den Himmel gestützt, den Vollmond und Neumond gemacht, von ihm kommt der Regen[1]. Er bestimmt den Lauf der Zeit und die Schicksale der Menschen, er ist ihnen immer auf der Lauer (Sure 89, 13). „Dem Allah verfällt“ sagt man für „dem Geschicke verfällt“; „was hat dir Allah getan“ für „was hast du erleben müssen“; „die Wahrsager wissen nicht was Allah tun wird“ für „wie es kommen wird“[2]. Manîja und Qadâ, Zubescheidung und Verhängnis, sind Abkürzungen von Manîjat Allah, Qadâ Allah; Allah ist der Mani, der Zuteiler, der dem Manne Treffen und Fehlen, Süss und Bitter, Reichtum und Armut verleiht[3]. Häufig und für arabische Verhältnisse bezeichnend ist die Redensart: Allah lässt Raub begegnen, beschert Raub. „Als Urva auf der Lauer stand, bescherte ihm Allah einen Mann, der alleine mit seinem Weibe und seiner Kamelherde des Weges kam; er schlug ihn tot und nahm sich die Kamele und das Weib.“ So erhört Allah die vierte Bitte für die Raubtiere; des Einen Tod ist des Anderen Brot[4].

Dagegen heisst es nun aber auch wieder: sie rauben und hausen so rücksichtslos, sie denken sich Allah nicht anders als eingeschlafen (Ham. 69, 4). Der Gedanke an Allah hält also von Raub und Mord zurück. „Wäre nicht die Furcht Allahs und die

---

[1]) Ham. 148, 20. 268 v. 2. Nab. 8, 18. Aus b. Hagar 17, 1. Agh. 19 156, 29.

[2]) Hudh. 2, 17. Agh. 14 99, 21. 15 75, 30. Für الله findet sich als Variante الدهر und umgekehrt Hudh. 2, 17. Agh. 13 138, 13. 17 53, 2. Vgl. Sur. 45, 23.

[3]) Hudh. 153, 12. Nab. 15, 12. Ham. 342 v. 1. Agh. 13 138, 13.

[4]) Agh. 12 151, 26. Maid. 19, 51. 26, 97. Ham. 229, 23 s. 517 v. 6. 731 v. 2. In dem letzten Beispiel ist von Gott bescherter Besitz geraubter Besitz im Gegensatz zu ererbtem: so verstehen die Araber das Dei gratia.

Treue, so hätte deines Vaters letzte Stunde geschlagen", sagt Amr b. Schas in seinen Versen auf die schöne Amiritin (Agh. 10, 66). Er hatte bei ihrem Vater um sie angehalten, als sie bei ihm zu Gaste waren; der aber wollte sie ihm nicht geben, so lange er noch bei ihm unter fremdem Dache wäre, weil es dann heissen könnte, er habe sie ihm gezwungen gegeben. Das ärgerte Amr, und er gelobte sich, er wolle sich die Frau nun mit Gewalt nehmen. In dieser Absicht eilte er den abgereisten Gästen nach; als er aber dicht hinter ihnen war, kamen ihm Gewissensbedenken, und als gar die Tochter aus ihrer Kamelsänfte nach ihm heraus schaute, schlich er beschämt von dannen. In diesem Beispiele lähmt jedoch die Scheu vor Allah nicht die Hand, die zu Raub und Mord überhaupt ausholt, sondern die Hand, die zur Beraubung und Ermordung eines gewesenen Gastes ausholt, dessen Anspruch auf Unverletzlichkeit allerdings mit dem dritten Tage der Abreise zu erleschen pflegt. Allah ist der Zeus Xenios, der Schützer von Gâr und Daif, von Klient und Gast. Innerhalb des Geschlechtes und im minderen Maasse innerhalb des Stammes schützt die Rahim, die verwandtschaftliche Pietät, die Heiligkeit des Blutes. Wenn es aber über das Geschlecht hinaus Rechte und Pflichten gibt, so ist Allah derjenige, welcher sie auflegt und verbürgt. Er ist der Hüter des Givâr, wodurch der natürliche Gemeinschaftskreis eine Erweiterung und Ergänzung erfährt, die vor allem dem Klienten und dem Gaste zu gute kommt.

Die Religion sanctionirt die ausdrücklichen und die stillschweigenden Verträge, auf denen das internationale Recht beruht, welches bei den Arabern viel umfassender ist als bei uns, da ausserhalb des Geschlechts sofort die Fremde und das Ausland beginnt. Stillschweigende Verpflichtungen und Vertragsverhältnisse entstehen z. B. dadurch, dass jemand das Seil meines Zeltes berührt, oder mein Kind in den Arm nimmt, oder von meinem Brote isst: da kann niemand anders als Allah der Bürge sein. Feierliche Verträge werden bei der Cultusstätte geschlossen und beschworen: da ist der ursprüngliche Garant der Götze. Indessen der Cultusact ist zur blossen Formalität geworden, auch in diesem Fall liegt der Gedanke an Allah als Bürgen viel näher. „Ich erinnerte ihn, sagt Chidâsch (Jaq. 2, 462), an Allah zwischen mir und ihm und an unseren Vertrag und an alMarva, ferner an Tabâla"; der Vertrag ist an den zuletzt genannten Heiligtümern geschlossen, aber der Hüter desselben ist dennoch Allah. Als internationaler Gott, der über den Parteien steht, eignet er sich eben besser zu so etwas als die Götzen, die immerhin particularistisch und parteiisch sind. Daher die den Contracturkunden vorgesetzte Formel: *bismika Allâhumma*[1]), und die weniger feierlichen Redensarten: *Allâhu baini vabainaka*, *laka 'llâhu* u. s. w. Allah ist der Wächter der Treue und der Rächer des Verrats, und zwar, wie gesagt, mit besonderer Rücksicht auf den Gast und den Schützling, den arabischen Verhältnissen gemäss[2]). Aber auch über der allgemeinen Moral wacht das Auge Allahs. Der Gedanke an ihn steht im Wege, wenn man etwas Böses tun will. Er treibt weniger zum Guten an, er hält vorwiegend nur zurück vom Bösen[3]). Wegen seines ungerechten Spottes gegen die Banu 'Ulaim fürchtete Zuhair in jeder dunklen Nacht, dass ihn die Strafe Allahs treffe (Agh. 9, 156). Die Sünde heisst Verschuldung bei Allah[4]). Für den Bösewicht ist schon im Heidentum *Feind Allahs* ein gebräuchliches Schimpfwort[5]). Gewöhnlich denkt allerdings nicht der Übeltäter an Allah, sondern derjenige, dem er etwas zu Leide tun will, mahnt ihn an Allah. Daher der Anruf *qa'îdaka 'llâha* und *qi'daka 'llâha*, d. h. nimm dich vor Gott in Acht!

Die Religion und das Leben.

Bei alle dem hatte doch die Furcht Gottes in alter Zeit keinen tiefgehenden practischen Einfluss. Den gewann sie erst durch den

[1]) Sie gilt für spezifisch heidnisch und wurde von Muhammad durch eine andere ersetzt (BHischam 747, 12). Aber Allahumma ist weiter nichts als der Vokativ von Allah, der als solcher, weil es keinen anderen gibt, auch im Islam gebraucht wird; z. B. bei der Zustimmungsformel zu einem vorgesprochenen Eide: اللهم نعم.

[2]) Agh. 10 66, 10. 12 125, 14. 126, 15. Nab. 3, 3. 15, 15. 17, 32. Etwas anderes ist es, wenn Allah, oder ein anderer Gott, selber als Gar oder Maula (d. h. Patron) gedacht wird.

[3]) Er heisst الوازع, der Zurückhalter (Agh. 20 146, 29. 147, 6).

[4]) اثم من الله Mrlq. 51, 10. Agh. 18 213, 12.

[5]) عدوّ الله *Gott verhasst*, nicht *Gott hassend*. Sogar der Ausdruck عباد الله Knechte Allahs, für die Menschen insgemein, scheint schon vor dem Islam vorzukommen (Agh. 15 76, 12).

Islam. Erst der Islam machte Allah und den Gedanken der Verantwortung vor ihm zu einer das Leben beherrschenden Macht. Er schien den Din, die Religion, überhaupt erst in Arabien einzuführen; was man früher gehabt hatte, fiel gar nicht unter den gleichen Begriff. Durch ihn wurde die Religion Ernst, mit einem Stich ins Pietistische und Puritanische; dem gegenüber erschien das ganze Heidentum als profaner Spass. Wein, Jagd, Spiel und Liebe gelten in der Tat in den alten Liedern überall als die eigentlichen Güter des Lebens; einbegreifen muss man unter Spiel auch die Wette und namentlich die Freude an der Rede, am treffenden Ausdruck, an Spott und Witz, an Reim und Metrum — eine Freude, die für den Geist der arabischen Gesellschaft so bezeichnend und für die Entstehung der Literatur so wichtig ist. Vom Islam werden diese Unterhaltungen scheel angesehen und grösstenteils verpönt. Im heidnischen Altertum wurden die bedürftigen Mitglieder des Lagers zur hungrigen Winterszeit von einem Reichen, der ein Kamel schlachtete, zu einer lustigen Gesellschaft eingeladet, in der das geschlachtete Fleisch verspielt wurde; die Armenpflege nahm die Form eines Vergnügens an und war ein Vergnügen. Der Islam verabscheute das, Allah verlangte eine regelmässige Armensteuer als religiöse Pflicht. Freilich entrichteten sie Viele nicht um der Religion willen, sondern weil sie mussten. Denn die Religion war durch den Islam Zwang geworden. Allah bedeutete die Obrigkeit, der Staat war Theokratie. Aber die Zelle der Theokratie war doch die religiöse Gemeinde gewesen, und bevor Allah zur Staatsgewalt wurde, hatte er in den Gemütern der Frommen Wurzeln geschlagen. Seine äussere Macht ist ein Zeichen der inneren, aus der sie entstanden war.

Im Islam war Allah das alleinige Princip der Moral, das Motiv aller guten Taten. Die vielen kleinen Verbände wurden in einer einzigen Gemeinschaft zusammengefasst. Die überlieferten Werte wurden in der höheren Ordnung umgewertet: keimt ein Glaube neu, wird oft Lieb und Treu wie ein böses Unkraut ausgerauft. Wie die Teilgötter dem Weltgott Platz machen mussten, so erweiterte sich der Kreis der Verpflichtungen über das Dorf oder das wandernde Lager hinaus, wenn nicht auf die Welt und die Menschen überhaupt, so doch auf die Diener Allahs. „Schäm dich vor Allah in der Weise wie ein ehrbarer Mann sich vor den Seinen schämt“ — mit dieser Äusserung gegenüber einem Neubekehrten bezeichnet Muhammad treffend den Unterschied des neuen und des alten Standpunktes. In der alten Zeit war Allah der Verwandtenpflicht, mit der er oft in einem Atem genannt wird [1]), tatsächlich ganz untergeordnet. Der Stamm war in Wahrheit Grenze und Quelle der Moral. Nur innerhalb des Lagers galten die Verbote, zu töten, zu ehebrechen, zu stehlen u. s. w.; ausserhalb desselben nicht. Und in der selben Weise waren die positiven Pflichten beschränkt. Sie liefen darauf hinaus, für den Stammbruder Gut und Blut einzusetzen und unter allen Umständen mit ihm zu gehn. Ein schlechter Mann, wer erst nach den Gründen fragt, nach den merita causae, wenn er von den Vettern zu Hilfe gerufen wird. Er muss ihnen beistehn, ob sie nun Recht oder Unrecht haben; er muss ausessen, was sie eingebrockt haben, und die Sache führen, von der er abgeraten. „Ich bin ein Mann von (dem Geschlechte) Ghazîja, wenn Ghazîja irre geht, so irre ich mit, und wenn Ghazîja den rechten Weg einschlägt, so schlage auch ich ihn ein.“ Vor allem ist die Blutrache aus einem leidenschaftlichen Bedürfnis des zunächst Betroffenen zu einer Stammpflicht geworden, sie liegt nicht bloss dem Erben des Gemordeten gegen den Mörder ob, sondern jedem Mitgliede des einen Stammes gegen jedes Mitglied des andern — ebenso wie der Krieg, mit dem sie sich in der Tat deckt. Die Forderung des Islams, dass der Stamm auf die Blutfehde um Allahs willen, d. h. um des gemeinen Friedens willen, verzichten solle, ging den Arabern schwer ein. Sie bequemten sich höchst ungern dazu, und wenn sie es taten, meinten sie nur zum Vorteil der Anderen, die nicht so dumm waren, das artige Kind gespielt zu haben. „Als hätte Allah nur uns allein zu seiner Furcht geschaffen, sonst niemand unter allen Menschen!“

Durchbrochen wird diese notgedrungene Engherzigkeit allerdings durch die Gastfreundschaft und die Clientel. Diese in sacramentalen Formen zu Stande gekommenen Treuverhältnisse sind Ansätze zu einer Humanität, die sich um keine Stammgrenze kümmert und von der Wildheit der Wüste seltsam absticht [2]).

---

[1]) in der Formel الله والرحم, die besonders bei Beschwörungen gern gebraucht wird.

[2]) In Bezug auf Hatim alTâi sagt Reiske (Ann. Mosl. 1 adn. 68): Mireris in illa feritate et immanitate gentis Arabicae, in illo stupore et inopia deli-

Aber der Gedanke an Allah ist dabei kaum im Spiel, wenngleich derselbe sonst einigermaassen dem Zeus Xenios entspricht.

Wie der heidnische Araber sein Tun und Lassen nicht durch Rücksicht auf Allah bestimmen lässt, so erwartet er auch von ihm keinen Beistand und keine Förderung für sich. Allah ist ihm nicht viel mehr als das Verhängnis. Die Überzeugung aber, dass alles verhängt und vorbestimmt sei, veranlasst ihn nicht, die Hände in den Schooss zu legen. Der Fatalismus, wenn man es so nennen will, ist im Gegenteil die Quelle rücksichtsloser Energie. Die Kraft, mit der die Wüstensöhne handeln, ihre drastische Art springt auffallend in die Augen. Man darf nicht glauben, dem Einzelnen seien die Hände durch die Zugehörigkeit zum Stamm völlig gebunden, sie seien an den Stamm gleichsam angewachsen. Das ist durchaus nicht der Fall. Es kommt oft zu Conflicten des Gemeinwesens mit rücksichtsloser oder leidenschaftlicher Selbstsucht, eine instinctive Harmonie aller Einzelnen mit dem Ganzen existirt nicht. Der Stamm bewegt sich nicht, wenn nicht die kräftigen Naturen ihn in Bewegung setzen, von denen er fortgerissen wird oder denen er entgegen tritt. Er tritt erst subsidiär in Action, die Einzelnen gehn voran, Selbsthilfe ist überall das Nächste. Man muss freilich bei den Quellen, aus denen wir die Kunde über diese alte Gesellschaft schöpfen, in Anschlag bringen, dass sich die Erzählungen eigentlich nur um die Helden kümmern, und dass auch in der Poesie die Acteure ihre eigenen Taten besingen. Von dem was die Menge bewegte, erfahren wir nichts; es hat alles einen aristokratischen Beigeschmack. Indessen ist diese Einseitigkeit überall unvermeidlich, die Menge ist stumm und gebunden, und wir können uns immer nur nach denen richten, die in Wort und Tat vorangehn.

Selbst ist der Mann, sein Arm hilft ihm und sein Bruder, kein Gott steht ihm bei, keinem Heiligen empfiehlt er seine Seele. Sein höchstes persönliches Gut ist die Ehre [1]), um ihretwillen zwingt

---

catiorum et erectiorum spirituum fuisse mite misericors, generosum pectus, quod absque librorum lectione et cultura ingenii excelse cogitare et agere valuerit. Was er in den letzten Worten andeutet, gilt weit allgemeiner. Die Entwicklung einer hohen geistigen Cultur über dem Nichts, ohne alle materielle Grundlage, ist eine der anziehendsten Erscheinungen in der Weltgeschichte.

1) عِرض. Verwandt ist حياء die Scham. „Der Baum lebt nur so lange

er die Seele zu wagen, wovor sie zurückscheut. Es hilft ja auch nicht, sich vor Gefahr und Tod zu ducken. Was kommen soll, tritt doch ein: also vorwärts. Jeder Wackere hat seine Himma, ein bestimmtes Ziel, das ihm zur Zeit vorschwebt, an das er alle seine Kraft wendet (Hudh. 174, 1). Er möchte gern so lange leben bis er es erreicht hat, und er stirbt ruhig, nachdem es so weit ist (Ham. 87 v. 4). Gerühmt wird das çabr, die nie verzweifelnde, stets ihrer Zeit harrende, schweigende Ausdauer; getadelt das gaza', die ungeduldige Kurzatmigkeit, die sofort von Trotz in Verzagen umspringt. Im Glück des Wechsels gewärtig sein und im Unglück nie glauben, dass es ewig währe, ist eine Regel, die oft eingeschärft wird. Es wird sogar empfohlen, die Seele zu belügen, d. h. sich Illusionen zu machen, denn die Hoffnungslosigkeit lähme die Hand (Labid 39, 21). Freilich findet sich im Gegensatz dazu wol auch einmal die Meinung ausgesprochen, das Verzichten, das einen nicht länger hinhalte, sei besser als das vorspiegelnde Verlangen (Hudh. 56, 17).

Das Ziel, welches verfolgt wird, ist gewöhnlich die Rache, auch wol der Erwerb von Vermögen d. i. Kamelen; das Mittel ist die Fehde und der Raubzug. Dadurch wird das Leben der Besten ausgefüllt; es ist ein Leben voll Unruhe und Gefahr, voll unerhörter Entbehrungen und Anstrengungen. Nicht bloss zwischen Stamm und Stamm, sondern auch innerhalb des Stammes tobt die Fehde zwischen den Geschlechtern. Zuweilen gelingt es wol dem Gemeinsinn eines arabischen Curtius, die blutige Kluft, die den Stamm zerreisst, durch eigene grossartige Aufopferung zu schliessen; aber bald entsteht aus neuen Anlässen neue Zerrissenheit. Das Blut selber, der Kitt der Gemeinschaft, ist ein beständiges Element der Zersetzung, weil es die kleineren Kreise viel fester und inniger verbindet als die grossen. So war es wenigstens in dem dem Islam vorausgehenden Jahrhundert. Diese Zeit macht den Eindruck eines aussergewöhnlich aufgeregten Treibens, als ob das Alte stürze und Neues sich zum Durchbruch dränge, als ob die Personen zu grossartig seien für die Zustände.

Bei einzelnen edleren Geistern bricht zuweilen das Gefühl der Unbefriedigung durch. Die Frage steigt auf, wozu all die Unruhe

---

die Rinde lebt, und der Mann nur, so lange er sich schämt.“ Doch neigt dieser Begriff mehr nach der moralischen Seite.

führe, ob das Ziel der Arbeit wert sei. Das hohe Alter sucht, angesichts des nahen Endes, einen Sinn in dem verbrachten Leben und findet keinen[1]). Der Verlust der Lieben, der Untergang der Familienherrlichkeit presst dem hoffnungslosen Herzen jeremianische Verzweiflungsrufe aus: hätte mich doch meine Mutter nie geboren; es wurde ihr Glück gewünscht als ich zur Welt kam, was sollten die Glückwünsche! „Dieser Tod", der den Menschen immer am Seile hat, wenn er auch das Seil beliebig lockert oder anzieht, ist ein quälendes Rätsel; der erschütternde Wechsel von Untergang und Neubildung in der Geschichte wird zum Gegenstand eines erregten, kopfschüttelnden Nachdenkens. Am ergreifendsten vielleicht spricht Mar'alqais seine Verzweiflung aus über die vergebliche Jagd, in der sein Leben aufgegangen. „Wir fahren dahin zu ungewissem Ende, und wir vergessen es über Essen und Trinken. Spatzen sind wir und Fliegen und Würmer, aber waghalsiger als die heisshungrigen Wölfe. Bis zu den Gründen der Erde erstrecken sich meine Wurzeln[2]), doch dieser Tod raubt mir meine Jugend, und meine Seele raubt er mir und meinen Leib, und bettet mich gar bald in den Staub. Ich habe mein Tier getrieben durch jede Wüste, die weit sich dehnte und von Spiegelungen flimmerte, und bin im gefrässigen Heere geritten, nachzustreben den Ehren gieriger Gefahren, und unter jedem Himmel habe ich mich getummelt, bis ich statt der Beute zufrieden war mit der Heimkehr. Aber darf ich nach König Hariths Tode, und des edlen Hugr, des gastfreien Wirtes — darf ich auf Milde hoffen von der wechselnden Zeit, die nicht die harten Berge vergisst! Ich weiss wol, ich werde über kurzem zappeln auf der Spitze einer Kralle und eines Zahnes, so

[1]) Ham. 342 v. 3 ss. 479 v. 1. Agh. 10 15, 12. Tarafa 4, 67. Zuhair 20. Anderer Stimmung ist der Dichter von Hamasa 731 s. „Ich weiss, es wird ein Abend kommen, wornach keine Furcht mehr mich befällt und kein Mangel, da werde ich das Haus der Wahrheit besuchen auf langen Besuch: also warum sorge ich um das was zerfällt und in Trümmer geht! andere mögen ihre Tränken schlämmen, ich will meine Kamele den Gästen bereit halten." Welch hohe Gelassenheit, mit der dieser Mann dem Hause der Wahrheit entgegen geht. Hingegen tobt Amir b. alTufail ungeberdig. Als er fern von der Heimat an der Pest sterben musste, tat er einen Satz in die Luft und sprach: komm heraus Tod! d. i. stell dich mir zum offnen Kampfe!

[2]) d. h. ich bin aus urältestem Adel, aus der Pfahlwurzel des Stammbaumes.

wie es meinem Vater Hugr gegangen ist und meinem Grossvater, nicht zu vergessen den, der zu Kulâb gefallen.“

Ein Mann, der ein nicht weniger bewegtes Leben hinter sich hatte, Qais b. Zuhair, der Anführer der ʿAbs in dem langen Bruderkriege gegen die Dhubiân, soll am Ende Mönch geworden sein. Ist es nicht wahr, so ist es gut erfunden. Das Insichgehen, die unbefriedigte Rückschau auf das verbrachte Leben, der Überdruss über das nichtige Toben am Seil des Todes, das Bedürfnis nach einem Zweck und Ziel des Kurses weisen über das Heidentum hinaus. Längst hatten die monotheistischen Religionen auf der Halbinsel Fuss gefasst; sie begannen jetzt ihren Einfluss innerhalb des Arabismus selber, zersetzend und neuschaffend, zu äussern.

Juden und Christen in Arabien.

Im Südwesten der arabischen Halbinsel und im gegenüber liegenden Ostafrika hat das Judentum längere Zeit mit dem Christentum um die Herrschaft gekämpft. Zeitweilig hat es im Jaman den Sieg davon getragen; in Habesch hat es wenigstens starke Spuren an dem dort durchgedrungenen Christentume hinterlassen. In dem eigentlichen Arabien hatten die Juden, als Nachfolger der Aramäer, die Oasen des Nordwestens, Taimâ, Chaibar, Jathrib, Fadak, in Besitz genommen, vielleicht schon ehe sie sich im Jaman niederliessen. Sie lebten da nicht zerstreut unter fremder Bevölkerung [1], sondern in ihren eigenen geschlossenen Gemeinden, deren Angehörige wol nicht alle jüdischen Blutes, aber doch alle vollkommen judaisirt waren. Sie wurden von den Arabern verachtet [2], obgleich sie ihnen in Handels- und Geldgeschäften, auch als Juweliere und Goldschmiede, unentbehrlich waren. Religiöse Propaganda zu machen scheinen sie nicht bestrebt gewesen zu sein; wer sich ihnen anschloss, schloss sich ihren Gemeinwesen an. Sie haben zwar ohne Zweifel ihren geistigen Samen ausgestreut, aber von einer Verbreitung des Judentums unter den Stämmen der Araber ist nicht die Rede.

---

[1]) in Jathrib wenigstens bis zur Eroberung der Stadt durch die Aus und Chazrag.

[2]) Es kommt der Schwur vor: ich will ein Jude sein, wenn ich das und das getan habe (Agh. 5 140, 14).

Dagegen sind die ältesten arabischen Staatenbildungen, in Syrien, Mesopotamien und Babylonien, auf dem Boden der aramäischen Cultur entstanden, mit welcher seit dem dritten und vierten Jahrhundert das Christentum verschmolz. Durch die Pforten dieser Grenzreiche hat sich die aramäische Cultur weiter in das Innere der Halbinsel verbreitet, und damit zugleich der Einfluss des Christentums. In der Arabia Provincia und Palaestina Tertia war das Christentum die Staatsreligion der herrschenden Grossmacht und bekam dadurch ein sehr wirksames politisches Relief. Es fand leicht unter den dortigen arabischen Untertanen und Bundesgenossen Eingang; in dem Jahrhundert vor dem Islam hatten alle Qudâʿastämme es angenommen. In dem zum persischen Reich gehörigen Irâq wurde allerdings das Christentum politisch nicht begünstigt, aber auch hier übte es als die Religion der ansässigen aramäischen Bevölkerung grosse Anziehungskraft auf die Araber aus und gewann zuletzt auch die herrschende Dynastie der Lachmiden von Hira. Zur Zeit Muhammads war es nicht bloss bei den Rabîʿastämmen weit verbreitet, sondern angeblich auch bei den Tamim (BHischam 935, 17). In der Mitte zwischen den Qudâa und den Rabîʿa-Tamîm hatten die Taiji, vielleicht von Mesopotamien her, alte Beziehungen zum Christentum. Wäre nicht der Islam dazwischen gekommen, so wäre voraussichtlich binnen kurzem das ganze nördliche Arabien, vom Roten bis zum Persischen Meerbusen, christlich gewesen.

Im Higâz und in Centralarabien war es allerdings nicht so weit. Die dort wohnhaften Mudarstämme bewahrten das alte heidnische Wesen treuer und waren dem aramäischen Einflusse weniger zugänglich als die Stämme an der Grenze; dadurch erklärt sich vielleicht zum Teil ihre Entfremdung von den Rabîʿa und Taiji und besonders von den Qudâʿa. Aber auch bei ihnen sickerte das Christentum ein, durch Sklaven, durch den Verkehr, durch den Handel. „Woher hatte alAʿscha seine christlichen Ideen? Von den hirensischen Weinhändlern, bei denen er Wein kaufte; die brachten sie ihm bei.“ Diese Weinhändler durchzogen auch das innere Arabien. Eine oberflächliche Kenntnis der christlichen Einrichtungen, Riten, und Lehren, auch wol mancher Legenden und biblischen Geschichten war z. B. in Mekka ohne Zweifel verbreitet; die dortigen Kaufleute schöpften sie einerseits in Habesch und im Jaman, andererseits in Syrien und im Irâq auf ihren Handelsreisen. Nicht wenige christliche Termini, aramäischer und auch abessinischer Herkunft[1]), hatten sich in der arabischen Sprache eingebürgert; für Mönch uud Klause gab es sogar Originalwörter. Auch einige populäre biblische Eigennamen, wie Daud, Sulaiman, Isa, scheinen schon dem Propheten in festen Formen vorgelegen zu haben, deren Gepräge nicht auf Entlehnung von den Juden führt. König David kommt als Panzerschmied nicht erst im Quran, sondern schon in der heidnischen Poesie vor.

Man darf natürlich bei dem Christentum, welches in Arabien eindrang, nicht an das officielle und orthodoxe der Byzantiner denken. Der Orient war monophysitisch oder nestorianisch. Daneben gab es grade an der Grenze des Culturlandes und der Wüste, z. B. in Ostpalästina, noch manche obscure Secten. Arabia ferax haereseon. Auch durch diese wurden die Araber mit dem Christentum bekannt; der Name Naçâra, mit dem sie es bezeichneten, ist ein Sectenname. Sehr grossen Eindruck haben ferner die Einsiedler auf sie gemacht, wie man aus dem Leben des Euthymius, des Hilarion, des Simeon Stylites erkennen kann. Die Lauren derselben scheinen vom südlichen und östlichen Palästina und von der Sinaihalbinsel bis tief in die Wüste hinein gereicht zu haben. Der menschenscheue Râhib in einsamer Klause, mit seiner Lampe, die nachts den Karavanen leuchtet, ist in der arabischen Poesie eine populäre Figur; man schmeichelt der Geliebten, indem man die Überzeugung ausspricht, es würde ihr gelingen, auch einen solchen bärbeissigen struppigen Asceten coulant und kirre zu machen. Zuweilen scheinen fahrende Heilige Gastrollen bei den arabischen Christen gegeben zu haben. Bei Mar'alqais kommt einmal ein von Jerusalem zurückgekehrter Pilger vor, dem die Knaben in zudringlicher Verehrung fast die Kleider vom Leibe reissen[2]).

Die Christen haben das Arabische wol zuerst als Schriftsprache gebraucht. Namentlich die Ibâdier von Hira und Anbâr scheinen sich in dieser Beziehung Verdienste erworben zu haben. Sie haben auch eine eigene Poesie entwickelt, als deren Hauptvertreter Adî b. Zaid und Abu Duâd genannt werden. Aber die Rapsoden

[1]) Abessinisch sind z. B. havâri, mâida, mihrâb, mi'râg, minbar, munâfiq, schaitân, ragîm.

[2]) Hudh. 18, 11. Mrlq. 31, 12.

haben dieselbe nicht überliefert, weil sie abwich von der klassischen Weise[1]). So ist sie uns nur in spärlichen Resten erhalten, obgleich sie gewiss am frühesten von aller arabischen Poesie aufgeschrieben ist. Abu Duâd hatte seine Stärke in der Beschreibung der Pferde, ʻAdis Genre war das Trinklied: er scheint dadurch auf Valid II., den Vater der muslimischen Weinpoesie und Vorgänger des Abu Nuvâs, einen bedeutsamen Einfluss ausgeübt zu haben, durch Vermittlung von dessen Zechgenossen, dem Ibâditen alQâsim b. alTufail. Indessen hatte ʻAdi b. Zaid, der Kanzler von Hira, genügende Veranlassung auch sehr ernste Töne in seiner Poesie anzuschlagen. Der Baum, unter dem er in fröhlicher Gesellschaft lagerte, erzählte ihm von vergangenen Geschlechtern, die einst unter diesem selben Schatten sich gütlich getan hatten; die Gräber, an denen er im lärmenden Gefolge des Königs vorübersprengte, redeten von ihren stillen Bewohnern. Die Sage meldet, er habe durch die Deutung der Sprache des Baumes und der Gräber den König Nuʻmân von Hira bewogen, das Christentum anzunehmen, der Herrschaft zu entsagen und als Büsser durch das Land zu schweifen (Agh. 2, 18). Die Sache hängt allerdings in Wirklichkeit anders zusammen. Aber das Allgemeine wird wol richtig sein, einmal, dass das Christentum an Grab und Tod und Katastrophen angeknüpft hat, sodann, dass diese Motive bei den Arabern, namentlich auch bei den arabischen Dichtern Eindruck gemacht und Widerhall gefunden haben.

Einer der klassischen Dichter der Gâhilija, alAʻscha, soll Christ gewesen sein. Der Geistesart nach sind Umaija b. Abi lÇalt und der hernach zum Islam übergetretene Labid mindestens ebenso christlich. Auch dem Nabigha, der sich selber einen homo religiosus nennt (17, 21), ist seine Bekanntschaft mit dem Christentum wol anzumerken; weniger dem Zuhair, der sich nach Agh. 15, 149 viel mit den zukünftigen Dingen zu schaffen machte. Man darf aber weiter gehen und sagen, dass das Christentum überhaupt an der durch die Poesie getragenen geistigen Bildung der Araber seinen stillen Anteil hat, dass durch den Kanal der Poesie christlicher Gedanken- und Empfindungsstoff bei den Arabern eingeflossen ist. Darauf weisen die moralischen Reflexionen hin, die sich oft in den Liedern finden, besonders das unbefriedigte Insich-

[1]) Agh. 3 187, 10. 15 97, 15 s.

gehen, das Meditiren über den Tod, das Wertlegen auf das Leben der Person statt auf die Fortdauer des Geschlechts. Den Schmerzensruf, den Mar'alqais über seinen betrübten Zustand ausstösst, „Erbarmen, barmherziger Gott!“ hat er gewiss nicht im heidnischen Cultus gelernt[1]. Sogar so specifische Vorstellungen, wie die vom himmlischen Buche, sind den Dichtern nicht ungeläufig.

In der Zeit der scandinavischen Götterdämmerung, als Alles drüber und drunter ging, das Alte in Auflösung begriffen, das Neue noch nicht durchgebrochen war, liess sich ein sterbender Mann, der den heidnischen Glauben verloren und den christlichen nicht gefunden hatte, hinaus in das Freie tragen, um seine Seele dem Gotte zu befehlen, der die Sonne geschaffen habe. Die muslimische Tradition über die Vorgeschichte des Islams nennt eine kleine Anzahl von „Suchern“ in Mekka und Tâif, welche, vom Heidentum unbefriedigt, auf der Suche nach einer neuen Religion waren, das Gesetz und das Evangelium studirten, indessen sich weder dem Judentum noch dem Christentum völlig ergaben, wenngleich sie für das letztere grössere Sympathien hatten. Diese Sucher sind keine vereinzelte, auf Mekka und Tâif oder Medina beschränkte Erscheinung, sondern das Symptom einer Stimmung, die in der Zeit vor Muhammad über ganz Arabien verbreitet war und manche der edelsten Geister beherrschte. Der Boden war bereit für den Islam.

Der Islam.

In den Islam endet das arabische Altertum. Allah siegt über die Vielheit der Götter, die Gemeinschaft des Glaubens über die Verschiedenheit des Blutes, die Einheit des theokratischen Staates über die Anarchie der Geschlechter.

Es herrscht die Ansicht, dass der Islam vorzugsweise an das Judentum angeknüpft und dort seine eigentlichen Wurzeln gehabt habe. Die Gründe dafür liegen auf der Hand. In Medina, der Mutterstadt des Islams, waren seit alters viele Juden ansässig. Sie standen mit den dortigen Arabern in mannigfacher Gemeinschaft und beeinflussten sie auch in religiöser Hinsicht. Sie haben gewiss dazu beigetragen, dieselben für den Islam vorzubereiten. Muhammad

[1]) Damit soll natürlich nicht bestritten werden, dass حنانيك echt arabisch sei (Maid. 2, 28).

war einigermaassen darüber überrascht, dass sie selber keine Lust hatten, einfach der muslimischen Gemeinde beizutreten und ihn als Propheten anzuerkennen; er glaubte, sie müssten mit ihm ein Herz und eine Seele sein. Freilich sagt das nicht viel; denn auch der Unterschied zwischen seiner Religion und dem Christentum ist ihm erst allmählich klar geworden.. Unleugbar ist der jüdische Einfluss in dem muslimischen Ideal der Theokratie, in dem Gedanken, dass allein der Prophet als Stellvertreter Gottes zur Herrschaft berechtigt und alle andere Gewalt angemaasst sei[1]). Derselbe macht sich auch in allerhand Einzelheiten der kirchlich-politischen Gesetzgebung Muhammads geltend[2]).

Indessen das beweist alles gar nichts. In Medina organisirte und consolidirte sich der Islam; für uns handelt es sich hier aber nicht um den Ausbau, sondern um die Anfänge, um die Anregungen. Bloss die mekkanische Periode in der Wirksamkeit des Propheten kommt also in Betracht.

In die mekkanische Periode nun fallen die Predigten über die Propheten, die im Quran einen so breiten Raum einnehmen; und der legendarische Stoff, der dazu benutzt ist, stimmt überein mit der jüdischen Haggada. Es ist wahrscheinlich, dass Muhammad denselben durch jüdische Vermittlung zugeführt bekommen hat, wenngleich man dessen eingedenk bleiben muss, dass der selbe Sagenstoff auch bei den orientalischen Christen im Umlauf war, und dass die Haggada ihre Quelle grossenteils in apokryphen Schriften hatte, die wenn sie auch jüdischen Ursprungs waren doch seit dem zweiten Jahrhundert immer ausschliesslicher in christlichen Besitz übergingen. Aber es kommt, bei der Entscheidung unserer Hauptfrage, überhaupt sehr wenig darauf an, woher Muhammad seine Legenden hatte. Als gänzlich illiterater Araber hatte er einen heiligen Respect vor aller Überlieferung der Schrift-

---

1) Es ist der Gegensatz von نبوّة und ملك. Der erste Chalif ist خليفة النبىّ, der zweite خليفة خليفة النبىّ u. s. w. Den Umaijiden wird beständig vorgeworfen, ihre Herrschaft sei ملك.

2) Aus jüdischen Namen, wie Amen Zakât Çalât, kann übrigens nicht ohne weiteres auf jüdischen Ursprung geschlossen werden, denn sie waren längst auch in den Gebrauch der Christen übergegangen, die ja sehr viele religiöse Ausdrücke mit den Juden gemein hatten.

völker, er war hinter allen Fetzen her, mit denen er seine Lücken stopfen, seine Blösse bekleiden konnte. Er besass einen gewaltigen Stoffhunger und war durchaus nicht wählerisch in der Befriedigung desselben. Der Zufall scheint ihm einen jüdischen oder jüdisch gebildeten Mentor in die Hand gespielt zu haben, aber ebenso gierig wie die Haggadoth verschlang er die christlichen Erzählungen aus dem Evangelium Infantiae, die Geschichten von den sieben Schläfern und von Alexander dem Grossen und andere Stücke aus dem eisernen Bestande der mittelalterlichen Weltliteratur. Verwerten konnte er alles, in alles legte er aber seinen Sinn und fand so überall den selben Sinn. Auf die an sich immer etwas problematische Herkunft solches Stoffes ist also wenig zu geben; derselbe ist erst nachträglich herzugebracht, mit sehr weitherziger Unparteilichkeit gegen die Quellen. Jüdische Gesinnung verrät es nicht, dass Jesus im Quran hoch über alle Propheten des Alten Testamentes gestellt wird. Ebenso wenig, dass für die Griechen gegen die Perser Partei genommen wird: die Juden taten bekanntlich das Umgekehrte.

Zuverlässiger als gelehrte Schlüsse und Combinationen ist die sicher überlieferte Tatsache, dass die Anhänger Muhammads, die sich selbst Muslime nannten, bei den anderen ursprünglich Çabier hiessen. Wegen der Wichtigkeit der Sache führe ich die Beispiele, die ich gesammelt habe, trotz ihrer Einförmigkeit sämtlich an.

Muhammad ist bei seinen heidnischen Volks- und Zeitgenossen als „der Çabier“ bekannt (Buch. 1, 50). So nennt ihn auch der noch unbekehrte ʻUmar „diesen Çabier, der Zwietracht sät unter den Quraisch“ (BHischam 225, 19). Umar selber nimmt dann den Islam an, und nun sagen die Leute: „Ibn Chattâb ist Çabier geworden“ (BH. 229, 9. 14). Von jedem, der entweder wirklich zu der neuen Religion übergetreten ist oder nur im Verdacht des Übertrittes steht, heisst es in Mekka und ebenso in Tâif: „er ist Çabier geworden“ (BH. 131, 1 schol. 997, 18. Vaqidi 324. 381). Als Abu Dharr den Islam in Mekka laut bekannte, fielen die Quraisch über ihn her mit dem Rufe: haut den Çabier (Buch. 2, 216). Die Frau des Mutʻim b. ʻAdî sagte zu Abubakr: wenn wir unseren Sohn mit deiner Tochter verheiraten, so fürchten wir, dass du ihn zum Çabier machst und zu deiner Religion überführst (Tab. 1, 1768). Thumâma b. Uthâl von Hanîfa protestirte nach seiner Bekehrung gegen die Bezeichnung Çabier, er sei vielmehr Muslim geworden (Buch. 3, 66). Bei der heimlichen Huldigung der Mediner auf der Aqaba suchte der Teufel die Quraisch zu alarmiren „gegen Mudhammam (Muhammad) und die Çabier“ (BH. 300, 9). Der Mediner Sa'd b. Mu'âdh wurde bei einem Aufenthalt in Mekka von Abu Gahl angefahren: was, du treibst dich hier sorglos herum, und ihr habt doch den Çabiern bei euch Aufnahme gewährt! (Buch. 3, 2.) Die Banu Gadhîma riefen dem ihnen feindlich begegnenden Chalid zu: „wir haben das Çabiertum angenommen“; sie wollten sagen: wir sind Muslime geworden und du darfst uns als deinen Glaubensgenossen nun nichts mehr zu leide tun (BH. 835, 12. Buch. 2, 165. 3, 60. 4, 198). Ebenso heissen die Muslime in der Schlacht von Hunain bei ihren Gegnern, den Havazin, „die Çabier“ (BH. 841. Tab. 1, 1657). Die Tradition ist ganz einstimmig darin, dass dies der älteste Name der muslimischen Gemeinde im Munde der Heiden war. Ihr Zeugnis wird bestätigt durch einen in die Zeit Muhammads selber hinaufreichenden Vers auf den Abfall Labids von dem väterlichen Glauben, worin es heisst: „du bist gekommen mit der Religion der Çabier“ (Agh. 15, 138).

Die Çabier, von צבא = צבע abgeleitet, sind die Täufer. Die Mandäer haben sich so genannt, aber auch die Elkesaiten [1]) und, nach dem Namen zu schliessen, die Hemerobaptisten. Was haben nun die Muslime mit diesen Secten gemein? Die Ähnlichkeit wird in äusseren Dingen liegen, da sie eben den Draussenstehenden in das Auge gefallen ist. Die Bedeutung des Namens der Çabier führt darauf, dieselbe in den W a s c h u n g e n der Muslime zu suchen, die den täglichen Gebeten d. h. Gottesdiensten in der Moschee vorausgehen. Diese Waschungen und Gebete reichen in die allerälteste Zeit des Islams hinauf, und Muhammad hat immer das grösste Gewicht darauf gelegt. Dieselben lassen sich nun allerdings in dieser Form bei den Çabiern, die wir aus der Beschreibung der Kirchenväter kennen, nicht nachweisen; da ist immer nur von einmaligen täglichen Bädern die Rede. Indessen haben

---

[1]) Origenes Philos. 9, 13: Elchasai hat das heilige Buch einem gewissen Σοβιαι übergeben. Σοβιαι ist צְבְעָיָא. Dagegen sehe ich keinen Grund, in Elchasai Elxai, mit dem sein Bruder Iexai (Lexai?) vermutlich identisch ist, etwas anderes als einen richtigen Personennamen zu erkennen; vielleicht אלכסי d. i. Alexander, Alexius (Euting Nabat. 2, 2. Dalman, Grammatik des jüdisch-pal. Armäisch p. 143).

solche Secten kein Princip der Uniformität, wie die katholische Kirche; sie neigen dazu, sich in Varietäten und Spielarten aufzulösen. Von anderen Ähnlichkeiten zwischen Elxai und Muhammad liessen sich höchstens anführen die Offenbarung des Buches durch einen riesigen Engel (Christus), dem ein riesiges Weib (der heilige Geist) assistirt, und das Gebot, sich bei dem Gebet nicht nach der aufgehenden Sonne, sondern nach Jerusalem zu richten. Aber diese Ähnlichkeiten würden gewiss nicht ausgereicht haben, um den Muslimen den Namen der Çabier einzutragen; um so weniger, da sie gar nicht bloss zwischen ihnen und den Çabiern bestehen.

Die Muslime selber betrachten nicht die Çabier, sondern die Hanifen als ihre Vorgänger; und es ist ihnen zu glauben, dass sie innerlich diesen letzteren weit näher stehen. Der Name Hanif wird zumeist in dem selben Sinn gebraucht wie Muslim: Abraham ist der erste Muslim und der erste Hanif. Jedoch zeigt es sich, dass einzelne monotheistisch gesonnene Männer schon vor Muhammad den Namen als ihren Titel führen. Solche Hanife kommen vor in Mekka und namentlich in Medina; sie sind ohne Zweifel nicht eben verschieden von den „Suchern“[1]. Sie bilden jedoch keine Secte, keine organisirte Gemeinschaft, wie Sprenger meint, der sogar Reste einer eigenen Literatur der Hanifen entdeckt hat. Sie haben zwar das mit einander gemein, dass sie im Heidentum kein Genüge finden, den Polytheismus verwerfen, und erfüllt sind von ascetischem Ernste; aber sie haben nicht das Bedürfnis, diese Gemeinschaft der Gesinnung auch äusserlich darzustellen. In Gegenteil man hat den Eindruck, dass sie sich begnügen, jeder für sich und seine eigene Seele zu sorgen[2].

---

[1]) Dem Hanifen Qais b. alAslat in Medina werden folgende Verse zugeschrieben (BHischam 293). „O Herr der Menschen, wenn wir irren, so hilf du uns auf den guten Weg. Wäre nicht unser Herr, so wären wir Juden geworden, die Religion der Juden ist ohne Zweideutigkeiten. Und wäre nicht unser Herr, so wären wir Christen geworden, wie die Mönche auf dem Gebirge von Galiläa. Aber wir sind bei unserer Schöpfung so geschafen, dass unsere Religion hanifisch ist, von jeher.“ Ich zweifle sehr an der Echtheit dieser Verse. Das Adjectiv حنيف 293, 13 findet sich auch 871, 5, im Sinne von orthodox.

[2]) Eben darin besteht ihr Unterschied von Muhammad, der nachdem er selbst die Wahrheit gefunden hatte sofort den prophetischen Drang verspürte, sie auch den anderen zu verkünden und eine Gemeinde zu bilden.

Darin unterscheiden sie sich von den Juden und berühren sich mit den christlichen Büssern. Und von diesen scheinen sie auch den Namen entlehnt zu haben; denn für diese scheint derselbe ursprünglich gebraucht zu sein. Hudh. 18, 11 heisst es in einer Gewitterbeschreibung: „die Säume der Wolke über alMala gleichen gelagfeiernden Christen, die einen Hanif angetroffen haben“ — der Vergleichungspunkt ist die unruhige Bewegung, mit der diese Christen immer um den Hanifen herum sind, dem zu Ehren sie das Gelage geben[1]). Ein anderer hudhailitischer Dichter, Abu Dhuaib, sagt in einem Lisân 6, 133 angeführten Verse: „sie[2]) verweilte dort ständig, wie ein Hanif verweilt, die beiden Monate des Gumada und die beiden Monate des Çafar.“ — die Hanifen sind durch ihr Gelübde zu einsamem Aufenthalt an ungewöhnlichen Orten gezwungen. Ein drittes Beispiel findet sich bei Jaqut 2, 51. Agh. 16, 45, in einem Gedicht, über dessen Urheber die Angaben schwanken, welches aber schon in den Anfang der islamischen Zeit fällt. „Braunroten Wein von Gurgân, mit dem kein Hanif sich zu schaffen gemacht, und der nie im Kessel gesiedet hat, und bei dessen Feuer nie ein murmelnder Priester nachts assistirt, und über dessen Kochen kein Rabbiner gebetet hat, den hat mir Jahja gebracht, nachdem ich eine Weile geschlafen hatte, als die Gauzâ bereits verschwunden war und der Adler unterging.“ Die Meinung ist, der Wein verdanke seine Glut weder dem Kessel noch geistlichem Segen, den ihm sei es der Magier — das ist der murmelnde Priester am Feuer — oder der Rabbiner oder der Hanif gespendet. Wenn der Hanif dem Magier und dem Rabbinen an die Seite und entgegen gesetzt wird, so ist er dem Christentum zuzuweisen[3]).

Wenn man noch hinzunimmt, dass einer der bekanntesten Hanifen von Medina, Abu Amir, gewöhnlich alRâhib, der Mönch, zubenannt wird, dass also Hanif und Râhib verwechselt werden können, so ist es klar, dass Hanif ursprünglich einen christlichen

---

1) Ein ganz ähnlicher Vergleich bei Labîd 17, 46.

2) D. i. eine Antilope oder wilde Eselin. Statt des Hanifen setzt Labîd 17, 17 einen Mann, der ein Gelübde getan hat.

3) Es liegt sehr ferne, an die Harranier zu denken (Dozy, mém. posth. p. 15 s.). Denn der Hanif muss hier ein besonders heiliger Mann sein; die Harranier aber hiessen allesamt حنفاء = חנפא (Heiden).

Heiligen bezeichnet, dessen Begriffe es nicht widerspricht, dass er sich gelegentlich reichlich traktiren lässt. Damit haben wir ein entscheidendes Indicium für den Zusammenhang der Anfänge des Islam mit dem Christentum gewonnen. Muhammad hat von den frommen Dissenters in Mekka seine ersten Anregungen empfangen, und von diesen schlägt der Name Hanif die Brücke zu den christlichen Asceten, von denen auch anderweitig bekannt ist, dass sie einen gewaltigen Eindruck auf die Gemüter der Araber gemacht haben.

Dazu stimmt es, dass Muhammad zu Anfang seines Auftretens ganz beherrscht wird von dem Gedanken an das Gericht. Allah und der jüngste Tag sind bei ihm unzertrennlich. „Der Mensch ist im Wahn zu glauben, er sei unabhängig und sich selbst genug; vielmehr muss er zu dem Herrn zurück, der ihn geschaffen hat aus einem Tropfen, und ihm Rede stehen.“ Der Monotheismus wird hier sofort moralisch gewandt; er schliesst den Glauben ein, dass der Schöpfer die Creatur nicht aus der Hand lasse, und dass er sie endlich zu sich zurück fordere, zur Verantwortung und Rechenschaft. In einer späteren Phase seiner Wirksamkeit hat Muhammad zwar, wenn er sich als Nadhîr, als Ankündiger drohender Gefahr, bezeichnet, mehr ein grosses Volksgericht im Auge, eine geschichtliche Katastrophe, durch welche seine und Allahs Feinde vom Erdboden verschwinden. Dagegen ursprünglich — und auch hernach wieder, nach jener vorübergehenden Phase — steht im Mittelpunkte seiner Gedanken das Gericht über die Individuen, wo jede Seele nackt vor Gott erscheint und Gott das Facit aus ihrem Leben zieht, ein Gericht, das nicht bloss den Anderen, sondern auch und vor allem ihm selber bevorsteht und ihn bei jedem seiner Schritte an den Ernst der Verantwortung mahnt. Dieses individuelle Gericht nun war den Juden wol in der Theorie bekannt, beherrschte aber nicht ihre Gemüter. Die assecurirten Kinder Abrahams lebten nicht in der Furcht vor dem jüngsten Tage, vor der allgemeinen Verantwortung, vor der Scheidung der Welt in Himmel und Hölle. Vielmehr erhob erst das Christentum diese Vorstellungen zu centralen Gedankenmächten und machte vollen Ernst mit ihnen. Von der kirchlichen Orthodoxie wurden sie zwar wieder in den Hintergrund gedrängt, aber sie erhielten sich in alter Kraft bei den Asceten der Wüste, die ihr ganzes Leben, oder wenigstens, nach einer erschütternden Vergangenheit, den Rest ihres Lebens der Vorbereitung auf den Tod und auf das Gericht widmeten[1]. Wenn also die Rückkehr des Menschen zu Gott und seine Verantwortlichkeit vor ihm nach dem Tode bei Muhammad, besonders zu Anfang, als die Seele seines Monotheismus hervortritt, so entstammt die Seele des Islams dem Christentum. Auch der Ausdruck Jaum alDin für Gerichtstag ist christlich[2].

Der Islam hatte ursprünglich eine ascetische Richtung, die er mit der Zeit mehr und mehr verlor. Namentlich unterzogen sich die ältesten Muslime, Muhammad voran, häufigen und zeitweise vielleicht sogar regelmässigen Nachtwachen mit Gebet. Diese Vigilien kommen bei den Juden nicht vor, so wenig wie überhaupt die Ascese; sie sind vielmehr charakteristisch für die christlichen Mönche, mit deren Begriff für die Araber die Nachtlampe unzertrennlich verbunden ist. Noch ein anderer Punkt verdient in diesem Zusammenhang hervorgehoben zu werden, das ist die Vorstellung von dem himmlischen Buche, der Summe und Quelle aller Offenbarung. Alle Propheten haben gleichmässig daraus geschöpft; sie werden eben dadurch zu Propheten, dass ihnen das himmlische Buch zugänglich gemacht oder, wie der technische Ausdruck lautet, herabgesandt wird. Jeder von ihnen bekommt von Zeit zu Zeit, je nachdem es nötig ist, Einblick in dasselbe und schöpft daraus die stückweisen und besonderen Offenbarungen, die für seine Zeit und sein Volk passen. Diese Vorstellung ist im Quran sehr entwickelt, und sie tritt schon in den ältesten Suren bedeutsam auf[3]. Sie ist natürlich auch von den Juden — oder noch weiter von den Chaldäern — hergekommen, aber dann von den Christen übernommen und besonders bei ihnen, wenigstens bei den Sekten, lebendig geblieben. Namentlich wenn der heilige Geist von den ältesten Muslimen in der Weise mit dem himmlischen Buche identi-

[1]) Auch den Çabiern wird durch den bekannten Spruch ihres Meisters eingeschärft, das jüngste Gericht immer vor Augen zu haben: „ich bezeuge euch den Tag des grossen Gerichtes". Darin liegt ihr Unterschied von den Juden, und ihre geistige Verwandtschaft mit Johannes dem Täufer und Jesus. Vgl. Epiph. Par. p. 42 unten und die Erklärung von Stern und Levy, DMZ. 1858 p. 712.

[2]) Sprenger 1, 570.

[3]) Vgl. Sur. 87, 6: „wir wollen dich lesen lassen, so dass du nichts vergessen sollst, ausser was Gott will". Ferner Sur. 96, 1 ss.: „recitire im Namen deines Herrn . . . ., der den Menschen was er nicht wusste gelehrt hat durch das Schreibrohr" d. i. durch schriftliche Offenbarung.

ficirt wird, wie es z. B. BHischam 614, 9 geschieht, so weist das deutlich auf christlichen Einfluss.

Also die christlichen Asceten haben den geistigen Samen des Islams ausgestreut, und die ältesten Mittel der Gemeindebildung, d. h. die Formen des Gottesdienstes, verdankt er wahrscheinlich den Çabiern. Von den Juden stammt nicht der Sauerteig, aber allerdings zum grossen Teile das Mehl, das später zugesetzt wurde.

Dies Resultat ist das zu erwartende, wenn wirklich der Islam als Abschluss der religiösen Entwicklung des arabischen Heidentumes gelten soll. Denn diese Entwicklung bewegte sich auf der Bahn der aramäischen Cultur dem Christentum zu. Natürlich steht der Islam in schroffem Gegensatze zu der Profanität des Heidentums, zu dem hergebrachten Schlendrian des Götzendienstes, zu dem Leben in den Tag hinein, ohne Ernst, ohne Nachdenken, ohne innere Überzeugung. Darum verhält er sich aber doch nicht rein negativ zu der Vorzeit, auch nicht in religiöser Beziehung. Er ist nicht bloss vorbereitet durch die Auflösung und Zersetzung des Heidentums, sondern er hat auch innerhalb desselben seine positiven Anknüpfungspunkte und Präludien. Der Allah Muhammads verhilft dem Allah der alten Araber nur zur vollen Consequenz seines eigenen Wesens. An dem von der Poesie geschaffenen Gemeingut geistiger und moralischer Bildung, „an der Weisheit Luqmans“, hat auch Muhammad teilgenommen; und manche nachdenklichen Aussprüche der Dichter rühren an die Fragen, die seine Seele bewegt haben.

Nachträge und Berichtigungen.

Nöldeke hat die Güte gehabt, mir sein Exemplar der ersten Ausgabe dieses Buchs zur Verfügung zu stellen, das er mit zahlreichen Randbemerkungen versehen hat. Die wichtigsten stehn schon in der Anzeige DMZ 1887 p. 707 ss. und sind von mir bei dieser zweiten Bearbeitung dankbarlichst benutzt worden. Die anderen trage ich hier nach, nur wenige habe ich bei der Correctur berücksichtigt. Dazu füge ich einige einschlägige Citate aus Goldzihers Abhandlungen zur Arabischen Philologie I (Leiden, Brill, 1896), und die Ergebnisse eigener Nachlese. Der Stoff lässt sich nicht erschöpfen; ich bin zufrieden, einen Grund gelegt und ein Fachwerk zum Ausfüllen geliefert zu haben. Zum grössten Dank fühle ich mich gegen Doughty verpflichtet.

p. 10—13. In der Chizânat alAdab 3, 242—246 wird ein wie es scheint vollständiger Auszug aus dem Götzenbuch des Ibn al-Kalbi gegeben, aus dem man den Umfang und vielleicht auch die Anordnung desselben erkennen kann. Der genaue Titel war nach 1 11, 10 nicht das Buch von den Götzen, sondern besser islamisch das Buch von dem Sturz der Götzen (N.). Vgl. noch die Aufzählung der arabischen Götzen bei Jaqubi 1, 294—297. Darnach stand Nasr in Çanʿâ, alFuls in alHibs (Jaqut 2, 196), Manât in Fadak.

p. 18 s. Σοαος Waddington 2220 ist leider nicht sicher Suvâʿ (N.).

p. 23. Noch ein anderer Vers, worin Nasr oder vielmehr alNasr vorkommt, wird Chizana 3, 240 citirt

اما والدماء المائرات تخالها على قنّة العزّى وبالنسر عندما

p. 24, 3. Lies BHischam 53 statt 13 (N.).

p. 43. Die Gharîjân waren Obelisken wie die Batile (p. 103, 2); etwas später stand nur noch einer derselben Jaq. 2 321, 11 s. (Agh. 12 110,3 s.); nach Jaqubi 2, 252 wurde Ali dort begraben (N.). Nöldeke ist geneigt, die beiden Uzza Ham. 190, 15 auf Morgen- und Abendstern zu deuten; ich hatte in der ersten Ausgabe die Gharîjân von Hira darunter verstanden. Ein anderes Paar solcher Pfeiler stand am Eingang des Himà von Faid.

p. 45. Vgl. Chizana 1, 91. 92 zu Dhu lChalaça.

p. 47. Αλασάθος ist wahrscheinlich nicht חלצת, sondern עלשת, denn das punktirte ח pflegt in der griechischen Transcription nicht ignorirt zu werden (N.).

p. 48. Dimaschqi hat im Tîh ein alChalaça und ein alChalûç. Die Tabula Peut. und Ptolemäus sprechen dafür, dass ersteres Ελουσα, letzteres Λουσα ist. So Nöldeke. Indessen Joseph. Ant. 14, 18 (so ist das Citat p. 48 n. 1 zu berichtigen) sind Αλουσα und Λουσα Varianten. Vgl. noch Lagarde, Nominalbildung p. 93.

p. 49 n. 4. דו שרא auf der Inschrift von Petra, Journ. As. 1896 II 309. 485.

p. 57, 22 Verbrenner könnte wol auch ein Sonnengott genannt sein.

p. 58. Vgl. Chizana 1 25, 23 zu Rudâ (N.).

p. 58 n. 2. Zum Schwören beim Cultus vgl. Amos 8, 14.

p. 61, 24. Lies 3, 210 statt 3, 310. Der Verfasser der Verse, in denen alSa'îr erwähnt wird, heisst in der Chizâna Ibn Abi Hallâs mit unpunktirtem ח.

p. 62,8. Jaq. 1 340, 13 ist نُعْمُ nach Siegmund Fraenkel in نَغْمُ zu verbessern (N.).

p. 64. Zu Bâgar vgl. Chizana 3 246, 29; zu Taim DMZ 1874 p. 74. In der palmyrenischen Inschrift Mordtmann no. 88 (Supplement zu den Sitzungsberichten der Münchener Akademie 1875 II) findet sich גרתימי, entsprechend dem גררצו, גרעתא (Gadatas), גרילת.

p. 65. Zu Dhirrîh vgl. BHischam 134. Tab. 1, 1145. 2955.

p. 65, 13. Der Vers Jaq. 4 292, 22. Chizana 3 246, 2 verlangt Dhu lKafain ohne Taschdid (N.).

p. 65, 17. Bei BDuraid 13, 14 wird ein Götze namens Zâïda erwähnt (N.).

p. 66. Zu ʿÂim vgl. Chizana 3 246, 14; zu ʿAud 3, 209. 210. Nachzutragen ist Ghallâb bei Damiri 2, 342 (N.).

p. 67. فرّاص ist richtiger فرّاض (der Entscheider), vgl. Ibn Saʿd (Skizzen 4) § 124 b. Nahîk kommt auch bei den Tamim und bei den Nachaʿ vor, BDuraid 128, 12. 242, 1 (N.). Nachzutragen ist يعبوب Chizana 3 246, 26 und vielleicht قصىّ Quçai. Denn es findet sich der Geschlechtsname Abd Quçai in Mekka Tab. 1, 1090 s. 2395, der bei BHischam 68 zu Abd verkürzt ist, weil er Anstoss erregte. Auf den Inschriften erscheint allerdings קצין bis jetzt nur als Personenname; vgl. Revue Sémit. 1897 p, 81 ss. Corp. Inscr. Semit. 2, 165. 174.

p. 71 n. 1. Act. 17, 30 statt 16, 30 (N.).

p. 75, 22. Jaq. 3, 665 statt 3, 685 (N.).

p. 78 n. 1. 81 n. 1. Auf ein echtes Neumondfest wird man fast geführt durch den Vers des alAʿscha (Chizana 4 181, 3)

اريْحىّ صلْت تظلّ له القومُ ركودًا قيامَهم للهلال

„ein freigebiger schneidiger (Mann), in Absicht auf welchen die Leute den Tag über stehen, wie sie stehen von wegen des Neumonds“ (N.). Das Stehn erinnert an das Vuqûf.

p. 86. Über die Hums handelt ausführlich Jaqubi 1, 297 s. (N.). Die Stelle lautet: „Die Hums waren die Quraisch und die Chuzâʿa, die auch in Mekka wohnten als Beisassen der Quraisch. Sie legten sich schwere religiöse Verpflichtungen auf; im Zustande der Heiligung (des Ihrams) machten sie keine Butter und keine Milchconserven, sie liessen die Jungen an der Mutter saugen bis zum Überdruss. Und sie schnitten Haar und Nägel nicht, salbten sich nicht, rührten weder Weib noch Parfum an, assen kein Fleisch, trugen während der Festfeier kein Zeug von Wolle oder Haar, zogen ein neues Kleid an und machten den Umlauf in Schuhen, aus Scheu den Boden der Anbetungsstätte zu betreten. Und sie traten nicht (sic) durch die Tür ins Haus und zogen nicht aus bis nach ʿArafât, sondern blieben in Muzdalifa und wohnten in Lederzelten, so lange der Zustand der Heiligung dauerte. Die Hilla waren die Tamim, Dabba, Muzaina, alRibab, ʿUkl, Thaur, Qais Ailân mit Ausnahme der ʿAdvan und Thaqîf und ʿÂmir b. Çaʿçaʿa, Rabîʿa b. Nizâr ausnahmslos, Qudâa, Hadramaut und alAzd. Sie hielten die Jagd für nicht verboten während der Zeit der Heiligung, trugen jedes beliebige Zeug, und machten Butter. Sie traten aber nicht durch die Tür eines Hauses oder eines Hofes, und hatten kein Obdach so lange der Ihram dauerte. Sie salbten und parfumirten sich und assen Fleisch. Wenn sie mit dem Hagg fertig waren und nach Mekka kamen, rissen sie die Kleider ab die sie anhatten, und wenn sie konnten, mieteten oder liehen sie sich die Kleider der Hums, sie machten den Umlauf nicht nackt. Sie trieben während der Festfeier keinen Handel.“ Nach BDuraid 172 nahmen die Quraisch von dem Mekkapilger eine Abgabe, die in einem Stück seines Zeuges oder in einem Stück seines Opfertieres bestand (Fraenkel).

p. 87 oben. Auch Einige von den Bal Harith b. Ka'b machten den Hagg nicht mit. (N.)

p. 88 s. 99. Über die Märkte s. Jaqubi 1, 313 s. Chizâna 2, 274 s. (N.) Letztere Stelle lautet: „Ibn Hagar sagt im Commentar zu Buchâri nach alFâkihi. Die Märkte der Araber im Heidentum waren vier, Dhu lMagâz, 'Ukâtz, Maganna, und Hubâscha. Dhu lMagâz war nach Ibn Ishaq in der Nähe von 'Arafa, nach Ibn alKalbi gehörte es den Hudhail; die Meinung, es habe in Mina gelegen, ist falsch, denn in Arafa und in Mina wurde im Heidentum kein Handel getrieben. Ukâtz lag nach Ibn Ishaq zwischen Nachla und alTâif nach alFutaq hin; nach Ibn alKalbi lag es unterhalb von Mekka, eine Poststation entfernt, westlich von alBaidâ, und gehörte den Kinâna. Hubâscha lag im Gebiet der Bâriq bei Qanûna, sechs Stationen von Mekka nach Süden; es wird im Hadith nicht erwähnt, weil es nicht zu den Messen des Hagg gehörte; der Markt daselbst fand im Ragab statt. Die Märkte wurden noch im Islam gehalten, der von Ukâtz kam zuerst ab, in der Zeit der Chavarig A. 129, der von Hubâscha zuletzt, in der Zeit des Daud b. Isa b. Musa alAbbasi A. 197. Nach Ibn alKalbi beschränkten sich die vornehmen Leute auf den Besuch des Marktes in ihrem eigenen Lande, nur in Ukâtz kamen sie von allen Seiten zusammen. Ukâtz war am bedeutendsten; Ibn Abbas erzählt im Anfang des Hadith über die Ginngeschichte, dass Muhammad sich mit einigen Genossen nach dem dortigen Markte aufmachte. Nach alZubair b. Baklâr fand der Markt von Ukâtz statt vom 1.—20. Dhulqa'da, dann der von Maganna bis zum Neumond des Dhulhigga, dann der von Dhu lMagâz die nächsten acht Tage; dann begab man sich nach Mina zum Hagg. Gabir erzählt, Muhammad habe zehn Jahre lang die Leute in ihren Quartieren auf dem Markt von Maganna und Ukâtz aufgesucht und ihnen die Botschaften seines Herrn vorgetragen. Der Verfasser des Buchs über die Qabilen der Araber führt noch mehr Märkte auf. Der Markt von Dumat alGandal fand statt von Anfang bis Mitte des Rabî I; der Kauf geschah dort durch Steinwerfen; nemlich wenn einem eine Waare gefiel, so warf er einen Stein darauf, dann wurde sie ihm überlassen. Der Markt von alMuschaqqar fand statt von Anfang des Gumada II an, der Kauf geschah durch Betasten und Winken und Murmeln, um Eid und Lüge zu vermeiden[1]). Der Markt von Çuhâr fand vom 10. Ragab ab fünf Tage lang statt. Der Markt von alSchihr in der Mitte des Scha'bân, der Kauf geschah hier ebenfalls mit Steinen. Der Markt von Çan'â von der Mitte bis zu Ende des Ramadân. Der Markt von Hadramaut in der Mitte des Dhulqa'da, der Markt von Ukâtz zur selben Zeit, im Hochland von Nagd, nahe bei Arafât; er war sehr bedeutend und wurde besucht von den Quraisch, Havâzin, Ghatafân, Sulaim, alAhabîsch, 'Uqail, alMuçtaliq und Andern, bis Ende des Dhulqa'da. Beim Neumond des Dhulhigga kamen sie nach dem benachbarten Dhu lMagâz, wo der Markt bis zum Tarviatage dauerte, dann gingen sie nach Mina. Der Markt von Natât in Chaibar und der von Hagr fand statt vom 10. Muharram bis zu Ende des Monats. So sagt der Verfasser des Buchs über die Qabilen der Araber.“ Jaqubi a. O. zählt auf: Duma, alMuschaqqar, Çuhâr, Raijâ, Schihr, 'Adan, Çan'â, alRâbia in Hadramaut, Ukâtz, Dhu lMagâz; er gibt an, wer die Herren und Patrone der verschiedenen Märkte gewesen seien, und bei welchen es eines sicheren Geleits (Mafâra) bedurft habe, bei welchen nicht.

p. 98. Der Ragab entsprach dem Nisan. Philippe Berger hat darauf aufmerksam gemacht, dass in den Inschriften von Higr der Nisan viel häufiger vorkommt als die anderen Monate. Nöldeke fügt hinzu, dass auch in Palmyra das Verhältnis ähnlich ist.

p. 98. 99. Auch das Higâ wurde während des Gottesfriedens ausgesetzt (Goldz. 26).

---

1) Vgl. über die منابذة und ملامسة p. 187 n. 1. Buch. 1, 54. 2, 14 s. 4, 24.

p. 99 n. 1. Nach Simplicius (Ideler 1, 414) begann das arabische Jahr im Frühling; er meint das Jahr von Bostra, das mit dem 22. März angeht (N.).

p. 110. Zu dem nackten Umlauf und dem Kleiderwechsel vgl. die zu p. 86 nachgetragene Stelle aus Jaqubi. Daselbst auch die Angabe, dass die Hums die heilige Stätte nur in Schuhen betraten. Nach Tab. 1 2408, 17 warf Omar es dem Ka'b als Judaismus vor, dass er auf dem Boden des Tempels von Jerusalem die Schuhe auszog. Vgl. noch Tab. 1 2729, 16.

p. 116 n. 2. Für das Alter der Feueropfer bei den Semiten könnte man sich auf äthiopisch שוא und syrisch סוחא berufen.

p. 118. Der Wallfahrer scheint zuweilen nicht bloss das Opfertier, sondern sich auch selber zu zeichnen. Als der Hudhailit Zuhair b. Murra die Umra machte, behängte er sich mit Baumrinde aus dem heiligen Gebiete. Agh. 21, 62. (N.)

p. 122. 123. Über die Gebräuche des Ihram vgl. die zu p. 86 nachgetragene Stelle aus Jaqubi.

p. 132. 133. Auch abessinisch astaqâsama, maqsam etc. (N.)

p. 135 n. 2. Vgl. Tab. 1 2630, 11.

p. 138. Der Gottesmann heisst auch auf arabisch Dhû Ilâh (Goldz. 18).

p. 139. Über das arab. Fluchwesen hat Goldziher mancherlei gesammelt, p. 28. 30. 32. 42. 46. 88. 101. 119. Ich glaube, dass جثا p. 48 vielmehr حثا ist und dass سبع p. 119 mit נשבע verglichen werden muss. Sa'd b. Abi Vaqqâç war ein gefürchteter Flucher, Tab. 1 2361. 2812. Zum sich Verstecken beim Fluch (p. 139 n. 4) vgl. noch Agh. 10 144, 21.

p. 139, 15. Nöldeke bezweifelt die Deutung von alMuqaddis Mrlq. 31, 12.

p. 148 ss. Allerlei über die Ginn bei Goldziher 3 ss. 107 ss. 198 ss. 205 ss.

p. 158 n. 2. Über die Lanze der Sutra vgl. noch Tab. 1, 1281. 1362.

p. 162. 163. Einen ausgefallenen Zahn wirft das Kind bei uns (Niedersachsen) ins Mauseloch, bei den Arabern gegen die Sonne, mit der Bitte um besseren Ersatz (Tarafa 5, 19). Wenn einem der Fuss eingeschlafen ist, so muss er den Namen der ihm liebsten

Person laut ausrufen (Rasmussen Add. 72. Agh. 6 119, 29s. 8 119, 15. 17).

p. 163 n. 4. Mord eines Schlafenden Tab. 1 2350, 14. Vaqidi 156.

p. 166. Zu Tuma Jaq. 1 901, 16. Mufadd. 34, 48. 37, 23 (N.).

p. 171. احفاش النساء Tab. 1 2823, 3.

p. 172 n. 4. Stutzen des Schnurrbarts Tab. 1 2524, 6; Zahnputzen dreimal am Tage ibid. 2291, 5 s.

p. 178 n. 2. Vgl. Sur. 5, 34.

p. 179. Elias, der Bischof der Nestorianer in Merv, bestattete die Leiche Jezdegerds in einem Navus, Tab. 1, 2875. 2883. Grab am Wege ibid. 2495, 1.

p. 179 n. 5. צריח kommt für Grabkammer vor auf der Inschrift von Petra. Vielleicht ist syrisch גורחא (Zelle) = עורחא.

p. 181 n. 5. حلاق ist nicht = حلقى, sondern = المنية Kamil 269, 7s (N.).

p. 183 n. 7. Vgl. indes Tab. 1 2895, 18 s.

p. 184 (112. 180). Das Steinwerfen auf das Grab ist vielleicht doch ursprünglich eine Abwehr des erzürnten abgeschiedenen Geistes.

p. 184. Merkwürdig Tab. 1 2899, 12: „ich gebe euch meine Gewähr (dhimma) und die Gewähr meines Vaters und die Gewähr der Muslime und die Gewähr ihrer Väter". Die um die Gräber Hatims und Tufails aufgestellten Steine erinnern an Hünengräber. Nach dem Divan Hatim (ed. Schulthess p. 10) befand sich Hatims Grab in Tabaa, einem Hima bei Tâif; dort waren âdische d. h. Hünengräber, aus denen uralte Schwerter und Schmucksachen aufgelesen wurden (Jaq. 1, 823. 2, 99).

p. 185 n. 2. Vgl. Maid. 12, 50. Tab. 1 2300, 2.

p. 186 n. 2. بطيره = بجدّه Maid. 12, 50.

p. 187. 188. Um dem Überhandnehmen von Mord und Totschlag in Kufa zu steuern, führte Uthman die Qasâma ein, wenn kein Beweis erbracht werden konnte. Funfzig Mann von der Partei des Verklagten mussten seine Unschuld beschwören, widrigenfalls funfzig Mann von der Gegenpartei seine Schuld. Tab. 1, 2842.

p. 191 n. 6. Vgl. Tab. 1 2554, 7. 2574, 2.

p. 193. Über Gesten handelt Goldziher p. 46—57. Bemerkenswert ist besonders das Fingerausstrecken bei der Schmähung, daher der Zeigefinger = sabbâba, der Schmähfinger. Das جثا p. 46 ist wol حثا, wie bereits bemerkt; man warf mit Sand und Kies bei Verwünschungen. Daher רגם fluchen.

p. 195. Über Kleider und Schuh vgl. Goldziher 46 ss. 74.

p. 197. Die arabische Haartracht wird Tab. 1 2271, 2 ss. (2274, 11. 2351, 14) beschrieben: Rib'i hatte eine Mi'gara von Riemen um den Kopf gebunden, er trug vier geflochtene Locken, die so steif standen als wären es Hörner eines Steinbocks. Frauenlocken heissen masâih 2296, 4. Die Verstümmelung und Schimpfierung geschieht mit Vorliebe durch vollständiges oder partielles Abschneiden von Haar und Bart 2994, 9.

p. 200 n. 2. Nach Ham. 104, 2 bedeutet تتكسس suchen, ähnlich wie שחר zaubern und suchen.

p. 203. Auch die ins Nest sich flüchtenden Vögel bedeuten Tod, Hudh. 224.

p. 231, 18 s. Das Christentum der Tamîm beschränkte sich auf den Zweig, dem Adi b. Zaid angehörte, daher ist die Angabe verallgemeinert. Das Gedicht BH. 935 s. hat keine Autorität, grade der Vers 935, 17 spricht dafür, dass es späteres Fabrikat ist (N.). Vgl. noch Agh. 16 104, 3.

p. 232, 15. Auch im Munde der Perser heissen die Christen נצוריא, in den alten syrischen Martyrien (N.).

p. 232 n. 2. Vgl. den Nachtrag zu 139, 15.

p. 233, 18. Zu Agh. 2, 18 oben vgl. Tab. 1, 853 (N.).

p. 239. Nöldeke findet es unwahrscheinlich, dass mit dem murmelnden Priester (qass) ein Magier gemeint sei, da qass der technische Ausdruck für den christlichen Presbyter sei. Er macht noch aufmerksam auf Kamil 131, 4, wo Hanif im Munde eines Christen den Heiden bedeutet.

FSC
www.fsc.org
MIX
Papier | Fördert
gute Waldnutzung
FSC® C083411

Kolibri 360 GmbH
Ferdinand-Jühlke-Straße 7
99095 Erfurt, Deutschland
produktsicherheit@kolibri360.de